Literatura erótica, pornografía y paradoja

Alicia Montes

Literatura erótica, pornografía y paradoja

Buenos Aires, Argentina - Los Ángeles, USA
2023

Literatura erótica, pornografía y paradoja

ISBN 978-1-944508-53-1

Ilustración de tapa: Fotografía gentileza de Prometheus en unsplash.com

Diseño de tapa: Argus-*a*.

© 2023 Alicia Montes

All rights reserved. This book or any portion thereof may not be reproduced or used in any manner whatsoever without the express written permission of the publisher except for the use of brief quotations in a book review or scholarly journal.

Editorial Argus-*a*
1414 Countrywood Ave. # 90
Hacienda Heights, California 91745
U.S.A.
argus.a.org@gmail.com

*A JuanI, JuanM,
Agustina, Emilia,
Luca, Benjamin y Carolina,
los amores de mi vida*

*A Roland Spiller,
Kasia Moszczynska
y Néstor Ponce, por
su generosa amistad*

ÍNDICE

I.
Las formas del deseo, el mercado y el placer del ojo   1
- Una postura clásica y sus contradicciones   6
- Fantasía, prohibición y pornografía   10

II.
De invenciones e historias:
poner una etiqueta a lo prohibido   13
- La ambigüedad, matriz de las imágenes del porno   22
- La pornografía, una categoría extraliteraria   30
- El legado de Sade: un lenguaje para narrar lo infame   32
- La pornografía como atopía   35

III.
Pornografía y censura: *El trabajo* de Aníbal Jarkowski
y "Árbol genealógico" de Andrea Jeftanovic   39

IV.
Discursos críticos y teóricos: ¿erotismo o pornografía?   55
- Una lectura posporno   59

V.
Contaminaciones: experiencia erótica, lenguaje y mirada   63
- Dos estéticas para construir el cuerpo erótico:
Sade y Chéjov   69

VI.
La lectura como acontecimiento visual
y táctil que afecta el cuerpo   77
- Lectura y fetichismo: un pornosoneto de Pedro Mairal   78
- La obscenidad de lo obsceno   85
- "Tania" de Juan José Burzi: horror y erotismo   87

VII.
Erotismo/pornografía: escritura y lectura   93
- La elipsis y la mirada cínica:
Fuera de lugar de Martín Kohan   98

VIII.
Figuraciones del erotismo: prácticas sexuales
y cuerpos deseantes   113
- El erotismo como ritual secreto de los cuerpos:
"Las amigas" de Tununa Mercado   114

- Intimidades de la lectura: la mediación del narrador, el cuerpo del texto y el lector en M. Kohan, E. Lissardi, A. Harwicz y J. López 119

IX.
El secreto encanto de la escritura y sus toquidos: N. Perlongher y L. Lugones 131

X.
El ojo indiscreto: una puesta en abismo del voyeurismo como estrategia narrativa en Fanny Hill de John Cleland 141

XI.
Dar forma sensible a las prácticas sexuales: locuacidad y silencio 153
- La literatura y el arte eróticos como intervalo entre dos estéticas extremas: de Klimt a Courbet, de Darío y de Lugones a Perlongher y Lemebel 154
- Estética trash y sadomasoquismo: El mendigo chupapija de Pablo Pérez 163
- Los desvíos y provocaciones de la estética popó y el realismo sucio: Naty Menstrual y Washington Cucurto 165

XII.
La pornografía como erotismo de los otros: *El pudor del pornógrafo* de Alan Pauls 173
- Erotismo y muerte 178
- Amor, violencia y perversión 185
- Escritura, indecibilidad y redundancia 188
- Las paradojas del amor 192

XIII.
Un cierre abierto: la escritura como cita para hablar de lo prohibido 197
- Borges y Foucault: lo que se puede decir y lo que se calla 200

Bibliografía 207

Agradecimientos 223

Literatura erótica, pornografía y paradoja

I.
Las formas del deseo, el mercado y el placer del ojo

> La distancia entre la realidad de los hechos y la "realidad literaria" jamás podrá ser allanada.
>
> *Juan José Becerra*

> "la pornografía es el erotismo de los otros"
>
> *Alain Robbe-Grillet*

La pregunta sobre la existencia o la inexistencia de la *literatura pornográfica*, y la utilización en su reemplazo de una categoría más abarcativa, *literatura erótica* (al mismo tiempo que la eliminación del binarismo erotismo/pornografía) como presupuesto de carácter interpretativo, permite examinar de modo privilegiado las ondulaciones contradictorias de una escritura que imagina múltiples formas para figurar la experiencia erótica de los cuerpos. Desde la perspectiva de la recepción, estas figuraciones vinculan lo visual, en tanto están organizadas a partir de un determinado régimen escópico, y lo táctil porque esas imágenes del erotismo "tocan" el cuerpo de quien lee y lo conmueven, aunque no siempre de la misma manera.

A pesar de la imposibilidad de prever de los efectos de las figuraciones de las relaciones sexuales en el vínculo íntimo texto-lector, porque la escritura desafía la pertenencia a una clase genérica (erotismo/pornografía) o a un discurso en particular (erótico/pornográfico), la teoría y la crítica sobre el tema suelen otorgar un carácter utilitario a la llamada pornografía, diferenciarla de la literatura erótica y definirla por los efectos que ocasionaría en la recepción. Jean Marie Goulemont (1991) atribuye un sentido específico a ese "toquido" de la escritura que afecta el cuerpo del lector. En la investigación que lleva a cabo en torno a la literatura pornográfica del siglo XVIII, su edad de oro en Francia, sentencia metafóricamente que son libros que se leen con una sola mano, aludiendo a la excitación que la lectura genera y a la consecuente masturbación. La pornografía, en este sentido pragmático, sería una maquina textual consolatoria destinada a producir estimulación sexual en quien la consume, algo similar a lo que se dice hoy de los videos llamados pornográficos.

Paul Preciado (2012), discute, desde una perspectiva posporno, esta visión negativa y arbitraria al señalar que al menosprecio académico que suscita el porno, considerado "basura cultural", se agrega al efecto predeterminado que se le adjudica, "la hipótesis del masturbador imbécil, según la cual la pornografía es el grado cero de la representación, un código cerrado y repetitivo cuya única función es y debería ser la masturbación acrítica –siendo la crítica una traba para el éxito masturbatorio. En todo caso, se nos previene: la pornografía no merece hermenéutica".[1]

En este sentido, el presente ensayo tiene como objetivo explorar las tensiones de los planteos teóricos y críticos que pone el acento en la intencionalidad autoral y en el efecto masturbatorio de este pliegue "impúdico" de la literatura erótica al que se llama, no sin cierto desprecio, pornografía, pero también los criterios de valoración estética que pesan sobre esta escritura como si fueran objetivos, cuando en realidad están centrados en lo que se denomina la estética del gusto, que es idiosincrática y cultural. La mirada esencializada sobre las producciones de la experiencia erótica determina una partición binaria y jerárquica de la escritura, al postular implícitamente qué aspectos de la sexualidad y de los cuerpos es lícito hacer visibles y cuáles deben ser elididos en materia de literatura. Se trata de una política de la escritura y de los cuerpos que reproduce un orden policial (Rancière, 2010, 44) productor de jerarquías y binarismos naturalizados.

Por ello, ocupan un lugar importante en este ensayo las relaciones entre política y policía, producción, escritura y recepción que ha estudiado la teoría y aquellos textos literarios que ponen en el centro formas estéticas

---

[1] Sin mencionarlo, hace aquí una clara alusión a Dominique Maingueneau (2008) que en el comienzo de su trabajo niega que la pornografía pueda ser objeto de una lectura hermenéutica pues su fin no es estético.

de la experiencia sexual dando protagonismo a la geografía de los cuerpos y a sus excesos. En ellos se manifiesta metafóricamente un saber no sabido de carácter singular, que no tiene conciencia teórica de sí, sobre las imágenes del erotismo y su vínculo con la pornografía, que polemiza con las generalizaciones teóricas sobre el mismo tema y hace evidente su carácter prejuicioso. Así, el corpus literario sobre el que se trabaja de manera puntual está constituido por "La secta del fénix" de Jorge Luis Borges, "Tania" de Juan José Burzi, *Las aventuras del señor Maíz* de Washington Cucurto, *Matate amor* de Ariana Harwickz, *El trabajo* de Aníbal Jarkowski, "Árbol genealógico" de Andrea Jeftanovic, *Fuera de lugar* de Martin Kohan, *La ilusión de los mamíferos* de Julián López, "Las amigas" de Tununa Mercado, *Pornosonetos* de Pedro Mairal, "Yo quiero tetas" de Naty Menstrual, "El polvo" de Néstor Perlongher, *El mendigo chupapija* de Pablo Pérez y *El pudor del pornógrafo* de Alan Pauls, entre otros textos que forman parte del dialogo entre teoría, crítica y literatura como "Delectación morosa" y "Oceánida" de Leopoldo Lugones, "La dama del perrito" de Anton Chéjov, *Filosofía en el tocador* del Marqués de Sade, *La venus de las pieles* de Leopoldo Von Sacher-Masoch o *Fanny Hill* de John Cleland.

El recorte que opera este estudio excluye parcialmente el análisis de los productos de la industria audiovisual llamada "porno", aunque se hace referencia puntual a algunos de sus materiales y a los diversos trabajos que se han escrito en torno a ellos, para proponer intersecciones entre sus imágenes y las de la literatura. Se trata de esbozar, sin disimular su carácter paradojal, porque nada es simple en la escritura, una perspectiva cuyo punto de fuga sean las múltiples figuraciones de la literatura, que dialogan y polemizan con las categorías que definen el campo de lo erótico, lo obsceno y lo pornográfico como si fueran sustancias metafísicas de carácter objetivo y universal y sus efectos estuviesen asegurados de antemano por una indiscutible relación causal entre intencionalidad autoral, texto y recepción. La sustancialización de las categorías mencionadas pasa por alto la textura singular y el carácter complejo, pensativo, de las obras literarias llamadas eróticas. En ellas, las prácticas sexuales y los modos de visibilización del cuerpo que ponen en escena, más o menos explícitos, más o menos metafóricos o directos, no responde a que *pertenezcan* a la literatura erótica o a la pornografía sino a las diferencias del paradigma estético que les da forma, elección que no implica de suyo una valoración en términos de mayor o menor artisticidad o moralidad.

La visión dicotómica y jerárquica que separa literatura erótica y pornografía, materializando una diferencia entre lo alto y lo bajo, legitima unos productos socioculturales por sobre otros para sostener la existencia del capital cultural y social de lo que es distinguido como superior. La desnaturalización de esta distinción construida culturalmente hace visible el sesgo ideológico de la categoría pornografía (Barzani, 2015, 8) ya que los constructos ideológicos tienen como función superar de manera imaginaria las contradicciones no resueltas en la sociedad y, al mismo tiempo, establecen los límites de lo pensable, de lo imaginable y de lo decible en un determinado contexto cultural e histórico (Jameson, 1989, 61-63). La oposición erotismo/pornografía supone, además, una distribución binaria de los cuerpos, de sus imágenes y de sus prácticas en función de límites de carácter político, religioso y moral. Esas fronteras, históricamente fluctuantes, determinan qué es lo prohibido en términos de literatura y qué se puede mostrar o describir. Por otro lado, el binarismo literatura erótica/pornografía sostiene otra contraposición, natural/antinatural, que subordina lo escribible a una instancia extraliteraria que se universaliza como si fuera naturaleza y se coloca por encima del arte a modo de horizonte ético de lo escribible imponiendo un *deber ser*.

Al respecto, observa Ercole Lissardi en "El cuerpo pornográfico" (2013) que la diferencia entre "literatura erótica" y "pornografía" surge en el siglo XIX por cuestiones fundamentalmente políticas, para evitar que la censura y la penalización de los contenidos e imágenes sexuales se aplicara sobre la totalidad de los discursos que daban forma estética a las pasiones de los cuerpos. Señala, así, que la frontera entre una y otra categoría fue inventada por los especialistas de Oxford (Walter Pater, maestro de Oscar Wilde, entre otros), usando los criterios sobre estética desarrollados por Kant y Hegel, que coinciden con la escuela francesa esteticista de *l'art pour l'art*. A partir de esta diferencia construida, la literatura erótica se considera una forma autónoma respecto de la religión y de la moral y, por esta razón, no puede ser objeto de censura, ya que los artistas y los poetas son los únicos que tienen la palabra en este terreno. Se desautoriza, de este modo, por lo menos discursivamente, toda intervención de los jueces o los policías sobre las obras (98-99). Sin embargo, esta mirada dicotómica termina reforzando la existencia ontológica de las jerarquías. Del lado valorizado positivamente y como primer término del binarismo están la literatura y/o el arte y del otro lado, como su sombra abyecta y punible, la pornografía. Sobre este discurso y sus imágenes se levanta el universo de lo prohibido y de lo que se considera inmoral, abyecto y obsceno.

Raquel Osborne (2015), retomando el debate producido en el seno del feminismo en los años ochenta, entre las posiciones radicalizadas "antipornografía" y las "pro-sexo", permite observar hasta qué punto esta contraposición de carácter social y cultural se mantuvo aún en las tendencias más progresistas. Las primeras feministas identificaron mujer y naturaleza con erotismo y hombre y cultura con pornografía. En esta posición de carácter universalizante, el erotismo significaba amor apasionado y deseo libre, mientras que la pornografía se conectaba con cosificación y violencia sobre las mujeres. La sexualidad masculina, de esta manera, se asociaba a la agresión, la irresponsabilidad, la genitalidad y la potencialidad letal. Por el contrario, lo femenino se conectaba con lo difuso, lo discreto y la orientación hacia lo interpersonal. Esta diferencia radical sustancializaba acríticamente la agresividad de la sexualidad masculina y la amorosidad y sensualidad de la femenina.

Por su parte, la postura pro-sexo puso en el centro la cuestión del placer, en lugar de la condición de víctimas vulnerables de las mujeres. Este feminismo señalaba que el placer y el peligro articulan la sexualidad femenina, pues la estructura patriarcal condiciona las prácticas sexuales de las mujeres dificultando su disfrute. Sin embargo, señala Osborne, pensar la cuestión solo desde esos límites implica desconocer que la agencia femenina pasa por el vínculo entre deseo y fantasías sexuales, más allá de que la pornografía responda primordialmente al imaginario sexual masculino. Los materiales porno como todo producto cultural son contradictorios ya que conviven en ellos tanto el sexismo y la victimización de las configuraciones femeninas, como la emergencia de un espacio de placer en el que el sexo es no marital, además de no procreativo, y en el que las mujeres se muestran sexualmente activas, demandan placer y revelan su poder y agresividad (17).

La visión jerárquica literatura/pornografía, que buena parte de la crítica mantiene viva aún hoy, establece que por un lado hay un arte y una literatura eróticos, de carácter sublime pues intentan simbolizar lo insimbolizable del deseo. Su estética trabaja con la veladura y la seducción de lo sugerido en la intermitencia del mostrar-ocultar. Por el otro lado, hay solo pura y simple escritura o productos audiovisuales pornográficos: comerciales, criminales, groseros y exhibicionistas. El mismo Lissardi, que desnaturaliza la dicotomía literatura/pornografía, considera al segundo término del binarismo "hija bastarda del Renacimiento" (2009, 92), en referencia directa a la obra del escritor italiano Pietro Aretino. Sin embargo, en el mismo texto le atribuye a esta separación una utilidad específica de tipo legal y moral, ya que esa diferencia evitó que fueran condenadas obras como *Las flores del mal* de Charles Baudelaire y *Mme. Bovary* de Gustave Flaubert (Lissardi, 2013, 100). De estas aseveraciones se desprende que en la defensa de la dicotomía prevalecen cuestiones de gusto artístico y de carácter extraliterario, que se naturalizan como criterios objetivos de valoración.

Una perspectiva clásica y sus contradicciones

Dominique Maingueneau (2008), en uno de los estudios canónicos sobre las relaciones entre literatura erótica y pornografía, comienza su trabajo subrayando que sigue una perspectiva semiótica y no hermenéutica, pues este último análisis estaría reservado solamente para el arte y la literatura. En esta línea, señala que la pornografía emerge entre dos imposibilidades: la imposibilidad de que no exista en el orden de los hechos, porque efectivamente existe un tipo de discurso denominado así, y la imposibilidad de que tenga existencia, porque en el orden del deber ser se le niega toda legalidad y visibilidad. Por este motivo, ha circulado clandestina, anómala, parásita, nómade, atópica, desde su emergencia en Occidente, más específicamente en Italia a lo largo del siglo XVI y sobre todo durante los siglos XVII y XVIII en Francia e Inglaterra (21-22).

Al avanzar en su estudio, Maingueneau somete a crítica la diferencia establecida tradicionalmente entre lo erótico y lo pornográfico, basada en una jerarquía que valoriza la represión de las pulsiones impuesta por las relaciones sociales y rechaza la pornografía por dejar en libertad y hacer visibles tendencias sexuales agresivas. El crítico francés prefiere, en este sentido, analizar el funcionamiento de cada uno de estos discursos, el erótico y el pornográfico, en su propio sistema pues, razona, cada forma tiene su concepción especifica de la belleza y la fealdad. Por otro lado, subraya que en esa dicotomía pervive el inmemorial dualismo que supone la existencia de una parte animal del cuerpo sobre la que el pudor impide hablar y otra espiritual, más elevada, que puede ser objeto de representación estética.

Ahora bien, paradójicamente, a pesar de la crítica al binarismo literatura erótica/literatura pornográfica, Maingueneau subraya que son evidentes las diferencias en lo concerniente a las estrategias de escritura de cada tipo de discurso. Así, al analizar *El rey de las hadas* de Marc Cholodenko distingue en esa novela dos vertientes de escritura. Señala que en los pasajes de carácter erótico se multiplican las mediaciones, se utiliza una imaginería estetizante, se incluyen referencias exóticas y se trabaja con la veladura de la metáfora y la metonimia. Por el contrario, en los pasajes que denomina pornográficos, observa el predominio de una referencialidad más directa en el lenguaje, como si no hubiera diferencia entre las palabras y las cosas, pues los términos son más unívocos, explícitos y cercanos a la oralidad que en los tramos de carácter erótico. Determina, además, que en este tipo de discurso se observa la búsqueda de una máxima eficacia descriptiva y una progresiva aceleración del ritmo narrativo (2008, 30-33). De esta manera, el teórico francés repone la dicotomía erotismo/pornografía basándose en la pretendida universalidad de unos rasgos discursivos particulares que analiza en un texto concreto a partir de un esquema ideológico previo de carácter dicotómico.

El planteo de D. Maingueneau resulta en sí mismo contradictorio: niega el binarismo discurso erótico/discurso pornográfico en términos teóricos y generales para luego restablecerlo en el análisis concreto de los textos valiéndose de esas mismas categorías o para juzgar la pornografía con criterios extraliterarios de carácter moral y de género. En efecto, al comienzo de su trabajo rechaza el uso diferencial del lenguaje (sugerente/explícito) como criterio para separar lo erótico de lo pornográfico, pero termina usando esa diferenciación en el estudio del texto de Marc Cholodenko, como si su entramado fuera una suerte de puesta en abismo de la existencia material y concreta de los criterios que negaba en términos generales.

Por otra parte, analiza el funcionamiento de la literatura erótica y de la pornografía de acuerdo con su adecuación al fin que justifica su existencia como discurso: producir placer estético o excitación. Subordina, de esta manera, cada tipo textual a un funcionamiento antitético ya que establece, en el erotismo, la existencia de una función literaria, cuyo objetivo es lo bello y a la pornografía de una finalidad extraliteraria de carácter utilitario, la satisfacción sexual. Pero, además, agrega a la serie de binarismos naturalizados uno que afecta directamente la recepción y determina sus efectos de manera causal. En su modelo, el lector de literatura erótica es un "contemplador", mientras que el consumidor de pornografía es un "voyeur" que busca excitarse al leer. La diferencia "contemplador/voyeur", que incluye además un prejuicio de género en las palabras las mujeres quedan excluidas de estas prácticas en ambos casos, supone un efecto de lectura predeterminado de carácter general. De nuevo lo singular del acto de lectura se convierte en universal y se naturaliza.

El sistema interpretativo de Maingueneau repone lo que pretendía negar, no solo la jerarquía espíritu/cuerpo que impone una visión dualista del ser humano y que el crítico había rechazado desde una perspectiva general fundada en el paradigma de la semiótica, presuntamente objetivo, sino también una finalidad sin fin para la literatura, ligada a la contemplación de formas artísticas y otra, pragmática, vinculada con la estimulación sexual, para la pornografía. De esta manera, elimina la probabilidad de un fin estético en los llamados textos pornográficos, incluso les niega la posibilidad de ser considerados literatura[2]. Por otro lado, y este es uno de los

---

[2] Dominique Maingueneau (2008) señala que el primer problema que plantea la palabra pornografía es que, si supone una obra que no tiene un fin estético y se caracteriza por figurar sexo explícito y usar un lenguaje provocativo, entonces existe un hiato insalvable entre literatura y pornografía. Por otro lado, observa, si se pone en el centro

problemas del trabajo de Maingueneau, trabaja tanto textos literarios como producciones audiovisuales llamadas porno (cine, videos), cuestión que, si bien no es incorrecta desde el punto de vista semiótico, confunde en el mismo magma indiferenciado la literatura y el negocio de la industria pornográfica audiovisual, que se inicia en los años '70 y tiene un evidente objetivo económico pues mueve miles de millones de dólares anualmente. Al repecto, Jorge Leite Jr. (2012, 99-128) observa que esta cuestión no debe centrarse en la diferencia entre erotismo/pornografía sino en si las representaciones de la sexualidad de la élite empresarial valoradas culturalmente y denominadas arte erótico, como las de sectores populares, valoradas negativamente como inferiores, obscenas y pornográficas, usan las figuraciones sexuales como parte de un negocio con un gran mercado de consumo o no. Ese criterio extraliterario, que pone en el centro la finalidad económica, propone definir la pornografía como un producto cuyo fin es el beneficio material a través del consumo por medio de la excitación de quienes la compran y la utilizan.

De esta manera, centrándose en el objetivo económico de la producción, Leite considera la pornografía una mercancía más que en el año 2006 generaba ganancias por 97 billones de dólares, siendo el sector comercial más activo en *Internet* (Barzani, 2015, 7). No obstante, es importante marcar que si bien el campo artístico tiene una dinámica cultural-económica y no se puede distanciar de manera tajante el fin estético de lo comercial, este planteo disuelve la dicotomía alto/bajo para restablecer otra similar, arte/mercancía, sin tener en cuenta que se vuelve a valorar el carácter de un discurso (audiovisual o escritural) por los objetivos de su producción, estableciendo una relación-causa efecto irreductible entre obra e intencionalidad autoral o empresarial. Como se ha señalado, también puede suceder que un texto haya sido escrito sin tener intención de provocar excitación en el lector, pueda producir ganancias y sea consumido como pornográficos (Maingueneau, 2008, 14-16). No hay relación

---

la etimología griega de la palabra *Porné* (prostituta) y *Grafos* (escritura, *littera*, inscripción), sería una redundancia hablar de literatura pornográfica (2008, 8). Determina que es en Europa donde el erotismo se convirtió en esta "singular manera de representar la actividad sexual" cuya consecuencia es en el presente el desarrollo de la industria pornográfica mundializada (9).

causal obligatoria entre la intención del autor, el texto y los efectos de recepción que produciría en quien lee.

R. Osborne (2015) observa, al subrayar el carácter figural de la pornografía aludiendo a la pintura de R. Magritte *Esto no es una pipa*, que esta categoría no es más que una forma de mediación de consistencia ilusoria que se vincula "con el papel de las fantasías en la sexualidad" (24). No obstante, tanto la visión que relaciona pornografía con fantasías inconscientes como la que solo atiende a la finalidad económica son parciales y no tienen en cuenta la complejidad paradojal de los fenómenos culturales. Como se verá, no se puede pensar la categoría pornografía sin aquello que la censura o la prohíbe (Arcand 1993; Hunt 1999; Maingueneau 2008; Echavarren 2009) y la convierte en un tipo de escritura punible e inaceptable en términos morales y religiosos (indecente, falta de pudor, delictiva). Ahora bien, esta cuestión tiene que ver con delimitaciones políticas, culturales y sociales, no con características específicas e intrínsecas de los textos literarios.

Fantasías, prohibición y pornografía

El rol de la censura (iglesia, moral burguesa, estado) es crucial para definir lo pornográfico, pues en la escena íntima de la lectura se filtran condicionamientos de carácter público, de modo que los tabúes e imaginarios sociales se entrecruzan con las fantasías de quién lee. Por esta razón, la categoría "pornografía" es impensable sin la idea de prohibición. Los llamados textos porno, supuestamente producidos con el fin de excitar sexualmente, o consumidos como tales, transgreden necesariamente las prohibiciones vigentes en la cultura en la que emergen (sodomía, lesbianismo, incesto, pederastia o canibalismo, etc.). Por esta razón, lo prohibido y la idea de sexualidad anormal o degenerada conectan la idea de pornografía con la de horror y perversión. De hecho, existe específicamente un género en la industria porno que explora de modo ostensible este costado siniestro de la experiencia sexual, el *snuff*. En estas producciones, se evidencia de modo claro que entre deseo, perversión, horror y sexualidad hay más vínculos que los admitidos socialmente. Las obras libertinas del Marqués de Sade son un claro ejemplo de ello y también, entre otros muchos ejemplos, los filmes controversiales del director surcoreano Kim Ki-Duk (1960-2020) como *Pietá* (2012) y *Moebius* (2013), cuya trama giran en torno al incesto, o series televisivas como *Hannibal* (Temporadas: 2013, 2014 y 2015), en las que homoerotismo, canibalismo y estetización del crimen se conjugan.

En *Psicoanálisis: por una erótica contra natura* (2019), Alexandra Kohan observa que no hay nada "natural" en el erotismo y que los estudios de Freud revelan que el amor, el deseo y la satisfacción pulsional son tres instancias diferentes entre sí en las que siempre hay algo que no marcha o no funciona adecuadamente porque la sexualidad entre los seres humanos es artificial. Por ello J. Lacan usa el término *troumatisme* (*traumatisme* + *trou*)[3] para referirse a la imposible complementariedad o adecuación entre el sujeto y el objeto de deseo. La natural complementariedad instintiva entre sujeto y objeto ha desparecido en la medida en que el animal humano está atravesado, configurado, por el lenguaje. Justamente el lenguaje es el que crea un hiato, una distancia insalvable, que vuelve inadecuados al sujeto y a su objeto de deseo. Se ha perdido lo natural en materia de sexualidad, en la medida en que esta se convierte en una respuesta artificial, insuficiente, precaria al enigma del sexo. Debido a esta insuficiencia, siempre se produce un desacople, una falta de ajuste en la relación entre los sexos, más allá del género, pues no hay ni un orden ni una armonía preestablecidos sino de carácter inconsciente (18-21).

La literatura erótica figura este desajuste, esta falta de naturalidad entre lo que el sujeto desea y su objeto de deseo, a través de la visibilización, muchas veces excesiva y perversa, de prácticas sexuales en las que se hace evidente de manera doble la intromisión del lenguaje. En primer lugar porque, en la medida en que nos habla y nos construye, hace desaparecer, interrumpe, la naturalidad instintiva que se evidencia en los animales (la naturaleza instintiva posee un objeto específico y adecuado, existe una absoluta correspondencia entre instinto animal y objeto, señala Alejandra

---

[3] Traumatismo + agujero (trou)

Kohan [2019, 20-21]); y, en segunda instancia, porque las imágenes de la sexualidad están mediadas por el discurso de un narrador o de un sujeto lírico que las marca y las conforma con su mirada, otorgándole un sentido. Así, en *Confesión* (2020) de Martín Kohan, el narrador, focalizado en el personaje de Mirta López, describe una experiencia de autoerotismo que parece no ser reconocida como tal por quien la vive, pero que atraviesa su cuerpo que *sabe* más allá de toda conciencia cómo materializar y articular su deseo hasta satisfacer las pulsiones de su sexualidad y convertirlas en goce secreto de la carne.

> Mirta López se contrajo: los hombros, los brazos, las piernas. También la panza, también el vientre. Se contrajo para volver cada parte sobre sí, como si pudiese cada una entrar en fricción, no ya con otras, sino consigo misma Sintió que se disgregaba, por eso se contrajo, por eso se apretó; se hundía, pero en ella misma, se metía, pero en ella misma (…) quieta por fuera se revolvía. Los ojos vueltos hacia arriba, la boca entreabierta. El cuerpo apretado. (79)

La perspectiva de quien narra introduce un sentido, un lenguaje, un relato, allí donde el personaje de disgrega silenciosamente y se vuelve ciego, el momento del orgasmo. El discurso narrativo describe con minucia un recorrido corporal en el que las intensidades del placer recortan y ponen en primer plano fragmentos corporales en sus estremecimiento y contracciones, a medida que el sujeto desaparece en su progresivo desfallecimiento. Esta figuración del cuerpo y sus intensidades no tiene deber ser alguno por fuera del texto, de hecho, es como se lo narra. Se trata de una cuestión de política literaria, es decir de estética, y no de moral o de prohibiciones sociales.

II.
De invenciones e historias: poner una etiqueta a lo prohibido

> La pornografía es una enfermedad que hay que
> diagnosticar y que se presta a la formulación de juicios.
> Se está a favor o en contra de ella.
> Y tomar partido respecto de la pornografía
> no se parece nada al hecho de estar a favor
> o en contra de la música aleatoria o del pop art,
> y en cambio se parece bastante al hecho
> de estar a favor o en contra de la legalización del aborto
> o de la ayuda gubernamental a las escuelas religiosas.
>
> *Susan Sontag*

Con el fin de explorar los sentidos históricamente adscriptos al término pornografía, es necesario organizar un relato del surgimiento tanto de la idea de "pornografía" como de la palabra que la designa, para desnaturalizar el uso que se le ha dado como valoración negativa, de carácter moral y legal, y como horizonte de lectura de cierto tipo de literatura, marginalizada y estigmatizada, que pone en el centro la experiencia sexual en sus más variadas, desfachatadas y excesivas prácticas. El término "pornografía" no surge como rótulo para designar un tipo específico de discurso (Maingueneau, 2008) o un género (Arcan, 1993) independiente y distinto[4] sino hasta fines del siglo XVIII y principios del

---

[4] Los primeros escritos de literatura erótica se remontan a la Antigua Grecia, en torno al año 400 a. C. Un ejemplo de ello es la obra del dramaturgo Aristófanes, *Lisístrata*. Por su parte, los poemas satíricos y obscenos de Sótades, se ubican alrededor del 300 a.C. Durante un tiempo se identificó incluso como literatura sotádica a la propia literatura erótica. En el siglo II a. C. se atribuye a Luciano de Samosata la escritura del libro lujurioso más antiguo, *Los diálogos de las cortesanas*. Él emplea por primera vez el término del lesbianismo para definir la homosexualidad femenina. Por su parte, la Antigua Roma también es rica en este tipo de literatura (siglo II a. C. y principios del siglo I.). A este período pertenecen los *Priapeos* o *Priapeya*, una serie de poemas acerca del dios Príapo. Autores como Marcial, Juvenal, Plauto, Catulo y Horacio también abordaron en su obra el erotismo. Entre los más destacados están *El arte de amar*, de Ovidio, *El Satiricón*, de Petronio y *El asno de oro*, de Apuleyo (Hunt, 1999)

XIX. El uso de este vocablo, sin embargo, se registra por primera vez en la Antigüedad en *Deipnosophisstai (Banquete de los sabios)* del escritor helenístico Ateneus de Náucratis (III d.C.) sin que quede claro si se refiere a relatos contados por prostitutas, narraciones de sus prácticas u obras sobre ellas (Alexandrian, 19-20) debido al carácter ambiguo del genitivo.

Lo cierto es que un derivado de esta palabra aparece como cultismo moderno de origen griego (πόρνη: prostituta; ραφή: escritura, dibujo) y es usado por primera vez por el escritor francés N. Réstif de la Bretonne en su obra *El pornógrafo o La prostitución reformada* (1769). En ella proponía el control del ejercicio de la prostitución por parte del estado y sugería la creación de burdeles estatales para sanear la ciudad de París. El término se inscribe, así, en una retórica higienista que aparece junto con la configuración de la ciudad moderna, tal como señala Richard Sennett (1997) cuando se refiere al modo en que se traslada el lenguaje médico referido a la higiene, la circulación sanguínea y la respiración corporal a las grandes urbes, que debían funcionar como un cuerpo sano y limpio en el que la circulación fluía a través de las avenidas y calles, llamadas arterias, respiraba gracias a los parques, verdaderos pulmones verdes citadinos, y la superficie exterior debía mantenerse limpia y libre de impurezas (274-290).

La palabra pornografía aparece con este sentido "higienista" en los diccionarios europeos de mediados del siglo XIX, ya que se considera que el término se ocupa de cómo debe ser el ejercicio de la prostitución en las ciudades, considerándolo un tema de salud pública. Desde este punto de vista, la pornografía designaría un sistema de medidas desarrolladas por el urbanismo, la policía y las instituciones para organizar la actividad sexual en el espacio público, controlando no solo la prostitución sino la presencia de desechos, animales muertos y otros focos de infección en las calles (Preciado, 2012). Sin embargo, con anterioridad, hacia mediados del siglo XVIII, el término se usaba como adjetivo y sustantivo que daba nombre genérico a los objetos eróticos de uso cotidiano o ritual (estatuillas, escultura, pinturas, murales, vidrios) encontrados en las excavaciones arqueológicas de Pompeya, considerados indecentes y guardados, debido a ello, por Carlos III de Borbón en 1817 en un "museo secreto" (*gabinetto segreto de Napoli*). En 1864 el diccionario Webster usa el término pornografía para designar las pinturas "indecentes" y "lujuriosas" de los muros de las ruinas de Pompeya (Arcan, 1993; Maingueneau, 2008; Hunt, 1999; Preciado, 2012). En 1806, el término se empleaba ya para calificar negativamente una serie de textos que, según las autoridades, atentaban contra el orden social y las buenas costumbres y en 1842 la Academia Francesa define "pornografía" como producción de cosas obscenas y faltas de pudor. Por lo tanto, se puede decir que en este término se conjugan cuestiones ligadas a la salud en términos higienistas, la moral pública, la punición que disciplina las prácticas sexuales y la apreciación valorativa del arte y la literatura.

Según hace notar Bernard Arcand (1993), desde la perspectiva de la literatura, el origen moderno de las obras consideradas "indecentes" se encuentra en la obra de Pietro Bacci, el Aretino (s. XV-XVI), que puede considerarse la manifestación más exitosa de los relatos y poemas de carácter lujurioso. Su obra marcó un giro crucial en la emergencia y desarrollo de la llamada ulteriormente pornografía, pues demostró que se podía vivir de la producción de textos eróticos y dio comienzo a una serie de publicaciones que tuvieron su época dorada en Francia e Inglaterra durante los siglos XVII y XVIII y que ni siquiera el puritanismo victoriano en el siglo XIX pudo detener en su difusión y circulación. Si bien entre los años 1500 y 1750, los escritos lujuriosos había sido parte del ocio y la diversión de la aristocracia y los ricos, el giro insinuado en Aretino, masifica y democratiza la llamada literatura lujuriosa o "indecente" en ese mismo período, dándole una doble función porque se convierte para muchos escritores en un modo de ganarse la vida y, al mismo tiempo, sirve para criticar las costumbres de la época, ya que los chismes escabrosos de la modernidad tuvieron mucho éxito al mostrar los excesos sexuales de los notables.

En Inglaterra, a mediados del siglo XVIII, Carlos II abolió los tribunales eclesiásticos, separando el crimen del pecado. Por esta razón, los conflictos matrimoniales comienzan a juzgarse públicamente y quienes se encuentran en el auditorio oyen con regocijo las intimidades narradas por las parejas con el fin de obtener el divorcio. Nace, así, una prensa especializada que relata estas historias y las adorna con detalles exagerados y las vende a la gente común en los quioscos de Londres (Arcand, 139). En este mismo período, se publica la primera novela inglesa considerada pornográfica (Arcand, 1993, Echavarren, 2009), *Memorias de una mujer de place*r de John Cleland, más conocida como *Fanny Hill* (1748 y 1749).

En Francia, también en el siglo XVIII se escriben novelas libertinas para criticar y burlarse del poder real, mostrando la impotencia de Luis XVI o el lesbianismo de María Antonieta. Así, se vuelve muy popular publicar obras atrevidas y explícitas sobre reyes y miembros de la corte: *Memorias secretas de una mujer pública* cuenta en cuatro tomos la vida sexual libertina de Mame. Du Barry; *Los furores uterinos de María Antonieta*, narra intimidades sexuales de la mujer de Luis XVI y reina de Francia; *La vida privada escabrosa de María Antonieta desde la pérdida de la virginidad hasta el 1° de mayo de 1791*, continúa la saga de los desbordes sexuales de la reina en dos volúmenes. Junto a estas publicaciones pululan panfletos sobre el mismo tema (Hunt, 1999). En este sentido, la Revolución Francesa permitió que el pueblo se apropiara de los placeres antes reservados a la aristocracia. Los cambios políticos pasaron al sexo y el poder de seducir y violar propio del libertinaje se volvió un sueño utópico popular. La difusión de las perversiones de la sexualidad aristocrática fue un modo de reaccionar a la inmoralidad del Antiguo Régimen exhibiendo sus desvíos (Arcand, 1993).

La palabra pornografía se empleó también para aludir a un género pictórico desarrollado hacia fines del siglo XIX y comienzos del XX, que representaba a las prostitutas y su ambiente. Según John Berger (2017) este tipo de pinturas se puso de moda durante el período artístico denominado realismo y en las primeras vanguardias del siglo XX con la obra de Toulouse-Lautrec, Picasso y Georges Rouault. En estas pinturas, la imagen de la prostituta se convierte en objeto de arte y forma parte de una mirada que vuelve visible las zonas marginales, los bajos fondos y la sociabilidad en los burdeles. En el caso de Lautrec la perspectiva sobre las prostitutas y su mundo es empática, en el caso de Picasso, está cargada de erotismo.

Alrededor de los años '70, en el siglo XX, el llamado "porno literario" perdió importancia, ya no se lo perseguía tanto y el consumo disminuyó. La palabra pornografía se usó más específicamente para referirse al cine y más tarde a los videos pornográficos. Surge, así, como empresa comercial de producción audiovisual y, si bien sobre ella ya no pesó de manera sistemática la censura institucional, los ataques se renovaron por parte ciertas corrientes del feminismo (Women Aganinst Pornography) que la consideraron un signo del patriarcado pues fomentaba la violencia contra las mujeres debido a que era un producto hecho por los hombres, desde su perspectiva deshumanizadora de lo femenino. Se la vio además como un mero producto comercial que entrega al mercado lo que este le pide: imágenes y sonidos del coito. En este sentido, la dialéctica pornografía-prohibición característica del siglo XVIII, XIX y primera mitad del siglo XX fue reemplazada por las relaciones entre porno, mercado, deseo y consumo. La pornografía se transforma así en un derecho del consumidor, un rubro más dentro de la economía de mercado y un espacio para figurar las múltiples e inclasificables formas del deseo (Echavarren, 2009, 53-59).

En el ambiente de mayor destape y exhibicionismo que caracterizó a las sociedades capitalistas de fines del siglo XX y las primeras décadas del siglo XXI, se ha desarrollado una cultura mucho más tolerante y permisiva en la que la mirada se ha sexualizado y se ha producido una liberalización del deseo no heteronarmtivo. El capitalismo avanzado se caracteriza por la emergencia de sexualidades plurales y perversidades polimorfas que ponen el acento en carácter artificial y no natural del sexo. Por ello, la libertad de expresión sexual se ha transformado en un derecho humano, siempre y cuando se trate de actividades consentidas y no implique pederastia, violación o abuso respecto de personas en condiciones de vulnerabilidad o indefensión. Este nuevo derecho ha permitido el desarrollo del mercado del placer que promete la felicidad a través de libros, películas pornográficas, juguetes, ropa y complementos para prácticas sexuales y ha hecho que tanto el arte como la producción de masas esté saturada de sexo. La industria porno es prueba de esta apertura y la relación entre sexo y dinero se impone por encima de todo juicio moral, pero también la necesidad de evasión de la realidad cotidiana a través de un mundo ideal en el que las represiones, los compromisos y responsabilidades que dan forma a las relaciones sexuales estén ausentes (McNair, 13-25 y 72).

Ahora, bien, retrocediendo en el tiempo, se puede afirmar que a partir de la emergencia de la palabra "pornografía", por las razones antes mencionadas, se crea una categoría de consistencia ontológica que hace evidente, en primer lugar, que aquello que no se puede nombrar no existe. Una vez creado el término, sin embargo, se olvida su origen histórico y se le da carácter universal. Así en la modernidad, desde el siglo XIX hasta los años '60, mientras se producen y consumen textos y representaciones visuales más explícitas y directas sobre la sexualidad y sus prácticas, se crea un consenso negativo en torno a ellas en términos estéticos, legales y morales. Se establece por definición, de este modo, que este tipo de literatura es una escenificación indecente e impudorosa de las prácticas sexuales, con la descripción de los órganos involucrados en ellas a través de un lenguaje directo, crudo y grosero. Sin embargo, Diderot en sus ensayos críticos, *Salons*, al reflexionar sobre la desnudez concluye que una mujer desnuda no es indecente pero una mujer cuyo vestido está enrollado, sí lo es, y amplia señalando que si a la *Venus de Medici* se le pusieran ligas de color rosa y medias blancas se produciría un efecto que oscilaría entre decente/indecente, poniendo el acento en la ambivalencia de estas categorías (Frappier-Mazur, 1999, 217-219).

Paul Preciado (2014, 36), por su parte, observa que, si bien el discurso pornográfico implica un saber acerca de la verdad del sexo o de su secreto, más que revelar esa verdad o ese secreto transmite una ideología sobre él, la de un sexo prediseñado y disciplinado, haciendo visible un cuerpo escrito por los dispositivos de poder, con zonas eróticas definidas fundamentalmente por los órganos genitales y los pechos femeninos. El disciplinamiento explicaría más tarde, con el cambio de las fronteras de lo que se considera erótico o pornográfico, la creciente centralización de la sexualidad en torno al culo y a las prácticas anales. Este deslizamiento anatómico revela de qué modo, a través de la erotización de relaciones de dominio-sumisión que sostiene las jerarquías diferenciadoras entre quien se somete y quien somete, se construye subjetividad y cuerpos sexuados (Meler , 2015, 55).

Paradójicamente, según algunos críticos la misma industria pornográfica, que ha fijado un imaginario que muchas veces tiene ecos paródicos en la literatura con la que establece una capilaridad marcada por la reversibilidad, ha desarrollado lo que Leite Jr. (2012) denomina "políticas del ano". Esta distribución de lo sensible supone un desplazamiento identitario de la subjetividad que se desliza desde el rostro hacia esa zona inferior del cuerpo. El desvío, en la medida que da vuelta los binarismos superior/inferior, espiritual/bajo, puede tener carácter subversivo. Sin embargo, esta inversión es depositaria de una notoria ambivalencia. El foco en el ano coloca en primer plano el carácter lujurioso y transgresor de una parte del cuerpo que, a partir de Bajtin (1987), se ha relacionado con cierto tipo de resistencia popular al orden dominante, pero, como toda transgresión, supone ese orden y lo mantiene subvirtiéndolo. No hay ruptura de límites que no mantenga la ley que la prohíbe.

Paul Preciado, valorizando los aspectos transgresores del ano, observa en *Terror anal* (2013), que este desvío en la superficie de placer sirve para destotalizar la relación entre subjetividad, ano y capitalismo ya que la represión del placer anal heterosexual masculino estaría ligada a la formación de la subjetividad capitalista y a la descalificación de lo femenino como pasivo y débil. Al ocupar el discurso y el cuerpo masculino el lugar central del espacio público, se bloquea su orificio anal, considerado espacio de pasividad y se castra el placer de esa zona. Paralelamente, las subjetividades femeninas son expulsadas al ámbito privado y se deja acceso libre a sus orificios corporales, en especial la vagina.

En este sentido, según Preciado, se necesitó "cerrar el ano" para sublimar el deseo pansexual transformándolo en un vínculo de sociabilidad, de la misma manera que se cercaron las tierras públicas para posibilitar la emergencia de la propiedad privada. "Cerrar el ano" significó que la energía y el deseo depositados allí se convirtieran en sana camaradería varonil y, desde la perspectiva del mercado capitalista, un elemento de comunicación y desarrollo. En los años 70, en Brasil, durante la organización del movimiento homosexual brasileño una de las consignas centrales fue "el sexo anal derriba el capital" (Leite Jr., 2015, 75). Sin embargo, nunca los placeres anales fueron tan tolerados como hoy y tan difundidos en los videos y filmes pornográficos, donde la sodomía pasó a ser centro de las prácticas homo y heterosexuales y, por ello, a estar al servicio del capital. Hoy, el ano paradójicamente se ha convertido en la "rostridad" identitaria e individualista del capitalismo desplazando al rostro en muchos aspectos (Leite Jr., 2015, 76).

La cuestión de la pasividad, en la mayor parte de los estudios sobre la industria porno audiovisual que se desarrolla a partir de 1970, ha servido para vincularla con el sistema capitalista y el carácter alienante del simulacro de experiencia que genera el espectáculo y sus imágenes, sin tener en cuenta las múltiples mediaciones a las que están sometida y los usos que en la recepción pueden hacer los espectadores. Este discurso apocalíptico subraya que la pornografía constituye un simulacro de sexualidad en el que prima la hiperrealidad, pues se suprime todo tipo de fantasía y seducción por exceso de visibilidad y por la repetición de prácticas sexuales que se convierten en rutinas mecánicas. En este sentido, críticos como Baudrillard (1984), señalan que la imagen barroca excesiva que caracteriza al porno configura un signo hiperbólico cercano a lo grotesco y, por ello, genera una mirada profanadora que es guiada por la pulsión caníbal de verlo todo y hasta el final. En el cine y los videos porno la sucesión de planos-detalle que fomentan esta mirada devoradora fragmentan el cuerpo al límite de lo irreconocible, descomponiendo la idea de totalidad y produciendo un efecto monstruoso de órganos sin cuerpo. Las imágenes de la industria porno construyen, según esta perspectiva, una escena delirante, sin narración, sin contexto, o con un pretexto banal, y con su hiperescopía vacían el cuerpo de todo secreto y lo ofrecen a un espectador modelo que lo observa desde un contracampo heterogéneo (González Requena, 1998).

Así, el hecho de que los órganos genitales, las nalgas y el ano ocupen un primer plano, realimenta y naturaliza la idea de una sexualidad fundamentalmente fálica que en sus recortes genera la sensación hacer visibles órganos independientes del cuerpo. Mientras los libertinos de

Sade discutían si la *felatio* era perversa o no y se explayaban sobre las costumbres sexuales de diversas culturas para justificar sus prácticas en *Filosofía en el tocador*, quienes se dedican a la pornografía industrial se limitan a que el coito y sus variantes se produzcan sin preparativos previos, discursos ni retrasos de ningún tipo, en un acceso instantáneo al sexo que desvincula sexualidad, afecto y ternura. De esta manera, el sexo se exhibe en el envase atractivo de una mercancía de consumo, fría y calculada (Bruckner & Finkieldraut, 1998; Marcuse, 1968). A estas ideas negativas, se oponen otros modos de evaluar lo pornográfico que subrayan que hay un elemento pagano en todo producto de esta índole en el que se expresan esas fuerzas ctónicas que subsisten por debajo de los tabúes sociales, otorgando un privilegio al placer y desconociendo las convenciones que quieren normalizarlo y someterlo a una ley externa (McNair, 2004, 76-77).

Las diversas perspectivas en torno a la literatura y la industria porno hacen ostensible las paradojas que caracterizan la relación entre cuerpo, erotismo y pornografía. Si bien los objetos culturales son ideológicos por ser productos hechos por los seres humanos que dicen cómo es el mundo y cómo hay que comportarse en él, existe en ellos un carácter contraideológicos que se manifiesta como resistencia, como puesta en el centro de lo marginal o como propuestas de cambio imaginarias que vuelven pensable otro modo de llevar cabo lo factible (McNair, 29). La compleja conexión entre las características diversas de la pornografía que señala la teoría más tradicional, las contradicciones de su discurso y la producción de videos ha vuelto inclasificables estos materiales por lo proliferante de sus formas. La existencia de esta pluralidad de prácticas sexuales se verifica en el material audiovisual porno que es posible encontrar en *Internet* de manera gratuita y al alcance de cualquier interesado.

En efecto, los materiales de esta *pornosfera* exhiben el universo de sexualidades plurales y perversidades polimorfas que habitan la *web* tanto en videos caseros como profesionales. La diversidad de manifestaciones que allí se difunden, refuta en buena medida las generalizaciones que la teoría más tradicional ha elaborado sobre el porno y sus simulacros. A esto hay que agregar, en favor de un análisis menos rígido, que los procesos de comunicación son de naturaleza caótica y no lineal y que los efectos de la pornografía no pueden aislarse, medirse, ni predecirse sin caer en interpretaciones subjetivas como observa Brian Mc Nair (24-25). Lo que a uno excita a otro puede repugnar, o aburrir igual que en los procesos de lectura textual. El modo de hacer, la intencionalidad y la recepción son instancias diversas y las imágenes nunca tienen un solo sentido, aun cuando estén acompañadas por un anclaje textual. En ellas se tensionan lo intencional y lo inintencional como en un nudo de indeterminaciones.

La ambigüedad, matriz de las imágenes porno

Un video, seleccionado al azar, en el sitio *es.pornohub.com*, ilustra de manera acabada hasta qué punto lo que parece predecible en sus efectos, nunca lo es de manera total, pues el receptor empírico puede ser cualquiera. El título de uno de los videos, "Cuatro Universitarias En Un Loco Gangbang Con Negros De Grandes Pollas" (sic), sugiere una lectura lineal y racista en la que los varones negros, que participan de la fiesta sexual en torno a la cual gira la trama, se convierten meros portadores de "grandes pollas" cuya función es el regocijo de las cuatro universitarias blancas, que surgen como privilegiadas sujetas de la historia y usuarias de esos cuerpos destinados a producir placer: El título del video exhibe, más allá de toda corrección política, la asimilación del mundo blanco a la cultura y del negro a la naturaleza instintiva y confirma el arriba/abajo que rige en la sociedad con la forma de un racismo no asumido como tal.

La historia que se narra se inicia con un encuadre que construye el verosímil de la secuencia de prácticas sexuales grupales que tienen lugar entre mujeres caucásicas y hombres afrodescendientes, lo que indica de entrada la construcción de personajes con una subjetividad racializada. Esta elección parece transgredir los tabúes propios de toda sociedad racista, pero al mismo tiempo confirma los prejuicios raciales que enfrentan a "blancos" y "negros", porque hace del color de la piel un índice de instrumentalidad y de potencia sexual, materializando el mito de la "virilidad negra", por el cual en los años '80 se lo acusaba al fotógrafo Mapplethorpe, no solo de pornógrafo, sino mucho más grave aún de objetivar vulgarmente a los modelos que utilizaba en sus producciones (McNair, 2004, 290-291).

El uso de la raza como categoría clasificatoria y diferenciadora muestra su eficacia a partir de un proceso de naturalización y biologización que borra la historicidad y la arbitrariedad de esa idea y de las relaciones de poder que de ella derivaron (Quijano, 2000, 342-386). La complejidad de este claroscuro interracial, que se reproduce en otros binarismos (varón/mujer; protuberancia masculina/concavidad femenina; activo/pasivo), se acentúa si se formula la pregunta acerca de si el imaginario que ¿reproduce y/o performa? el video implica una mirada masculina negra y/o femenina blanca sobre los cuerpos y sus prácticas sexuales, o ambas perspectivas al mismo tiempo. ¿Las imágenes del varón negro y la mujer blanca teniendo sexo descontrolado, cliché frecuente en la industria porno, parte de un imaginario heterosexual masculino negro o blanco, es una fantasía específicamente femenina y blanca o una fantasía femenina cuyo origen es masculino? No hay una sola respuesta para esta cuestión, los productos de la cultura de masas en torno a la sexualidad están configurados como una compleja urdimbre de paradojas y en todo caso, en el análisis, solo se pueden enunciar conjeturas y malosentendidos. Es evidente, no obstante, que en este juego de contrastes se produce la sexualización de lo racial y la racialización de lo sexual a través de la díada blanquidad/negritud. La oposición hace que en algunas culturas el hombre negro se identifique con la conquista sexual, la habilidad para el deporte y para el baile, mientras que al hombre blanco se le atribuya la responsabilidad, el éxito económico y la cultura del trabajo (La Furcia, 2016, 54).

Más allá del componente racial, el video figura una fiesta privada burguesa que tiene como escenario tres espacios: las adyacencias y el interior de una piscina, un baño y un cuarto de estar. Alcohol, música electrónica, excitación y roces eróticos múltiples entre varones y mujeres anticipan lo que será el centro de la trama. La cámara subjetiva pasa del plano general que recorre las manifestaciones de creciente desenfreno entre los participantes de la fiesta, a una escena singular en la que el foco del dispositivo está puesto en una mujer que, arrodillada sobre un sofá, exhibe su trasero desnudo al resto. El ano, que emerge como detalle exquisito, está ocupado por un dispositivo aparentemente de goma, parecido a una sopapa, que culmina con un palo delgado. Un grupo de hombres y mujeres rodean esa escena y se divierte viendo cómo uno de los varones hace puntería para embocar argollas en el movedizo palito. La metáfora es obvia y ramplona. La mujer en cuestión balancea alegremente sus nalgas para imprimir movimiento a las argollas embocadas que chocan entre sí.

Seguidamente, la cámara se desplaza como si fuera un visitante curioso, un flâneur que recorre la fiesta y se detiene en aquello que llama su atención articulando escenas, a manera de *collage*, de secuencias fragmentarias, en las que los juegos entre varones y mujeres o entre mujeres, pensados-no pensados para una mirada que no se podría definir como exclusivamente masculina, señalan de modo redundante que la excitación sexual está en su apogeo, pero todavía falta lo mejor. Cada uno a su manera busca placer o simula buscar placer (la actuación no es convincente) en el cuerpo del otro o también en el suyo propio, en el caso de las mujeres. Botellas con bebida circulan de una boca a la otra, en un intento paradójico de ritual dionisíaco profano que sugiere, sin alcanzar una figuración plena, el clima preparatorio de una orgía: libaciones, música, movimiento de cuerpos, descontrol y promiscuidad.

Sin embargo, más que una experiencia de excitación colectiva, donde lo individual se disuelve en lo uno impersonal, lo que se puede ver es la escenificación en clave de corto publicitario de la venta de una mercancía apetecible que es parte de los imaginarios sociales conectados con el placer: el sexo alegre, excesivo, interracial y no reproductivo. Esto en un punto constituye una espectacularización de la experiencia erótica, su reificación, pero desde otra perspectiva es la visibilización de un espacio de goce que no está destinado a la procreación o a la producción de futura fuerza de trabajo y es puro derroche.

Este producto singular, el sexo divertido, sin límites y no reproductivo que se burla de los mandatos sociales de la iglesia y la moral, se sugiere metonímicamente como la sumatoria de exceso de alcohol, excitación, risas, gemidos, rostros anhelantes, movimientos erotizados, coitos y música electrónica. A pesar de la saturación de signos, algo en las imágenes no convence del todo. En la teatralización de los prolegómenos de la experiencia erótica colectiva, prima el *como si*. El efecto de artificialidad extrema no parece responder a la elección deliberada de una estética neobarroca *camp*[5] a lo Almodóvar, se acerca más a la escenificación de un espectáculo publicitario para el consumo del ojo y la evasión.

El cortocircuito se produce entre el esfuerzo por crear el efecto realidad en lo que sucede en la fiesta y los recursos *kitsch* de un esteticismo gastronómico previsible al gusto de un consumidor ideal poco exigente. Por otro lado, la distancia entre los cuerpos, sus actitudes y las figuras del relato con las que se busca metaforizar el deseo excesivo (acumulación, hipérbole, redundancia, sinécdoque, repetición con variaciones) parecen indicar que el pacto de recepción que se busca establecer desde la producción del video tiene como único objetivo excitar al espectador. Sin embargo, nadie pueda prever el efecto singular de la filmación que también habilita el aburrimiento por reiteración de escenas y proliferación de estereotipos sexuales. Sade, sin duda, hubiera bostezado y el lector de sus novelas, también. Esto, claro, es una conjetura, nunca se pueden anticipar ni dar por seguros los efectos de sentido de las imágenes que siempre son, como dice Rancière (2010), pensativas, paradójicas y imprevisibles en sus efectos. En ello radica su eficacia.

A medida que avanza la acción, la fiesta deja de ser un ritual colectivo para convertirse en una acumulación de prácticas disyuntivas y, por ello, deviene música de fondo, sonido de palabras gozosas o risas expulsadas el campo ciego. La cámara selecciona escenas individuales de sexo usando el plano detalle: una mujer se acaricia la vulva con fruición y la exhibe, dos mujeres se besan mostrando golosas sus lenguas ávidas, otra refriega su culo en los genitales de un hombre... El paneo se detiene en

---

[5] La estética neobarroca *camp* constituye una maquinaria paródica de escritura que en y a través del desparpajo y exceso funda su derecho estético a hacer con los materiales culturales lo que quiera: fragmentarlos, tajearlos, disfrazarlos, profanarlos y llevarlos hasta sus límites extremos. De modo tal que este juego no acabe hasta hacer de ellos algo casi irreconocible. Por esta razón, solo el guiño elíptico o la puesta en abismo, más explícita, se constituyen en claves de lectura a través de las cuales este procedimiento de escamoteo de citas se exhibe a los iniciados (Montes, 2011).

una pareja: una mujer blanca con fingido arrebato le hace una felatio al descomunal miembro de un varón negro, luego le chupa los testículos, también de tamaño excesivo. En esta secuencia, la cámara elige un plano contrapicado que toma la cara de la mujer, los genitales y la parte superior del cuerpo del hombre hasta focalizarse en un detalle, el contacto extremo entre el rostro femenino, el pene y los testículos.

Rápidamente, la cámara subjetiva pasa a otra escena. Esta vez una mujer blanca, pero trigueña y no rubia como la anterior, queda en el medio de dos penes erectos. Por supuesto, pertenecen a sendos hombres negros de pie, que confirman el epíteto de "grandes pollas". Con fingido placer chupa alternativamente cada una de ellas mientras con sus manos las fricciona. Enseguida, esta escena es sustituida por otra. En ella una mujer, completamente desnuda, es penetrada analmente por uno de los penes, mientras chupa otro. Inmediatamente la cámara enfoca con plano detalle a una mujer blanca rubia que hace una felatio a otro hombre negro. Se interrumpen y hablan mientras tanto. No son balbuceos de placer, suenan a comentario cordial mientras se tiene sexo, como si entre lo que los cuerpos muestran y el tono de las voces hubiera una suerte de hiato que marca la irreductible distancia entre lo que se hace y lo que se experimenta. La torsión de estos cuerpos sugiere una suerte de desconexión entre lo que deberían mostrar y lo que muestran.

En el baño, una mujer rubia es penetrada vaginalmente por un hombre negro, se oyen voces y risas fuera de campo. Se trata de una fiesta colectiva paradójica donde cada uno *produce* su propia performance y nada *se derrocha*, ni siquiera el semen. Cada cuerpo simula buscar placer mientras prima la desconexión entre ellos, solo los une el espacio común y la misma música de fondo. Se repiten las prácticas, pero cambian los rostros, los penes, las vaginas y las lenguas: felatio, penetraciones vaginales, penetraciones anales, lamidas genitales, sexo oral. De pronto, el relato llega a su *clímax*. Una escena libertina, que pretende emular las que tanto abundan en Sade, ocupa el centro de la imagen: seis hombres negros y cuatro mujeres blancas tienen sexo simultáneamente y en el mismo escenario.

Los muebles fijan el ángulo: dos sofás en ele, una lámpara de pie entre ellos, una alfombra debajo. La escena no puede ocultar la utilería barata. Se escuchan jadeos y gritos, supuestamente de placer. Unos hombres penetran, otros ayudan a armar el cuadro, pero entre ellos no hay sexo, la homosexualidad masculina parece estar vedada, no así la femenina, y en eso se impone la mirada del varón heterosexual, ¿o de las mujeres lesbianas? En uno de los detalles de la escena, una mujer rubia es penetrada analmente por un hombre mientras masturba con su mano a otro. Grita, pero todas gimen y muestran rostros entre gozosos y doloridos, es el precio de convertirse en libertina. Una entrecierra los ojos como al borde del orgasmo. Todos fingen que están allí gozando alegremente como si no supieran que una cámara los está filmando y abusa del plano detalle hasta poner el objetivo casi sobre los miembros excitados. Se busca el efecto realidad, pero la escena no puede ocultar su carácter ficcional: es utópica. La cámara articula las diversas modalidades de coito como si todo se produjera simultáneamente en un mundo de energía sexual inagotable.

El video culmina *in medias res*, en el momento de mayor frenesí sexual y en el que la yuxtaposición de cuerpos configura una suerte de escena colectiva y reversible de coito. Se multiplican prácticas que responden al esquema varón amo y mujer sumisa dadora de placer, que sin embargo el anclaje del texto que acompaña al video desmiente en su enunciado produciendo una torsión en los sentidos. A pesar de que ellos las penetran con sus penes exuberantes y ellas son penetradas en la vagina, la boca y el ano o lamen golosamente el glande y los testículos, mientras el varón en cuestión les sujeta la cabeza o las mira desde arriba, las que van a buscar esa experiencia son ellas según reza el título que las señala como universitarias mientras que a ellos como "pollas". En este cuadro final, con pretensiones de escena sadiana no hay goce o eyaculación visible que fije la culminación de las prácticas sexuales. Se sugiere una continuidad sin fin. Citerea como utopía materializada por la ficción anuncia la posibilidad del placer sin límite como en un hotel *all inclusive*.

Al final unas flechas rojas sobreimpresas, como dibujadas con marcador grueso, y dirigidas hacia abajo aparecen sobre la película detenida y señalan el afuera del video. ¿Piden que el ocasional voyeur ponga su *like*? ¿Incitan a la suscripción paga en el canal para ver el final verdadero del video? ¿Apuntan a la inscripción que funciona como anclaje del sentido: "Cuatro Universitarias En Un Loco Gangbang⁶ Con Negros De Grandes Pollas"?

En todo caso, la interrupción del mundo posible ficcional del video con las flechas que llevan al fuera de marco, constituyen una apelación directa al receptor empírico. Una de sus funciones es condicionar su lectura, reduciendo el juego significante, a través de la leyenda que le aclara cuál es la idea general del contenido del video. Las flechas recuerdan ese recurso del cine, usado también en las series televisivas. como *House of cards*, en las que un personaje rompe la "cuarta pared" y mira hacia el espacio del espectador, estableciendo una complicidad con él para aclararle el sentido de lo que sucede o comentarle lo que piensa u ocurrirá en la ficción de la cual es parte. En literatura, esta estrategia que erosiona la diferencia ficción/realidad, aunque ambas son ficciones de diverso grado, se denomina metalepsis y genera una reversibilidad que pone en crisis el adentro y el afuera. Aún en las producciones de masa se contaminan los límites con recursos literarios.

A pesar de la redundancia en las imágenes y el anclaje textual del resumen que acompaña al video, no se puede asegurar el efecto masturbatorio de las imágenes sobre quien lo mire. Allí también se hacen visibles otras cosas: ampliación del campo de placer no reproductivo bien que a través de un repertorio a esta altura un poco manido; didactismo para los principiantes en las lides eróticas que puede sugerir un "hágalo usted mismo"; malas actuaciones; mucho gimnasio y siliconas en actores y actrices; obviedad y falta de imaginación en las secuencias; costos de producción reducidos; predominio de imaginarios convencionales; la racialización de los cuerpos como mercancía de consumo y la evasión consolatoria que ni subvierte ni erosiona el *statu quo*, por el contrario, lo confirma con transgresiones que apuntan a un sexo disciplinado.

---

⁶ Wikipedia aclara: "Gangbang es un tipo particular de orgía en la que alguien mantiene relaciones sexuales con tres o más personas bien sea por turnos o al mismo tiempo; esto puede llegar a incluir un número indefinido de participantes".

Literatura erótica, pornografía y paradoja

Sin embargo, este video es solo un ejemplo canónico, en *Internet* hay para todos los gustos, los géneros y las ideologías: mujeres con animales, lesbianas, homosexuales, zombis, madres e hijos, maduras y jóvenes; viejos y jovencitas, sadomasoquismo, etc. Lo posible y lo imposible, lo imaginable y lo extraordinario allí tienen lugar. Ante esta enorme variedad, es evidente que el porno, puede figurar la estructura del deseo del consumidor si logra despertar en él excitación, pero el deseo de quien consume, a su vez está estructurado por las características de su sexualidad individual, hetero u homosexual, y definido por su elección de objeto, así como su preferencia por determinadas conductas, lo que ofende a una persona o le repugna, le puede gustar a otra (Mc Nair,77). Los consumidores son tan anónimos como los personajes de los videos y los sentidos contradictorios.

La pregunta es ya sea en esta configuración más tradicional con marco o en las nuevas formas de narrativa donde se elimina el encuadre y la escena comienza directamente con un coito en marcha o con sus preparativos: ¿Se pueden equiparar las interpretaciones que la teoría y la crítica hacen sobre la industria porno y sobre la literatura? ¿Las imágenes audiovisuales de los videos admiten el mismo tratamiento que las que producen los textos literarios? La cuestión, más allá de la diferencia entre video y literatura, entre imagen y escritura, es que la perspectiva interpretativa tradicional sobre la pornografía, a la que se ha hecho referencia, desarrolla una visión no dialéctica y esquemática sobre el discurso porno audiovisual que, sin embargo, al hacer estos señalamientos no deja en claro si también hace extensivo sus comentarios a las narraciones literarias que incluyen reiteradas escenas de sexo o solo escenas de sexo como *La intimidad* de Roberto Videla. De todos modos, las imágenes desafían todo monologismo interpretativo, y esto mismo sucede con la literatura erótica que juega, en el giro llamado *pornochic*, a imitar, parodiar, homenajear o citar las imágenes de la industria porno audiovisual (McNair, 103) tal como se podrá observar en el análisis de *El pudor del pornógrafo* de Alan Pauls (XII).

La pornografía, una categoría extraliteraria

El término "pornografía", desde su misma etimología, es una categoría de carácter extraliterario y extra artístico que involucra, en su uso habitual, la clasificación despectiva, punitiva o moral tanto de imágenes visuales como lingüísticas desde la perspectiva de una singularidad que se pretende universal e impone su interpretación. En esta valoración que censura y descalifica, se reproduce la mirada condenatoria y apocalíptica que el discurso moderno desarrolló sobre los productos de la cultura de masas a mitad del siglo XX, especialmente sobre el espectáculo. La lectura dicotómica de las manifestaciones culturales de la modernidad solo deja ver en estas producciones los aspectos alienantes, reproductivos y el disciplinamiento reificador de la sexualidad y de quien los consume. Pero más allá de intenciones en la producción y de recepciones singulares, las imágenes audiovisuales y el lenguaje no pueden ser considerados pornográficos, pues son campos de fuerza en los que se cruzan muchas variables de sentido contradictorias, sin que ninguna predomine. Aún en las obras más orgánicas, cerradas o redundantes hay un plus indecidible. Las imágenes eróticas, o no, son siempre paradójicas y sus sentidos ambivalentes.

Desde el punto de vista de las teorías de género de los '70 y los 80, se denuncia que la pornografía sigue el modelo característico de la heteronormatividad patriarcal, por eso exhibe fascinación por ciertas zonas del cuerpo, sobre todo femenino, escenas de voyeurismo, violaciones y pone el acento en el fetichismo que hace uso y abuso de la sinécdoque corporal. De acuerdo con este planteo, el porno muestra de manera ominosa las obsesiones de los machos blancos de la clase dirigente (¿entonces por qué la inclusión de hombres negros en el video que analizamos parece ser más una fantasía de las mujeres blancas?) que en el consumo de sexo ocultan y muestran al mismo tiempo su sentimiento de culpabilidad, su ignorancia respecto al mundo femenino, su temor a lo desconocido y su represión. Sin embargo, se puede decir que, desde su invención, y en sus diversas manifestaciones tanto escritas como visuales y hasta el siglo XIX, la pornografía fue *algo más* que el nombre puesto a un tipo de producción literaria o visual lujuriosa, de "mal gusto", indecorosa y de escaso mérito artístico, que no respetaba el límite de lo decente, lo decible y lo visibilizable, en materia de relaciones eróticas, de acuerdo con el respeto a las buenas costumbres y la intimidad. Entre los siglos XVI y el XVIII, era frecuente que las escenas de sexo explícito se usaran para llevar a cabo una crítica de tipo político o religioso, aunque también muchas veces para hacer chantaje a los notables escarnecidos en ellas[7], y no solamente para excitar al lector-voyeur blanco y machista.

Con la difusión de la literatura erótica, denominada pornográfica, y la expansión de los medios y la prensa que caracterizó a la época victoriana, el proletariado urbano, sobre todo, tuvo acceso por primera vez a imágenes sexuales explícitas, que a diferencia de lo que ocurría en los siglos anteriores ya no tenían un trasfondo subversivo y político, pero hacían imaginables escenas sexuales disidentes y expandían el campo de lo posible. Las élites dominantes vieron con preocupación este hecho por sus consecuencias sociales, sobre todo en mujeres y niños. Entonces, comenzó a llamarse pornográficos a estos materiales y a prohibirlos o penalizarlos, como una forma de restringir el acceso a ellos. La *Obscene Publications Acts* de 1857 proscribía cualquier texto que pudiera producir depravación o corrupción en aquellas personas que los guardianes de la moral consideraban vulnerables o necesitadas de protección estatal. Se consideraba depravación y corrupción a toda aquella práctica que se apartar del modelo judeocristiano de sexo reproductivo dentro del matrimonio como la sodomía, la masturbación y la felación (McNair, 86-87).

---

[7] Se publicaron en Francia muchos libros pornográficos que atacaban a Luis XVI, a María Antonieta y su círculo. Muchos de los autores no buscaban acabar con el régimen monárquico y su corrupción, eran chantajistas que esperaban sacar ganancias con estos escritos difamatorios. Théveneau de Morande, fundó el periódico *Le Gazetier Cuirassé* e instruyó a los estafadores literarios en la forma de operar.
http://www.blogodisea.com/libelos-chantajistas-en-la-francia-del-siglo-xviii.html

El legado de Sade: un lenguaje para narrar lo infame

Un ejemplo claro del tipo de literatura que en Francia fue perseguida y penada es la del Marqués de Sade. Sin embargo, sus obras completas se publican en 1949 y se convierten en un clásico de la literatura erótica en los años '60, gracias a la supresión de la censura en Francia. De hecho, Sade termina siendo parte de la prestigiosa biblioteca *La Pléiade*. En *La filosofía en el tocador* (1795), por ejemplo, junto al desarrollo de la lógica de la naturaleza en su ciclo amoral de destrucción y creación y los principios de la filosofía libertina, se defiende la ley de la imaginación, enemiga de las reglas religiosas y del estado y amante del desorden. En las escenas de orgía, que abundan en sus novelas dialogadas, se practica una economía total pues nada de la materialidad corporal que pueda servir para el placer y el goce se desperdicia. La escenificación de la sexualidad, aún en sus formas más violentas y perversas, con un lenguaje que no oculta nada y pretende decirlo todo por reiteración cuantitativa, tiene un objetivo político. Sade pone en crisis la ley del Estado con su ironía y ubica al crimen institucionalizado por encima de ella, demostrando la hipocresía social (Deleuze, 2001).

Quienes han analizado y apreciado su obra, como Barthes en "Sade II" (2010), no lo consideran un escritor pornográfico sino erótico ya que el erotismo es un habla, un uso del sistema que permite desbaratar, a partir de la creatividad y el deseo, el disciplinamiento a que obliga la lengua, de manera análoga a cómo se pone en crisis el sistema del estado-nación. Las prácticas sexuales que se figuran en sus novelas sólo se pueden describir o narrar y ese sometimiento al orden simbólico las hace reconocibles y perceptibles. El centro del discurso sadiano es el lenguaje y no la representación, la copia reproductiva, de una supuesta realidad extraliteraria. Sade somete aquello que la sociedad en su seno puede considerar criminal o aberrante (lo prohibido) a una lógica en la que la unidad mínima formal es "la postura" y a partir de ella elabora una combinatoria que toma diversos nombres según las características y los roles que asuman en la operación los personajes que participan en ellas. Sus textos configuran una suerte de "árbol del crimen", esto es, una organización cuyas ramificaciones están dadas por prácticas combinadas como "el cuadro" (figura en la que todas las sedes eróticas están ocupadas), "el episodio", que es una unidad diacrónica de tipo narrativo, y la "escena o sesión" en la que las operaciones se extienden y suceden dando lugar, luego, a un relato o una disertación. De allí, el encadenamiento quiásmico, reversible, de los cuerpos que las posturas producen a partir de los genitales y de todo elemento saliente o cóncavo de la corporalidad.

Los orgasmos, en las obras de Sade, son simultáneos y colectivos y el dolor aparece como antesala del placer, sobre todo en aquellos que se inician como el personaje de Eugenia en *La filosofía en el tocador*. El sufrimiento del libertino es necesario para llegar al goce, pero nunca estos personajes son víctimas, tal como sucede con otros que no tienen su estatus y sobre los que se ejerce una crueldad innecesaria, sádica. El dolor, en el caso de los libertinos, es un ritual de iniciación cuidadoso de ciertos límites y produce placer pues entre iguales no hay relación víctima-victimario. Dolmancé, uno de los personajes de *Filosofía en el tocador*, que hace las veces de pedagogo, dice al respecto: "Jamás entre sí se comen los lobos". El pensador sadiano es radical, no cree en las quimeras de la religión y la metafísica, solo cree en la verdad irrefutable del materialismo. El conocimiento objetivo necesita inventariar el universo, acumular informaciones y, en el caso de la fe libertina, ampliar la esfera de las sensaciones y placeres. De allí, la necesidad de viajar y acumular experiencias culturales y sexuales que aparece verbalizada en sus novelas (Robert Moraes, 2019).

Sade, sin duda, no fue el único escritor que abordó de manera sistemática las figuraciones ficcionales de las formas explícitas y perversas de la sexualidad. La emergencia de la tradición lujuriosa del erotismo, y paralelamente de las espectacularización de las prácticas sexuales se remonta, como señaló, al año 1500, en Italia, con la obra de Pietro Aretino, *Diálogos y Poemas lujuriosos*, y a Francia e Inglaterra durante los siglos XVIII y XIX, con la publicación de narraciones y libelos que hace de la sexualidad un tema central como las francesas *Historia de Dom Bougre, portero de los Chartreux* (1741), *Teresa filósofa* (1748), *La academia de las damas* (1660) y *La escuela de las niñas* (1665), o las novelas inglesas *Fanny Hill. Memorias de una mujer de placer* (1748-49) o *Pecados de ciudades de la planicie* (1881), entre otras (Hunt 1999; Echavarren 2009). En 1806, ya existía una tradición libertina francesa, tal como consta en la lista que hace en el *Diccionario crítico, literario y bibliográfico de los principales libros condenados al fuego, suprimidos o censurados* de Etienne Gabriel Peignot, entre los cuales figuraban no solo libros de Sade, como *Justine*, sino también obras consideradas herejes, radicales o subversivas desde el punto de vista político. Hacia fines de 1790 la policía tenía una lista larguísima de obras "licenciosas" confiscadas por ser consideradas "nocivas" (Hunt, 1999).

Si bien desde su nacimiento la llamada pornografía debió luchar contra la censura, cuando en Francia la Revolución la suprimió momentáneamente, los editores aprovecharon para publicar obras lujuriosas, junto a centenares de panfletos pornográficos como *Le Godmiché royal*, en el que los dos sexos mantienen una conversación en versos alejandrinos sacados de *Le Cid* de Corneille, una falsa *Liste de tous les prêtres trouvés en flagrant délit chez les filles publiques de Paris*. También se dieron a publicidad panfletos dedicados al "furor uterino" de María Antonieta, o las "tarifas de las chicas del Palais-Royal" o un relato de un "espía de las alcobas" (Octavi, 2007).

Sin embargo, los historiadores de literatura francesa coinciden el decir que la tradición libertina se inicia hacia fines del siglo XVII, con la publicación de *La escuela de las jóvenes*, que fue inmediatamente censurada y sus editores encarcelados. En 1659 se publica en latín y en 1680 en francés *La academia de las damas*, cuyo autor era un abogado y funcionario de la corona, Nicolás Chorier. En estos libros, con formato de diálogo, se plantea la educación de una joven por parte de una mujer experimentada. A diferencia de los *Diálogo*s de Aretino, en estas obras no se trata de prostitutas sino de mujeres de la alta sociedad, como en *Filosofía en el tocador* de Sade. Ya en el siglo XVIII, el género prolifera con formato de novela. El siglo XIX, con la imposición de la moralidad burguesa victoriana, hace más estricta la censura contra la pornografía, cuya circulación se restringe y se hace aún más clandestina (Lissardi, 2013, 95-98).

La pornografía como atopía

Las obras llamadas pornográficas durante mucho tiempo y hasta la segunda mitad del siglo XX no tuvieron un lugar propio. La llamada pornografía como literatura no circulaba ni en los burdeles ni se guardaba como los otros libros en bibliotecas familiares o institucionales. Ocupaba un *lugar-entre* lo privado y lo público y sobrevivía en lugares secretos y ocultos a la mirada de extraños, como el cajón de la mesita de luz de la hija del comisario en la novela *El trabajo* de Aníbal Jarkowski. En el siglo XX, la escritora Luisa Valenzuela (2018) confiesa que a los once años escondía los libros "picantes" en la "segunda fila de la biblioteca y sólo los sacaba cuando no había nadie en casa, para poder saborearlos a gusto". Por su parte, Natalia Ferreti en "Literatura erótica: palabras que encienden" (2006), narra:

> A los quince años les robaba a mis padres dos cosas: cigarrillos y libros. Por entonces no fumaba tanto como ahora, pero sí leía bastante. Era noche cerrada de invierno, lo recuerdo muy bien y acababa de terminar un libro, cuyo nombre no recuerdo, sobre las hijas del Zar Nicolai que me había parecido divertido salvo porque carecía de suspense: ya conocía el final, todos se morían. ¿Qué iba a leer a continuación? Nada de la biblioteca llamaba mi atención y *entonces encontré en el último estante, ocultos detrás de unos adornos de cerámica esmaltada de muy mal gusto, una serie de libros envueltos, forrados con papel de revistas*. El descubrimiento no me sorprendió, ya había visto otros libros camuflados así, libros de teoría política o de "autores prohibidos" que mis padres habían escondido durante la dictadura militar y que mantuvieron así aún mucho después, por un miedo casi patológico. Tomé uno y lo abrí: *Memorias de una princesa rusa*, autor Anónimo. Pensé que era perfecto porque enlazaba con el anterior y además me interesaba saber qué podría tener ese libro de "prohibido". Me ubiqué en mi rincón de lectura con tres cigarrillos hurtados sigilosamente para la ocasión y empecé a leer.

Ya clareaba cuando cerré el libro después de haberlo devorado gustosamente. Esa fue mi primera inmersión en el mundo de la literatura erótica-pornográfica-guarra-chancha-calenturienta: el diario íntimo de la princesa Vávara Softa[8] desde sus nada tiernos catorce años, cuan-do empieza a vivir un verdadero "periplo orgásmico".

En las bibliotecas públicas, las obras pornográficas, que eran producto del secuestro y la incautación policial en casas particulares, librerías o imprentas, se encerraban en lugares separados y secretos. La Biblioteca Nacional Francesa desde 1884 guardaba en un lugar recóndito, "el infierno" (*L'enfer*), más de 1700 libros con imágenes, o sin ellas, de carácter lujuriosos y pecaminoso. En 2008, se hizo una exposición con 300 de esos ejemplares, pero reservada a un público exclusivamente mayor de 16 años. Hasta que se suprimió la censura de esos materiales en 1970, para acceder a esas obras había que presentar formularios que justificaran la necesidad de su lectura (Arcand, 1993; Hunt, 1999).

Los textos considerados pornográficos son portadores de un *discurso atópico*, porque están prohibidos por la sociedad y ocupan un intervalo que se ubica entre los discursos que legitiman un valor o un derecho (religiosos, literarios) y aquellos que no fundan ningún derecho o valor y por tanto no hay obligación de hacerles lugar (las misas negras, la brujería, los cantos lascivos). Su espacio es el de la clandestinidad o la anomalía y su visibilización está reservada a momentos especiales de transgresión como el carnaval (Maingueneau, 2008, 35-41). Esta atopía, este entrelugar inconceptualizable, es sin embargo el espacio de las figuraciones de una experiencia erótica en la que la vocación por decirlo todo de las prácticas sexuales consideradas indecentes pierde el carácter de etiqueta moral y se convierte en discurso autónomo sobre los placeres del cuerpo que desbarata la policía del sentido, es decir, en literatura.

Lo cierto es que en la Modernidad la llamada pornografía adquiere visibilidad como categoría de investigación y como término clasificatorio

---

[8] *Memorias de una princesa rusa* es el análisis que realiza Katumba Pasha del diario de Vávara Softa, princesa hija de un acaudalado boyardo del imperio de Pablo I (1754-1801).

de la literatura o de las representaciones visuales y se le adjudica un nombre que la define hacia adelante y hacia atrás en el tiempo. Los autores y grabadores que, a partir de los siglos XVIII y XIX se llamarán "pornográficos", surgen fundamentalmente entre grupos de artistas contestarios, herejes, librepensadores y libertinos que ocupaban un lugar marginal en la cultura. Por ello, el campo de lo pornográfico no es el resultado de un programa artístico o literario voluntario y preciso, ni del binarismo erotismo/pornografía, sino que se va a ir definiendo por un largo proceso de conflictos entre escritores, pintores, grabadores, por un lado, y espías, policías, padres, religiosos y funcionarios públicos, por el otro (Hunt,1999).

La pornografía, por esta razón, no nace de las formas estéticas con las que se exhibe el sexo en la escritura sino del conflicto entre literatura, censura y prohibición. Esta realidad histórica pone en evidencia que no se puede concebir lo pornográfico como una instancia de especificidad textual universal cuyo único objetivo sería producir un mismo efecto afrodisíaco en todos los lectores. Al respecto Phillipe Sollers (2009) observa en una entrevista:

> Cualquier cosa puede ser porno. Pero yo digo que cualquier cosa puede serlo porque cualquier cosa puede devenir pornografía. En todos los momentos de la vida: no importa qué objeto, ni qué situación, no importa qué contacto puede convertirse de un momento a otro pornográfico. Por ello, no es necesario preocuparse por una determinada cualidad del porno. Es un problema estrictamente individual porque está claro que no puede encontrarse dos individuos, dos sujetos, que tengan las mismas fantasías sexuales. Es allí donde esto comienza a volverse interesante. No hay comunidad sexual -y esto es lo que no se tiene en cuenta desde mi perspectiva-. La concepción hasta hoy de la sexualidad suponía que existían comunidades sexuales (…). [la traducción es mía[9]]

---

[9] « Le porno peut être vraiment n'importe quoi. Mais je dis que ça peut être n'importe quoi parce que n'importe quoi qui n'est pas porno peut devenir pornographique. A tout instant de la vie : n'importe quel objet, n'importe quelle situation, n'importe quel

contact peut devenir d'un moment à l'autre pornographique. C'est pour ça qu'il ne faut pas du tout se préoccuper d'une soi-disant qualité du porno. C'est un problème strictement individuel parce qu'il est clair qu'on ne peut pas trouver deux individus, deux sujets, qui aient les mêmes fantasmes sexuels. C'est là où ça commence à devenir intéressant. Il n'y a pas de communauté sexuelle — et c'est ça qui est en train de sauter, à mon avis. La conception jusqu'à maintenant de la sexualité a posé qu'il y avait des communautés sexuelles ».

III.
Pornografía y censura: *El trabajo* de Aníbal Joarkowski y "Árbol genealógico" de Andrea Jeftanovic

> El autor es sin duda aquel al que podemos atribuir lo que ha sido dicho o ha sido escrito. Pero la atribución, incluso cuando se trata de un autor conocido, es el resultado de operaciones críticas complejas y raramente justificadas.
>
> *Michel Foucault*

Definir qué es o qué puede considerarse pornográfico dependerá de un cierto estado de consenso social respecto de lo prohibido, de los límites del pudor y de determinados imaginarios sociales sobre la sexualidad, a los que se suman las fantasías individuales inconscientes. Lo pornográfico no tiene que ver con el cometido de un texto o de unas imágenes. La existencia de la pornografía como categoría clasificatoria depende de instituciones que censuren o penalicen a los autores y a las producciones artísticas y literarias que se atreven a hacer público lo que se practica secretamente en la privacidad o se imagina en las fantasías subjetivas consideradas pecaminosas, indecentes o perversas.

Se castiga y judicializa aquello que se teme para evitar un efecto nefasto o corruptor en la sociedad que reproduciría ese mal ejemplo o se vería afectada en sus creencias y valores. De esta forma, se previenen las consecuencias que la lectura de un texto "pornográfico" pudiera tener sobre quien lee para evitarle un supuesto mal. Este punto de partida preventivo supone la necesidad de una actitud paternalista y controladora por parte de las instituciones que tienen a su cargo la salvaguardia de la moral de los ciudadanos. Pero, en rigor, el censor prohíbe aquello que le excita y escandaliza, convirtiendo en un hecho objetivo de alcance universal lo que es efecto de una recepción afectada por sus creencias y fantasmas.

En la novela *El trabajo* (2007) del escritor argentino Aníbal Jarkowski se narra con ironía de qué manera en una sociedad con una clase dirigente corrupta, cínica y un pueblo trabajador afectado por políticas neoliberales darwinistas, la Argentina de los años '90, se establece una reversibilidad entre la explotación del trabajo en oficinas y la explotación en la prostitución, a tal punto que en los avisos clasificados de los diarios se confunden los pedidos de un tipo y del otro. En este contexto, los resortes punitivos de la justicia se disparan de manera aleatoria y por los prejuicios y la ignorancia de quienes ejercen algún tipo de poder. Así, en la tercera parte del libro, llamada "Yo", el narrador cuenta cómo su primera novela fue secuestrada de las librerías, arrumbada en los sótanos de un juzgado, prohibiéndose su circulación y venta, por considerar que se trataba de "una obra de argumento impúdico, con escenas que ofenden el decoro más elemental" (2007, 123).

El origen del procedimiento cautelar que impide la venta y distribución de la primera novela de quien narra es el resultado de un hecho fortuito. La hija adolescente de un comisario comienza a tener cambios en su conducta, buscando los motivos materiales, los padres revisan su habitación y encuentran en el cajón de la mesita de luz un ejemplar de la novela, a sus ojos "oculto con premeditación" (122). El comisario escribe una carta acerca de los efectos nocivos de ese libro y lo envía a la revista de su obra social que la pública. Un fiscal guarda en su portafolio unos expedientes y por error incluye un ejemplar de esa revista. En la fiscalía, la encuentra, la lee mientras hace sus necesidades en el baño y se topa con la carta del comisario. Compra la novela denunciada, la lee influido por la carta y encuentra que el policía tenía razón por lo que presenta de oficio una denuncia en contra de su autor "por el delito de obscenidad" (122). El juez en lo correccional da curso a esa denuncia y dicta una medida cautelar por la cual la novela sale definitivamente de circulación y se prohíbe su venta, con el consecuente perjuicio económico y penal para quien la escribió.

El proceso judicial narrado en *El trabajo* evoca, irónicamente, los planteos de Michel Foucault respecto de que la figura del autor surge en primer lugar como sujeto de apropiación penal (2010, 22-23). Los textos, los libros, los discursos comienzan a tener "autores" en la medida en que quien era designado como tal puede ser castigado, pero, sobre todo, en la medida que los discursos que se le atribuyen o firma son transgresores. El gesto riesgoso de emitir un discurso, antes de entrar al circuito de propiedades como un bien, con la forma del "derecho de autor", hacia finales del siglo XVIII y comienzos del XIX, revela que la posibilidad de sobrepasar el límite punible se vuelve "un imperativo propio de la literatura" (22). El autor de esta manera, en el mismo momento en que se sitúa en el sistema de propiedad capitalista, parece restaurar la vieja paratopía del discurso literario, el entrelugar que lo ubicaba entre lo sagrado y lo profano, entre lo lícito y lo ilícito, entre lo religioso y lo blasfematorio, para a partir de ese momento hacer de la transgresión un ejercicio sistemático que devolvía la escritura a su peligrosidad (Foucault, 22-23). Esta posición ambivalente de la escritura, y de la figura del autor beneficiario de una propiedad y sujeto de punición por ella, explica el uso reiterado de seudónimos o el anonimato de muchos textos "indecentes" y "peligrosos" de los siglos XVIII, XIX y XX.

Lo revelador de la situación narrada en *El trabajo* es que, entre las razones que esgrime el fiscal para condenar al autor de la novela, determina que la escritura de un texto narrativo supone "la premeditada ejecución de un plan minucioso y sostenido a lo largo de meses y meses, o incluso años, durante los cuales el autor tiene a su alcance todas las oportunidades necesarias para corregir lo que hubiese hecho mal o incurriera en delito contra la sensibilidad o la moral de los lectores" (126-127). Esta argumentación da por sentado, desde la perspectiva de la ley y de la moral, que éste debe ser el horizonte que legisle sobre los sentidos, supuestamente unívocos, de una obra literaria. Equívoco que está estrechamente vinculado con el surgimiento de la categoría "pornografía", que no puede pensarse sin la existencia de una prohibición extraliteraria que introduce en el texto un único sentido que borra su multiplicidad significativa y el carácter de significante flotante de la escritura, al mismo tiempo que articula una relación causa-efecto entre intención autoral y texto.

La falta del escritor, entonces, es que pudiendo suprimir la indecencia del escrito no lo hizo, con lo cual quien narra subraya elípticamente las diversas perspectivas que puede haber sobre una obra, el malentendido que es toda interpretación y la diferencia entre política artística autoral y recepción. Para el autor, todo el trabajo de escritura está subordinado a una cuestión estética, una distribución de lo sensible, al logro de una forma; para el censor, a una imposición moral a la que lo artístico debería subordinarse. Así, el fiscal presenta como prueba de la aviesa intencionalidad autoral una serie de fragmentos descontextualizados, que puestos en su entramado ficcional anularían la pertinencia de la condena y de las críticas, no solo por obra de la textualidad de la cual fueron arrancados, sino porque la escritura es una práctica cuyos complejos sentidos quedan en suspenso y justamente en eso radica su eficacia artística.

Pero, además, la cuestión de los fragmentos descontextualizados y rearticulados por la fiscal arma otro relato, como si, paradójicamente, el propio argumento del fiscal pusiera en evidencia la multiplicidad de lecturas que puede tener una obra. El ojo escandalizado de quien lee marca lo leído con su signo moral, recortando y asociando fragmentos para construir un relato pornográfico monológico que solo existe como efecto de recepción.

> En una de sus presentaciones, el fiscal ofreció como evidencia del delito que me imputaba una larga transcripción de numerosos pasajes de mi novela. En otra, más extensa todavía, expuso distintos comentarios de filósofos y pedagogos antiguos y modernos que describían los efectos, sanos y malsanos, efímeros e indelebles, que la lectura de libros de imaginación dejaba en los jóvenes. (125)
>
> Más adelante (...) el fiscal expuso que durante la escritura de mi novela yo había cumplido con solvencia trabajos equivalentes a los literarios sin que en ellos se advirtieran, no fueran observados por mis jefes directos, trastornos de conducta o de pensamiento, aunque añadió que eran trastornos de ese orden los que precisamente, se verificaron en la hija del autor de la carta (...) que coincidían con el período en que la joven tuvo mi novela al alcance de la mano, en el cajón inferior de la mesita de luz de su habitación, con lo que razonablemente se establece que, en primer lugar, la había leído sin el consentimiento de los padres y, en segundo lugar, exis-

tía una relación de causa efecto entre aquella lectura y los trastornos que siguieron ya que, como lo indicaba la carta, los mismos eran inexistentes en el período inmediatamente anterior. (125-126)

La cuestión planteada de manera paródica por el relato de Aníbal Jarkowski permite reflexionar sobre los juicios morales que se erigen como único sentido de un texto. Bajo un rótulo negativo, éstos someten las obras a una convención cultural particular que se universaliza y se convierte en su *deber ser*, produciendo un giro que desactiva la indecibilidad de la escritura y coloca a la ética como una instancia general normativa de acuerdo con la cual se juzga la validez de los discursos y se les impone un determinado estado de cosas con fuerza de ley (Rancière, 2004, 133-134). En la novela queda claro que la actitud condenatoria del fiscal, carente de todo fundamento, es consecuencia de un efecto de recepción situado históricamente y condicionado por la lectura de la carta de un padre preocupado por los cambios de conducta de su hija adolescente, que buscaba pruebas objetivas que lo justificaran en el mundo de la literatura, evocando en su accionar lo que sucede con los protagonistas de *Don Quijote* o *Madame Bovary*. Este efecto de sentido singular es presentado como certeza objetiva. La cuestión abordada en la novela hace visibles, así, los mecanismos extraliterarios, conscientes e inconscientes, que intervienen en toda censura, condena o categorización de una obra como pornográfica o indecente.

Los dispositivos jurídicos postulan una relación causa-efecto ininterrumpida, a modo de *continuum*, entre la supuesta intención "impúdica" y premeditada de un autor, el contenido del texto que escribe y los efectos que luego tendrá ese texto sobre el lector, en este caso una adolescente. Se determina, de esta manera, una identidad absoluta entre lo que piensa el autor, el texto escrito sometido a esa intencionalidad, aprisionado en ella, y el accionar consecuente de quien lee. Con esta operación interpretativa se niega con un solo gesto la pluralidad textual y las múltiples mediaciones que afectan tanto a la escritura como a la recepción de una obra.

Por otra parte, se atribuye al autor una "intención" consciente y deliberada, reavivando la vieja hermenéutica que suponía que analizar un texto era descubrir "qué quería decir" quien lo había escrito. En este paradigma interpretativo, los cambios en la conducta de un lector o el "efecto pornografía" no serían otra cosa que una consecuencia directa de lo que la obra narra o describe como resultado del dominio de un autor sobre los sentidos de la escritura.

La cuestión planteada en *El trabajo* es clave para comprender el surgimiento histórico y relacional de una categoría extra artística como "pornografía" en la que se mezcla lo erótico y lo literario con lo legal y lo moral. Esta etiqueta de carácter ideológico sirvió para prohibir, censurar y obligar a una circulación clandestina a aquellas obras que se atrevían a hacer visible y público lo que muchos hacían en la intimidad sin mayores problemas o a aquellos textos que atentaban con sus ideas contra el orden establecido. Por ello, la definición del campo de lo pornográfico es problemática y depende en buena medida de las opiniones individuales que se institucionalizan. Al respecto, observa Bernard Arcand (1993) que la jurista Ruth McGaffey, en un artículo sobre el tema, señala que en los tribunales de Estados Unidos cuando se juzgan cuestiones ligadas a la obscenidad (indecencia, falta de pudor), término que muchas veces se usa como sinónimo de pornografía o ligado a ella, la opinión de los expertos es desechada. Por el contrario, la corte busca en los jurados la opinión más cercana al sentido común y libre de toda influencia especializada. Esta cuestión resultaría una actitud *sensata*, pues en rigor lo que se dice y se debate públicamente sobre pornografía no tiene otro valor ni otro peso que ser la expresión sincera de *lo que se opina* al respecto, es pura *doxa* (Arcand 84-85).

*

La pornografía como categoría literaria clasificatoria es la consecuencia de un discurso endoxático y, como tal, el resultado de la imposición de una idea construida culturalmente, de un sentido común convertido en naturaleza y *deber ser* que borra el carácter histórico, relacional y artificial de las categorías abstractas (Barthes, 1988, 209-211). Por ello, la frontera entre lo erótico y lo pornográfico es porosa y se ha ido transformando a lo largo de la historia. En ese proceso, lo que en un momento se considera pornográfico, por tanto, indecente o ilegal, en otra coyuntura es arte o literatura eróticos, sin aditamentos valorativos de tipo ni moral ni jurídico. Un cuento de Andrea Jeftanovic, "Árbol genealógico" (2015), pone luz sobre las relaciones complejas entre escritura literaria, régimen escópico y prohibición que sostienen la idea de pornografía. El relato comienza con un epígrafe de Lévi-Strauss, "Qué es lo prohibido: la sociedad no prohíbe más que lo que ella misma suscita", anticipatorio del vínculo contradictorio entre límite, deseo y transgresión que esta historia plantea, poniendo el eje en un juego especular de miradas que marcan lo mirado y lo transforman.

La trama narrativa está organizada por el entrecruzamiento polémico de una serie de perspectivas que complejizan los sentidos del relato y convierten sus imágenes en un nudo de indeterminaciones (Rancière, 2010). El cuento, más allá de la intencionalidad crítica manifestada por la autora en entrevistas, no se somete a ningún planteo moral en torno al abuso de menores y el incesto, que determine por encima de la escritura un sentido definitivo (acorde o en contra de la cultura en la cual se inserta). A pesar de ello, o justamente por ello mismo, Jeftanovic observa en una entrevista que en Alemania y Estados Unidos este cuento no pudo ser publicado en el volumen *No aceptes caramelos de extraños*, debido a la censura (Jeftanovic, 2012).

Lo central en este relato, sin embargo, no es la pederastia o la presunta apología del abuso infantil que entrañaría el texto, sino su política narrativa, la indecidibilidad que se produce a través de la construcción de un laberinto de espejos paradójico en el que se pierde la diferencia entre normalidad y anomalía y se instala un entrecruzamiento de voces y miradas disonantes. Los discursos sobre la perversión, las conductas defensivas de los personajes, sus cuerpos vulnerables y erotizados, la violencia de lo que se dice y se hace visible, son el efecto de un sistema complejo y contradictorio de vínculos especulares que, bajo el efecto de la anamorfosis, configuran un mundo excesivo y fuera de eje y al mismo tiempo, he ahí lo siniestro, familiar. Por esta razón, la historia hace legible cómo el cruce entre lo familiar (*heimlich*) y lo ominoso (*unheimlich*), lo íntimo y lo público y afecta las convenciones sociales naturalizadas.

En el cuento, la familia funciona y no funciona como refugio, es un lugar seguro-inseguro y una zona de conflictos y de peligro, que ubica frente a un espejo cóncavo la amenaza del afuera, distorsionando sus efectos. De esta manera, lo narrado como público o como íntimo se articula a través de una especularidad que tiene la forma del quiasmo y teje-desteje la lógica de la experiencia erótica de un padre con su hija púber. Esta situación extrema ocurre en un mundo posible donde existe un deber ser que determina que el abuso de menores es penado por la ley y sancionado moralmente por la sociedad como un delito extremo y aberrante, aunque los hechos y la inacción de la justicia desmientan tal imperativo o, por lo menos, lo difuminen.

La mirada del narrador se encuentra afectada por las imágenes del ojo absoluto de los medios (la televisión y los diarios) que pone en primer plano el delito de pederastia cometido por empresarios, curas y políticos. Sin embargo, más tarde, señala el relato, se comprueba que "el poder judicial [los] anunciaba sobreseídos (…) dejando sus causas amparadas bajo la inercia estival" (Jeftanovic, 2012, 15). De modo tal que la perspectiva que ponía lente de aumento sobre el detalle del horror, con el paso del tiempo se convierte en guiño cómplice que sugiere mirar para otro lado o cerrar los ojos para no percibir lo que sucede. De la misma manera, los ojos del narrador que contemplaron con espanto la pantalla de TV elegirán no mirar cuando su carne erotizada por el cuerpo de Teresa, su hija, y abrazado a ella se refleje en el cristal azogado ubicado frente a la cama. En el cuento, el "secreto" de esta ceguera se inscribe "dentro del azogue" (19) del espejo que en su negra opacidad y astillado en mil fragmentos encubre la imagen del padre y de la hija haciendo el amor y posibilitando que el cuerpo de ambos se multiplique en la descendencia.

Freud ha estudiado en *Tótem y tabú* (1991) la relación entre exogamia y totemismo. Observa, en este sentido, cómo la prohibición del incesto, que en algún momento de la historia se asocia al Tabú del clan y luego se naturaliza, es considerada un mandato que, en caso de no ser respetado, afecta a toda la comunidad (14). Por otro lado, los estudios de antropología social señalan que la prohibición del incesto tiene carácter universal, más allá de que los límites y diferencias entre endogamia y exogamia sean inestables, pues esas categorías no tienen un significado uniforme y pueden referirse a diversos tipos de vínculos familiares o sexuales. Un texto *arapesh* materializa metafóricamente el sentido general de la prohibición totémica cuya función explica la "Teoría de la Alianza" entre clanes: "Tu propia madre, tu propia hermana, tus propios puercos, tus propios ñames que tú has apilado, no puedes comerlos. Las madres de los demás, la hermana de los demás, los puercos de los demás, los ñames que los demás apilaron, puedes comerlos" (Mead, 1993, 83).

El cuento de Andrea Jeftanovic se ubica en una frontera lábil que separa y vincula el deseo prohibido y la posibilidad de satisfacción de las pulsiones perversas. Desde la perspectiva de los dos personajes centrales, el yo que narra y cumple el rol de padre y Teresa, su hija, se introduce un fundamento mítico arqueo-escatológico, presente en las religiones abrahámicas y anterior al imperativo de exogamia, que recupera la inocencia del instinto, anulando el peso de la cultura contemporánea. En esta perspectiva, la endogamia vuelve a tener un sentido sagrado positivo como elemento creador-regenerador de la humanidad y se anula su bies ominoso y siniestro. Así, en uno de los trayectos del cuento se explora la legitimación de la experiencia erótica entre los cuerpos deseantes del padre y de su hija, quienes, obedeciendo a un antiguo llamado del instinto para el que no hay inadecuación entre sujeto y objeto, transgreden la prohibición del incesto. El planteo que el narrador pone en boca de Teresa, y se funda en el *Génesis*, evoca también la tradición iconoclasta y libertina del Marqués de Sade, en *Filosofía en el tocador*, pues allí se desarrolla una teoría que relaciona la transgresión de las prohibiciones sexuales con la sumisión de los cuerpos a la economía amoral y cruel de la Naturaleza. En este proceso de transvaloración, los personajes sadianos borran toda prohibición y toda diferencia entre posible e imposible, violando las leyes del Estado.

En el cuento de Jeftanovic, el cuerpo es un lugar en el que se establecen relaciones de poder y donde se construyen filiaciones transgresoras, a manera de juego de espejos con la imagen de la sociedad que figuran los medios. La propuesta "purificadora" de Teresa implica convertir a su padre en una matriz infinita de reproducción de sí mismo, haciendo desaparecer todo vínculo físico y genealógico con la madre, de la misma manera que propone el discurso de los libertinos en los diálogos de Sade. "Árbol genealógico"[10], además, invierte la ecuación de *Lolita* (1955), la novela de Vladimir Nabokov, a modo de cámara oscura. En esta última ficción el vínculo se manifiesta como violencia sobre un ser desprotegido y librado a su vulnerabilidad tras la muerte de su madre, y pulsión enfermiza sobre las "nínfulas" de un adulto responsable de sus actos que como narrador confiesa y concreta sus fantasías perversas sobre una púber y las (con)funde con el amor. Por el contrario, en el cuento de Jeftanovic el abuso se presenta como un tejido complejo de corrupción social, pulsiones eróticas, encierro protector en la endogamia, llamado de la naturaleza y utopía eugenésica.

La lógica que impone Teresa según la versión de su padre, el narrador, naturaliza el abuso, al mismo tiempo que subvierte la relación de poder que supone todo vínculo sexual entre un adulto y una menor. Por otra parte, convierte a la hija en "autora intelectual" de un proceso que comienza con la vigilancia y acoso de su progenitor, luego con su persuasión y finalmente con su seducción para que éste le entregue "la savia" vital que dará lugar a una nueva humanidad alejada de la corrupción. Así, las bases del vínculo erótico entre el cuerpo del padre y de la hija se narran con la forma de un contradiscurso biológico y mítico que proviene de las investigaciones que hace Teresa en *Internet*, pero tiene un sustrato menos explícito en el deseo de asegurarse una posesión indisoluble, carnal, con el adulto que debería protegerla de los peligros externos. Esta cuestión es más evidente en el padre, cuyo relato señala la aceptación del llamado del instinto más allá del bien y del mal y el efecto positivo para su autoestima que tiene la especularidad narcisista que lo hace sentir joven, potente e infinito como un dios.

El complejo y paradójico imaginario de la trama narrativa tiene su puesta en abismo en la figura de un "árbol genealógico" que anula el poder de la ley de la castración, característica de la familia edípica triangular, y

---

[10] Es interesante observar que el título del cuento evoca el de un ensayo de Roland Barthes sobre la obra de Sade. El árbol del crimen, en "Sade II", 2010.

abre la posibilidad de una nueva creación. Esta refundación de la humanidad juega con los múltiplos del número dos y el nuevo linaje se reorganiza según los principios de un parentesco bíblico patriarcal: Eva nace de la costilla de Adán y de ambos su descendencia, así como ellos descienden de un mismo Padre divino y omnipotente. Frente a la corrupción de menores explícita y consentida por la sociedad, el vínculo nuclear padre-hija se convierte en un elemento de control biopolítico que no pasa por la eliminación de la otredad a través de la muerte, sino por la exclusión de lo diferente y la regeneración de una nueva raza de seres humanos, inocente y virginal. La sanación del mundo proviene de una sexualidad reproductiva intrafamiliar. La abyección del afuera se conjura paradójicamente con la reproducción excesiva de su lógica en la intimidad de los cuerpos del padre y de la hija.

La complejidad del relato invalida, por ello, todo monologismo. En sus posibles recorridos y en el entrecruzamiento de sus múltiples discursos impera el intervalo de la paradoja. Esta figura articuladora de sentidos contradictorios posibilita la construcción de un narrador poderoso que maneja todos los hilos del relato configurando la historia, pero se presenta a sí mismo como sujeto pasivo de las secretas pulsiones que parece explicar el asedio de su hija, quien desde los nueve años lo persigue con su "ojo cíclope" y lo hace objeto de sus insinuaciones eróticas (Jeftanovic, 14). Proliferan, así, marcas textuales que acreditan su calidad de testigo impotente frente a los acontecimientos y su no-saber frente a los mismos: "No sé en qué momento me comenzaron a interesar las nalgas de los niños" (11); "No sé cuándo ni con quién comenzó a delinearse los ojos, a rellenar su boca con lápiz labial" (13); "No sabía cómo manejar la situación" (13); "me sentía acorralado, acosado por mi propia hija" (14).

En la trama ficcional, que sigue el imperativo aristotélico de la causalidad con efecto cronológico, se pone en primer plano una mirada dominante, la del narrador, que organiza la sucesión de las acciones y su sentido. Esta perspectiva tamiza los hechos a partir de la percepción de un hombre abandonado por su mujer y padre de una niña de nueve años, quien a lo largo del relato irá creciendo hasta convertirse en adolescente y su amante. El punto de vista sesgado se hace ostensible (dice yo), pero también se disimula, pues su voz se construye como testimonio referencial, inapelable, de los hechos, por eso se cita frecuentemente la voz de Teresa. Del otro lado de la trama, los sucesos bordan las sinuosidades de una historia donde se difuminan las diferencias entre pasivo y activo, entre víctima y victimario, entre amor y perversión, entre finalidad purificadora y abuso, entre naturaleza y cultura.

El cuento abre un juego que entreteje la mirada-espejo deformante de los medios con la del padre y su hija, pero también los puntos ciegos de este imaginario extremo en un entrelazamiento quiásmico que afecta el orden de los cuerpos y lo distorsiona con su reversibilidad. En el cuerpo del texto, se entretejen la construcción de un imaginario desbordado que legitima al mismo tiempo el incesto, la ley de la prohibición del abuso infantil, la inseguridad ostensible del afuera y la familiaridad siniestra en la que se resguarda lo íntimo. Así, se articulan de modo disonante el erotismo "inocente" de los cuerpos de padre e hija y los efectos de la contemplación del abuso de menores, que la lógica de los diarios y la televisión han convertido en espectáculo *gore*, replicándolo una y otra vez con escandalosa lente de aumento. En este entrelugar contradictorio, se visibiliza un juego de proyecciones especulares que genera en los personajes actitudes y acciones de reproducción-inversión de los hechos contemplados. El narrador que se horroriza por lo que sucede en el afuera, acepta y justifica lo mismo cuando sucede en el adentro.

La escritura despliega su condición de significante flotante y sus sentidos quedan en suspenso. El relato en "Árbol genealógico" habita un intervalo que tiene la forma del oxímoron, por ello aborda con un discurso reticente la experiencia erótica transgresora de padre e hija, crítica de manera explícita el cinismo de la sociedad que rápidamente se olvida del abuso y legitima la aceptación del llamado instintivo de la carne al que le adjudica una finalidad eugenésica y protectora. "Vámonos antes de que esos tipos lleguen aquí" (16) dirá Teresa al narrador ante las noticias sobre abuso de niños que brindan los medios. Frente a esto, su padre articula los hechos discontinuos a través de una lógica causal, que ordena lo aleatorio y naturaliza los sucesos. Este entramado se parece demasiado a las justificaciones que esgrime todo abusador al proyectar en el otro, más débil e indefenso, la responsabilidad de la violencia y el deseo: "Me la imaginaba [a Teresa] como un animal en celo que no distinguía a su presa. Se arrastraba por los muros con el pelaje erizado, el hocico húmedo, las orejas caídas" (14).

La voz escandalizada del narrador da cuenta de la hiperescopía despiadada del relato de los diarios, de la TV y del discurso judicial, que acumula precisiones anatómicas sobre los efectos del abuso infantil y fragmenta la totalidad corporal de esos menores prostituidos, a modo de video pornográfico *gonzo*, para convertirla en cruel exhibicionismo de la carne herida: "erosiones de cero punto centímetros en la zona baja del ano", "a los chicos reiteradamente abusados se les borran los pliegues del recto" (11). Sin embargo, a su turno rompe el espejo que refleja su cuerpo y el de su hija haciendo el amor para no ver las palpitaciones de la carne que se reproducirá fragmentada en mil astillas en la descendencia y más allá de su mirada enceguecida. El ojo que contempla la TV y la voz que narra no pueden pensarse sin su punto ciego. Al igual que la escritura funcionan como *pharmakon*: veneno y remedio a la vez.

Así, quien narra cumple un itinerario que comienza con la contemplación de las imágenes de los noticieros, el interés por las nalgas de los niños y, más adelante, encandilado y asustado por el deseo, observa la raya blanca que parte en dos el cabello oscuro de Teresa, su hija, para subrayar, enseguida, una diferencia disociadora entre lo que él hace con ella y lo que hacían con los menores el senador, el empresario y el cura denunciados: "Por un segundo pensé en las noticias de las nalgas de los niños, pero *lo mío era otra cosa*" (18, subrayo). La figura del padre pasivo e impotente de los primeros tramos del relato (abandonado por su mujer, acorralado por su hija, incapaz de poner límite a sus demandas, convencido por sus argumentos sobre la endogamia) se acrecienta hasta tomar la forma de un dios-artista amoral que convierte a la niña en mujer y moldea su cuerpo embelleciéndolo:

> Cuando me acostaba con Teresa, ella no era mi hija, era otra persona. Yo no era su padre, era un hombre que deseaba ese

cuerpo joven y dócil. Un hombre abocado a la tarea de hacer madurar su físico ambiguo. Un escultor dedicado a cincelar su imperfecta figura, sus miembros parciales, sus extremidades toscas. (19-20).

En el doblez de la escritura de "Árbol genealógico", en su ambigüedad y en sus ecos intertextuales, se desmonta la artificialidad de lo cultural, cuya naturalización se asemeja a la que se produce con la perspectiva visual renacentista, régimen escópico que invisibiliza su estructura convencional hasta confundirse con la naturaleza de las cosas. La perspectiva excéntrica y disruptiva que produce la mirada del narrador y la de Teresa afecta, hace visibles como una lente de aumento, la imagen de los vínculos paternofiliales, las relaciones entre ley y transgresión. Se evidencia, así, que no hay nada natural en las cosas porque todo es como se imagina, se relata (se mira) y se hace.

El desvío y el efecto de extrañamiento característico de la anamorfosis pone al descubierto que la sexualidad en los seres humanos no es algo natural, por eso siempre es traumática ya que no hay una complementariedad ni una afinidad ni una vinculación solamente instintiva que regule las relaciones entre sujeto y objeto (Kohan [A], 2019, 19/47). Todo está mediado por el laberinto de espejos del lenguaje. El cuento de Andrea Jeftanovic, más allá de la intención autoral, refuta los planteos que dictaminan lo inenarrable del horror y rechaza desde su mismo entramado el imperativo de un sentido último, de carácter ético más allá de la literatura, que juzgue o disculpe a los personajes para evitar el efecto pornográfico en el texto o que sea tildado de obscena apología del incesto.

La política de todo texto literario es justamente su indecidibilidad, no la sanción moral de lo que la sociedad juzga como inmoral, peligroso o indecente sostenido en un deber ser final que funcione como moraleja, de acuerdo a lo que Rancière llama el régimen representativo pedagógico (2010) en "Las paradojas del arte político". No hay pornografía textual, el discurso solo puede figurar la experiencia erótica y su exceso (ni moral, ni inmoral) a través de imágenes paradójicas y desaforadas que no alcanzan nunca a simbolizarla por completo y en ello radica la eficacia del discurso literario. En los procesos de lectura, el espacio de lo no dicho es cubierto por la interpretación del lector y en todo caso, solo a él le cabe juzgar, en sus efectos singulares no atribuibles a la escritura sino a sus fantasmas y su cultura, y opinar si un texto le parece pornográfico o no, si lo ha disfrutado con goce estético, lo ha excitado o lo rechaza porque lo lee como manifestación de inmoralidad y apología del abuso infantil. La pornografía no es una categoría textual, es un efecto de lectura inscripto espacio-temporalmente en el tejido de la cultura.

IV.
Discursos críticos y teóricos: ¿erotismo o pornografía?

> La pornografía de hoy no es más
> que el erotismo de mañana.
>
> *Carlos A. Barzani*

En el apartado II de este ensayo, se señaló que la crítica literaria y audiovisual canónica y un bies tradicionalista de la teoría sobre pornografía sostienen que el pacto que se establece entre el lector y el material textual o visual pornográficos tiene que ver con la búsqueda del efecto de excitación sexual que prometen y que el consumidor compra. En este sentido, el discurso crítico pone en primer plano el carácter de mercancía de los objetos culturales llamados pornográficos y no contempla las posibilidades, artísticas o no, que podrían habitarlos con un gesto generalizador que no reconoce singularidades. En esta misma línea interpretativa, la función de la literatura e industria audiovisual pornográfica, entre las que apenas se hacen distingos pues se habla en general de pornografía, como se ha observado, sería básicamente la evasión consolatoria. Las ficciones porno le permiten fantasear a quien lee lo que en la realidad no sucede, o no podría suceder nunca. Se crea un universo paralelo, libre de prohibiciones y exigencias, en el que todo es posible, una suerte de isla de Citerea ideal tal como sucede en el video de la orgía entre universitarias blancas y varones negros analizado (Maingueneau, 2008; Echavarrren, 2009).

Sin embargo, junto a la cuestión del carácter mercantil que se evidenciaría en la producción de materia con sexo explícito, su intencionalidad y sus pretendidos efectos, es el rol de la censura social (iglesia, moral burguesa, estado) la clave para definir lo pornográfico (cf. II), porque en la manera en que se percibe la escena íntima sexual se introducen los condicionamientos del orden vigente y su distribución de lo sensible que diferencia regiones y poses de la anatomía que pueden ser visibles o no, decentes o indecentes, íntimas o públicas. Así se establece una diferencia jerárquica entre cuerpos eróticos (pudorosos, sugerentes, velados, seductores, metafóricos) y cuerpos pornográficos (explícitos, fragmentarios, carnales, obscenos, genitales, anales). No se puede pensar la idea de pornografía sin el sostén que le da un régimen escópico "artificial" afectado por la anamorfosis cuyo artificio excesivo pone en primer plano la carne y al mismo tiempo activa las prohibiciones que desautorizan tal exhibición. Esta dialéctica cultural y social articula de antemano el campo de lo visible y lo decible públicamente y tiene como efecto un giro que moraliza o judicializa la escritura literaria imponiéndole normas y restricciones extraliterarias.

En estas configuraciones atópicas, fuera de lugar o sin lugar en la sociedad decente, la prostitución, el homoerotismo y la sodomía, en el pasado y, hoy, el incesto, la violación y la pederastia, marcarían los límites extremos de lo prohibido, de aquello de lo que no se debería escribir excepto para censurarlo o criticarlo, imponiéndole una sanción moral en el propio texto, como sucede con el final de la novela en *El retrato de Dorian Gray* de Oscar Wilde. Desde una perspectiva antropológica Bernard Arcand (1993) observa que la pornografía no puede pensarse de manera aislada, sino interconectada con la historia de las relaciones entre sexos, el erotismo, la censura, el pudor, la seducción, el cuerpo, la ley, la educación, la familia, la vida privada, los medios de comunicación, el espectáculo y las artes en general. Este antropólogo franco-canadiense considera que los discursos pornográficos son productos vinculados con el consumo de masas y tienen una importancia decisiva en la concepción occidental del erotismo y del valor que se otorgan a algunas partes del cuerpo como los senos, los genitales o el ano. La diferencia, hoy, con los productos eróticos de otras épocas es que eran escasos, reservados a los poderosos y estaban inscriptos en un contexto de celebraciones religiosas, militares o las fiestas de carnaval. Arcand sostiene que también es clave en la expansión de la pornografía la invención de la imprenta que desarrolló y democratizó el consumo de estas producciones ya que permitió la difusión de los textos de manera poco controlable.

A esta difusión contribuyó también la separación Iglesia/Estado producto del protestantismo religioso (Lutero) y la conexión entre el éxito social de la pornografía y espíritu del capitalismo. La novela *Fanny Hill* de John Cleland, cuyo análisis parcial se desarrolla más adelante (Cap. X) y es la primera novela inglesa pornográfica, en el sentido etimológico de la palabra (relato de prostituta), ilustraría de manera acabada el vínculo entre escritura y mercado capitalista pues utiliza para hablar de sexo un lenguaje similar al que se emplea para referirse a las prácticas de las minas, los bancos y las manufacturas. Así, la sexualidad se convierte en una "herramienta", un "arma", una "palanca" o un "resorte"; la prostituta es una "máquina" y sus actividades tienen que ver con la "inversión" y la "colocación", los "clientes", y el cuerpo sexuado se considera una "mercadería", en tanto parte del proceso de industrialización del erotismo fuera del matrimonio (Arcand, 1993) .

Dominique Maingueneau (2008) considera que la pornografía es un discurso paraliterario, de finalidad no estética sino social, que implica un conjunto de prácticas semióticas inscriptas en la historia y manifiestas en diferentes géneros, portadores sociales y modos de circulación. Supone un contrato de lectura explícito, la evasión consolatoria, la excitación sexual y un circuito especializado de lectores. Por otro lado, incluye en este tipo de discursos aquellas obras que, independientemente de la intención autoral, se vuelven pornográficas por su uso peculiar en el consumo (2008, 45-58). Roberto Echavarren (2009), por su parte, observa que, junto a *Fanny Hill*, hay otros textos pornográficos fundacionales en los que el narrador ejerce la prostitución: los relatos de *Razonamientos* de Pietro Aretino (XVI) y *Pecados de las ciudades de la llanura* (1881) de Jack Saul. Lo decisivo en estas narraciones, según el crítico uruguayo, es que en ellas irrumpe la voz de una prostituta o un prostituto que disfrutan de su profesión y de sus clientes y narran su experiencia sexual o la de otros para educarlos o para cumplir con su pedido, anticipando las posturas de Despentes en *Teoría King Kong*.

Echavarren observa, en este sentido, que la finalidad de estos libros es excitar al lector a través de la narración de encuentros sexuales, en un campo de placer que no busca la procreación. Por ello, lo relevante sería que en estas obras se pone en el centro el goce de quien ejerce la prostitución y se legitima una figura reivindicada por los libertinos: la prostituta o el prostituto homosexual. Sin embargo, el placer que produciría ese oficio está descontextualizado ya que es parte de una utopía que se ubica lejos de las miserias y las preocupaciones de la vida real. Pero, además, según consigna Echavarren, en estos relatos figuran dos modalidades de relación de poder. Una es la "fantasía de dominio", que tiene su ejemplo más claro en Sade, e impone a las relaciones eróticas una disciplina militar, un arriba/abajo en el que no se busca el placer del subalterno y se hace visible una mirada mecanicista sobre los cuerpos. La segunda modalidad es la "fantasía de aceptación". Desde esta perspectiva, el superior o el cliente imagina o experimenta el goce del inferior y se lo atribuye a la prostituta por medio de un relato que simula dar cuenta de la experiencia de ella. *Fanny Hill*, pertenece a esta segunda categoría.

Ahora bien, el trabajo de este crítico y escritor uruguayo se distancia en muchos puntos del canon teórico-crítico y subraya que en las obras mencionadas la llamada pornografía irrumpe como una esfera independiente de la moral, de las costumbres, pues las conductas sexuales que allí se describen violan deliberadamente los tabúes sociales y religiosos. Por esta razón, valora positivamente el proceso de autonomización implícito en este tipo de obras ya que configuran un espacio para la liberación y el rechazo de los sistemas morales y religiosos haciendo visible una erótica que no acata sus normas y que, al mismo tiempo, abre el campo de lo posible para prácticas sexuales no canónicas liberándolas de la finalidad reproductiva y de los tabúes. En este sentido, al analizar la novela homoerótica de Jack Saul, *Pecados de las ciudades de la llanura* (1881), que narra las memorias de un prostituto, considera que es un jalón muy importante en la lucha por la aceptación de la diferencia. En ella, el relato de un prostituto se vuelve instrumento político de defensa del derecho de los sujetos singulares de explorar el cuerpo, seguir su deseo y de aprender a dar y recibir placer. El texto funciona, desde su perspectiva, como una educación sentimental que enseña a hacer y a hablar, permitiendo la emergencia de la voz de una minoría excluida que se define por sus elecciones homosexuales y no se somete tampoco a la diferencia activo/pasivo, con la que pretendía ordenarlas la ley en la Inglaterra anterior al fin de la censura (2009, 65-76).

Una lectura posporno

El escrito de Roberto Echavarren evidencia una mirada posporno y, por eso, relee la pornografía a partir de su sentido etimológico y de acuerdo con las pulsiones minoritarias nómades. Esto implica un modelo de lectura atravesado por el discurso del feminismo, los movimientos *Queer* y el *Punk*. El punto de vista posporno implica un énfasis en la aceptación de los cuerpos e identidades diferentes y una valorización de lo fluido, lo ambiguo, lo no heteronormativo, al mismo tiempo que la reivindicación de las prácticas sexuales heterodoxas en su contingencia e historicidad. El posporno coloca en el centro el deseo en su devenir sin *telos* más allá de toda normativa o ley y sirve actualmente para dar nombre general a una serie de iniciativas que critican la pornografía heteronormativa, dominante en la industria audiovisual y desmontan sus estrategias. Lejos de renunciar a la figuración de la sexualidad, llamada porno, se centran en producir representaciones disidentes o que ponen en crisis las versiones canónicas, tal como atestigua el videoarte digital *o.r.g.í.a* de dedos (1 rombo/2 rombo 2003) que se analiza a continuación.

Este material de arte audiovisual presenta una deconstrucción de la lógica pornográfica normativa, pues se reapropia, produciendo un desvío, de los mecanismos que la caracterizan: el *zoom* anatómico, el *cum-shot*, el plano de recorrida, la voz en *off* y la sonorización del placer y los orgasmos. A través de la metáfora general de la preparación de una receta de comida hace visible un *modo de hacer* que neutraliza la visión normativa de lo corporal, pues no se presenta como producto dirigido a un consumidor específico de sexualidad prediseñada y disciplinada. El video lleva a cabo el montaje de dos secuencias visuales iguales que están producidas con las estrategias del porno. Sin embargo, entre "rombo 1" y "rombo 2" hay una diferencia. En el "rombo 1", se oye la voy en off de una mujer que explica cómo preparar el plato llamado "Orgía de dedos" porque incluye dedos de masa hechos al horno, junto a huevos duros en rodajas, un tomate asado con un agujero en la parte superior por donde sale jugo y salsas de color blanco y rojo. En "rombo 2", se quita a ese video el instructivo con la voz de la mujer y se reemplaza por un montaje sonoro que tiene como objetivo erosionar la frontera entre erotismo y pornografía, evidenciando los aspectos perceptibles de la experiencia erótica y la contaminación entre lo erótico y lo llamado porno. De esta manera, en el mismo video (2 rombo) se brindan dos versiones de la sexualidad una *softcore* y otra *hardcore*, cuya diferencia está marcada sólo por el sonido y el ritmo. Así se reproduce de manera alterna la sonoridad canónica del erotismo, cuyas elipsis y silencios dejan espacio a la experiencia singular del espectador, y un audio "pornográfico" con el crescendo característico de la experiencia que lleva al orgasmo. Esta última sonoridad no deja lugar para ningún espacio en blanco o silencio pues los jadeos y gemidos no se interrumpen.

Las imágenes de ambos videos, "rombo1" y "rombo 2", muestran la receta en sus sucesivos pasos con un plano detalle que exhibe las manos y los ingredientes de la comida que se prepara como si fueran fragmentos del cuerpo. Primero, y siempre con plano detalle, se explica la preparación de los huevos duros que se colocan en una olla con agua en ebullición. Se muestra la ruptura de la cáscara y la salida de parte de la clara que se hace visible al entrar en contacto con el líquido caliente como una suerte de espuma seminal. Posteriormente, se ilustra como el huevo es cortado en rodajas. En otra imagen, se ve la preparación de una salsa roja dentro de una sartén, luego de una salsa blanca en la que se dejan caer gotas de coñac, contaminando su blancura. Enseguida, se muestra cómo se recorta la parte superior de un tomate que se aprieta para que el jugo de su interior salga por allí, también se muestra de qué manera se lubrica con los dedos la superficie de una plancha negra de metal. Aparecen, en otra imagen, unas manos que preparan una masa, que tuercen y retuercen mucho. Luego, se estira y corta en forma de tiras longitudinales. Entre cada paso se encienden las hornallas o el horno para mostrar cómo se cocina y calienta todo.

Finalmente, se produce el emplatado en el que cada ingrediente se distribuye según una estética que los yuxtapone sobre la superficie blanca redonda. El resultado es un colaje de colores, texturas y formas diversas, con connotaciones sexuales. La sucesión de cuadros visuales, que metaforizan diversas prácticas sexuales del porno y sus famosos "órganos sin cuerpo", subraya el carácter construido del plato final. Se utilizan la sinécdoque y la metonimia como figuras que sugieren el proceso de montaje, haciendo visible también la sustitución del cuerpo humano por los ingredientes que se usan para preparar el plato final, por los efectos de sentido que produce el sonido de la voz femenina explicando cómo preparar la receta y los jadeos eróticos-pornográficos que acompañan las imágenes.

La mirada posporno de este videoarte vuelve perceptible las estrategias de producción de la pornografía audiovisual tradicional a través del extrañamiento de sus formas. De este modo, la disonancia entre imágenes y sonido permite multiplicar los sentidos que allí se perciben y generar una recepción irónica que desarma la unidireccionalidad y el monologismo que se atribuye a los productos de la industria porno y manifiesta un uso político de sus imágenes y modos de narrar.

En una entrevista, Paul Preciado (2014) delimita las características del movimiento posporno y su relación con la pornografía. Observa que el término fue inventado por el artista holandés Wink van Kempen, en los años 80, para titular un conjunto de fotografías de contenido aparentemente explícito que hacían visible los órganos genitales en primer plano, pero cuyo objetivo no era masturbatorio sino paródico y crítico. Sin embargo, fue la artista y actriz porno Annie Sprinkle quien dio al término una dimensión de tipo cultural y política de mayor fecundidad cuando presentó bajo esa categoría su espectáculo "El anuncio público del cuello del útero". En él, invita a los espectadores a explorar el interior de su vagina con la ayuda de un espéculo ginecológico, jugando con los códigos visuales de la medicina y de la pornografía tradicional.

La artista norteamericana advierte a los visitantes de su vagina y útero que si quieren ver más deben acercarse y mirar, porque eso que van a ver es de verdad el sexo, pero lo único que verán con la ayuda de una linterna será un canal rosado y el reflejo destellante de la luz en el fondo del útero. De esta forma, se reduce al absurdo y se parodia el imperativo de primer plano o el plano detalle del sexo femenino que impone la pornografía tradicional. Sprinkle hace evidente que la pornografía es un género ficcional hecho de códigos, convenciones, representaciones y normativas pensadas para satisfacer, por lo general, la mirada masculina heterosexual. "[Ella ...] nos pregunta: ¿cuál es el cuerpo representado por la pornografía? ¿Por qué y para quién aparece como excitante? ¿Cuáles son los límites de la representación pornográfica? ¿Qué es aquello que cuando es representado impide la excitación?" (Preciado 2014). La respuesta a estas preguntas nunca es una sola, sino que hay que buscarla, como se ha venido señalando, en el entrecruzamiento de factores que condicionan la mirada o la lectura y su relación con las imágenes, que nunca son solamente *lo que es dado a ver* sino también lo que nos mira en lo que miramos y la perspectiva configurada por la circularidad indisociable que existe entre los imaginarios sociales y los fantasmas individuales (Preciado, 2014).

V.
Contaminaciones: experiencia erótica, lenguaje y mirada

> Tú también te maravillas;
> pero no es tu culpa leve,
> pues cuando mi parte bebe
> la tuya haciéndose astillas,
> y a las nalgas y rodillas
> responden la cama y tabla,
> tú callas, tu parte habla
> con aguanoso torrente
>
> *Francisco de Quevedo y Villegas*

La frontera, concebida como límite, pero también como lugar de pasaje y contrabando, entre los términos *erotismo* y *pornografía*, ha ido transformándose con el paso del tiempo. Estas categorías son configuraciones mutantes, relacionales e históricas y están atravesadas por los imaginarios sociales y culturales de cada época y también por sus tabúes. Así, sin dejar de tener en cuenta su condición de significantes flotantes, pueden ser consideradas abstracciones que dan nombre provisional a un determinado modo de imaginar, hacer visible y configurar el cuerpo y las prácticas sexuales que se va modificando con el paso del tiempo, pues muchas veces lo que es considerado pornográfico en un período pasa a ser erótico en otro. La figuralidad de lo corporal en la experiencia erótica escenificada por la literatura emerge como espacio de visibilización de la carne palpitante y apasionada y sus prácticas, y como construcción cultural y social de carácter ideológico. En este último sentido, los cuerpos son configurados por los dispositivos anatomo-biopolíticos (Foucault 1976a) que los distribuyen en determinados emplazamientos[11],

---

[11] (...) El emplazamiento se define por las relaciones de proximidad entre puntos o elementos; formalmente, se las puede describir como series, árboles, enrejados. (...) De una manera todavía más concreta, el problema del sitio o del emplazamiento se plantea para los hombres en términos de demografía; y este último problema del emplazamiento humano no plantea simplemente si habrá lugar suficiente para el hombre en el mundo –problema que es después de todo bastante importante–, sino también el problema de qué relaciones de proximidad, qué tipo de almacenamiento, de circulación, de

los normalizan, los disciplinan y determinan qué conductas son aceptables y cuáles no, cómo debe manifestarse la verdad del sexo, qué prácticas están prohibidas, censuradas, penalizadas o excluidas en el encierro por enfermizas, anormales y peligrosas (Foucault, 1994; 1976b; 1999)

Los discursos y saberes sobre el cuerpo del "animal humano", como lo llamaba Nietzsche, producen no solo subjetividad sino también materialidad corporal, que no es nunca solo biológica, a través de dispositivos y tecnologías que reglamentan los géneros, la sexualidad y las relaciones eróticas entre sujetos. Judith Butler (2018, 63-65) observa que la materialidad es el efecto de las relaciones de poder y justamente un indicio de esa investidura política porque el cuerpo no es algo revestido exteriormente por dispositivos de poder, sino que es aquello para lo cual se hacen coextensivas esa materialización y esa investidura, en tanto dispositivos biopolíticos. La materialidad del cuerpo cita las características formativas y constitutivas del poder, es un efecto de estructura, toda vez que éste funciona constituyendo su objeto, el campo de su inteligibilidad y produce una ontologización que se naturaliza, a tal punto que esos efectos se consideran datos primarios y biológicos. En la constitución de los cuerpos se hace evidente la dimensión productiva y formativa del poder.

En este sentido, la literatura erótica escenifica con sus imágenes el campo de fuerzas que organiza los cuerpos y sus prácticas sexuales, al hacer perceptible y poner en discusión las tensiones entre natural y construido y entre instintivo y cultural. Esta puede ser una de las razones por las que la figuración del erotismo ha tenido un carácter transgresor y marginal en el sistema literario desde el comienzo de la modernidad. Tanto los textos considerados eróticos, como los llamados extraliterariamente pornográficos, brindan la perspectiva estética de una experiencia aislada del mundo de la productividad y sus determinaciones y muestran los efectos de la cultura sobre los cuerpos, en la medida en que los construyen, privilegian ciertas zonas como erógenas y determinan que es lo visible y qué, no.

---

identificación, de clasificación de elementos humanos deben ser tenidos en cuenta en tal o cual situación para llegar a tal o cual fin. Estamos en una época en que el espacio se nos da bajo la forma de relaciones de emplazamientos. (Foucault, 1994).

De esta manera, la escritura funciona al mismo tiempo como contradiscurso que desnuda la hipocresía social y sus prejuicios, como sátira política que ataca la corrupción del poder o como utopía en la que se propone una ampliación de las libertades en materia de sexualidad y de género en contra de los modelos y prejuicios morales y heteronormativos vigentes. Sin embargo, y al mismo tiempo, los textos pueden ofrecer modelos de comportamiento erótico que reproduzcan y se sometan a aquellos que están naturalizado culturalmente. (Maingueneau, 2008; Echavarren, 2009; Butler, 2018). La recepción histórica de estas configuraciones de la experiencia sexual, y no la estética de los textos o su lenguaje, será la que les dé nombre como literatura erótica o pornográfica y fije la frontera entre una y otra. El poder y sus dispositivos obran construyendo la inteligibilidad que legitima o condena estas producciones. Por ello, en este ensayo se considera que la literatura erótica abarca un amplio intervalo de prácticas y modos de hacer visible los cuerpos a través de figuraciones del lenguaje, mientras que la pornografía es una etiqueta no literaria que surge de los modos de producción y/o recepción situados históricamente y de la frontera entre prohibido y permitido que los atraviesa.

El escritor y crítico uruguayo Ercole Lissardi (2009: 77-114) da cuenta de este binarismo construido que subraya las diferencias que existirían entre erotismo y pornografía según una lógica aristotélica que separa estas categorías universalizando los efectos coyunturales de recepción. Determina, así, que el arte y la literatura erótica *representan* el deseo sexual, algo inmaterial, mientras que el arte y la literatura pornográficos *representan* el coito en su más directa manifestación. Este límite entre una y otra, según el crítico, marcaría la frontera infranqueable entre literatura y pornografía, pues la primera sería la depositaria del intento de representar lo irrepresentable por su carácter inmaterial, mientras la segunda no sería otra cosa que la representación de lo representable ([sic] 79). De esta manera, con un solo gesto arbitrario, basado en la idea de representación o copia de lo dado, se excluye del mundo del arte aquellas prácticas eróticas que serían la manifestación de una materialidad "natural", mientras que se eleva al plano de lo estético aquellas formas que dan cuenta de lo que se considera sublime, justamente por su carácter supuestamente irrepresentable, el deseo.

En otra de sus investigaciones, *La pasión erótica. Del sátiro griego a la pornografía en Internet* (2013), Lissardi amplía estas ideas señalando que la literatura se inscribe en el "paradigma amoroso" cuando da forma a "una tradición de figuras de sensibilidad y de pensamiento que, a lo largo de la historia de Occidente, han encarnado en toda su pureza la idea del amor en tanto vínculo espiritual y exclusivo" (11). Este modelo de lo erótico, predominantemente discursivo, ha sido sostenido por instituciones como la iglesia, el estado, la ley y la filosofía de tradición platónica. Dentro de este paradigma, incluye autores como Plotino, Ovidio, Lucrecio, San Agustín, Lutero, Petrarca, Montaigne, Shakespeare, Rousseau, Goethe, Byron, Stendhal, Kierkegaard, Schopenhauer, Sacher Masoch y Proust, entre otros.

A su vez, considera que la pornografía forma parte de lo que denomina "el paradigma fáunico", que se caracteriza por el lugar privilegiado que da al "apetito sexual, el deseo, la curiosidad sexual, la voluptuosidad" (13). A este modelo carnal y lujurioso, le atribuye un lento proceso de acceso a la palabra, pues al principio sólo se manifestó en imágenes y de modo fantasmático. Circuló clandestino, mudo y secreto, debido a que las instituciones lo rechazaron y prohibieron, hasta que finalmente cobra visibilidad en la escritura teatral. Su figura paradigmática fue el sátiro griego y el fauno romano, conectados con los rituales de fertilidad. En ellos, se materializaban las raíces instintivas del deseo, la potencia y la avidez sexual. Con Aristófanes, lo fáunico emerge en los diálogos de las comedias y toma la palabra. Un ejemplo de ellos es su comedia *Lisístrata*.

Esta última observación de Lissardi es importante porque Aristófanes era autor de comedias, un género considerado por Aristóteles bajo, popular. Sin embargo, en ellas la risa pone en crisis las imágenes del amor ideal platónico, característico del paradigma amoroso, sus reglamentaciones, rituales y merecimientos. Por eso, este comediógrafo que aparece como personaje en *El banquete* de Platón se ríe hasta tener hipo de Pausanias y su discurso abstracto e idealista sobre el amor. Este amor ideal es un amor que define sus reglas y configura un lugar codificado que exige, vigila y castiga, que señala errores y moraliza. Es un amor que tiene como meta el Bien y complementariedad de los amantes, que buscan en él la armonía y la paz. No tiene sorpresas, ni chistes y solo fabrica amores imposibles pues se desentiende de "lo imposible [del ...] amor" como dice la letra de la canción *Extraño* de Miranda[12]. Es un ideal que no tiene nada que ver con el deseo (Kohan [A], 2020, 97-99 y 101) o en todo caso se relaciona con su suspensión y su dilación sin límite, tal como se observa en la novela de Alan Pauls *El pudor del pornógrafo* (XII).

Lo erótico no puede concebirse sin el deseo que fija su ley anómala y rompe con toda previsión y cálculo, ni sin las pulsiones que buscan satisfacción, a veces perversa, con la que se manifiesta la búsqueda del placer, tal como se hace evidente en las acciones de Úrsula, personaje de la novela de Alan Pauls (2014) que hace visibles las tensiones y paradojas que se suscitan entre el paradigma amoroso y el fáunico. Debido al carácter transgresor del paradigma fáunico, una de sus figuras centrales es Satanás, el gran tentador, y sus multiformes servidores (íncubos, brujos, hechiceras, etc.). En la modernidad, el personaje de Don Juan, sobre todo en la versión transgresora e irredenta de Molière, es la expresión del deseo sexual sin límite en medio de una cultura dualista cristiana para la cual el pecado de la carne era abominable. Según Lissardi (2013), la serie fáunica se continua, entre otras figuraciones, con los libertinos de las novelas de Sade y con el personaje de Casanova. En el siglo XX, *Trópico de Cáncer* de Henry Miller prolonga esa tradición en la que se inscribe también las publicaciones, el cine y los videos de la industria pornográfica.

La operación interpretativa de Lissardi (2013) traza un gesto contradictorio al establecer un límite infranqueable entre literatura y pornografía, para luego borrarlo asimilando, desde la perspectiva del modelo fáunico, literatura e industria porno. El carácter prejuicioso de este modelo interpretativo se evidencia justamente en que se vuelve insostenible no bien se deja el plano de la generalización y se trabaja con los textos literarios y las manifestaciones concretas audiovisuales de la experiencia

---

[12] Cf. https://www.youtube.com/watch?v=gWKKNnCc-hA

erótica, tal como les da forma la literatura y la industria porno en sus múltiples y diferentes manifestaciones. El planteo de Lissardi coincide con el de otros críticos que convierten en dicotómicas las diversas tensiones que se hacen visibles e inteligibles en las figuraciones de la experiencia erótica. De acuerdo con esta partición binaria, se postula una oposición, insustentable en los textos, entre literatura erótica y pornográfica. Esta mirada es heredera de una concepción ideal y abstracta de las imágenes aceptables o inaceptables del lenguaje, que está regida por la lógica aristotélica de su *Poética*. En ella funciona el modelo del tercero excluido que determina si algo es A no es B y por ello toda tercera posibilidad queda afuera. Sin embargo, nada hay de *simple* en la escritura, sino que todo es complejo, contradictorio y doble, porque en su indecibilidad constitutiva es veneno y remedio al mismo tiempo, *pharmakon* (Derrida 1977). Por ello, la lógica binaria del tercero excluido se deconstruye en los textos exhibiendo las tensiones, el multivalor y las contradicciones que los constituyen.

La concepción dicotómica que afecta la visión de los modos literarios de configurar la experiencia amorosa se encuentra estrechamente ligada al entretejido que existe entre mirada y lenguaje. En efecto, con el desarrollo de los saberes y los discursos sobre los cuerpos, la modernidad ha hecho patente un régimen escópico en el que decir y ver se vuelven reversibles y que, partiendo de la positividad de las ciencias médicas y la naciente psiquiatría, ha configurado la matriz de las ciencias humanas. Como señala Foucault en *El nacimiento de la clínica* (1953), la distribución de lo visible y lo invisible está ligada a la diferencia entre lo que se dice y lo que se calla, pues no hay mirada virginal de lo dado ajena al lenguaje.

La percepción visual funda la realidad del cuerpo individual y organiza un lenguaje en torno a él. Al mismo tiempo, lo que no tiene nombre no se puede ver, por lo tanto, no existe. La fusión de mirada y relato (biología y cultura) construye el campo de lo "material" perceptible. En el caso de la sociedad, esta ligazón construye el mapa de la sexualidad permitida y de las reglamentaciones que afectan el *sensorium* del erotismo de los cuerpos. El ordenamiento determinado por la interconexión entre mirada y lenguaje dibuja el territorio de lo que se puede mirar y en consecuencia de lo que se pude decir y de lo que debe permanece mudo, oculto o invisibilizado[13]. Esta partición entre visible e invisible se ha convertido en un paradigma estético valorado con el signo de la belleza y la seducción. Sus principales figuras son la elipsis, la reticencia y la veladura que difumina las formas de aquello a lo que se alude, como se verá.

Dos estéticas para construir el cuerpo erótico: Sade y Chéjov

La dicotomía entre visibilidad/ocultamiento condiciona qué puede ser objeto de discurso en la esfera pública y qué no, porque resulta ofensivo al decoro, indecente, inmoral, solo pertenece al ámbito de la intimidad, de lo inconfesable, de la perversión o debe ser considerado de mal gusto en términos estéticos y literarios. Observa Peter Gay (1992), en este sentido, que la cultura determina las formas del lenguaje con las que los discursos pueden o no designar la materialidad corporal, su sexualidad y todas aquellas prácticas que afectan el decoro de la sociedad. Así, en el mismo siglo en que se difunde la palabra "pornografía", para prohibir, censurar, ocultar y punir los excesos del lenguaje y sus imágenes, el circunloquio y el eufemismo fueron las figuras usadas por la hipocresía victoriana decimonónica, que quería negar o escamotear la existencia de aquellos deseos, aquellas prácticas y realidades que consideraba desagradables indecentes o impúdicas. La cuestión de lo "decible" y lo "visible" que coloca un interdicto sobre las palabras y las imágenes, regimentando las figuraciones del mundo íntimo, del cuerpo y de la experiencia erótica, concierne y afecta de modo crucial a la literatura, pues cuando transgrede estas prohibiciones se convierte en clandestina, subterránea y peligrosa o desecho cultural, es decir, pornografía.

La obra de dos autores paradigmáticos en la literatura occidental, uno del siglo XVIII, Donatien Alphonse François de Sade, y otro del siglo

---

[13] En *Ojos abatidos. La denigración de la visión en el pensamiento francés del siglo XX*. (2007), Martin Jay observa que la percepción está sujeta a cambios históricos y culturales. En este sentido, "la experiencia visual no puede asumirse de manera automática, por cuanto esa experiencia está en parte mediada lingüísticamente. Cada régimen escópico lleva implícitas reglas culturales (16),

XIX, Antón Pávlovich Chéjov, exhibe el complejo entramado entre escritura y mirada, y por ello las marcas de los tabúes sociales que sus escritos rechazan o acatan. Así, por ejemplo, en la *nouvelle* del escritor ruso, "La dama del perrito", publicada en 1899, se observa con claridad hasta qué punto los imperativos de autonegación o represión de lo que se siente, se desea y se hace de los que escribe Gay, imponen estar a resguardo de las miradas y, por ello, se expresan literariamente con figuras que dicen a medias, atenúan, desplazan, sustituyen o evitan decir como la reticencia, la lítote, la metonimia, la metáfora y la elipsis. Se trata de sugerir veladamente o no decir.

La historia de Chéjov narra lo que comienza como una aventura y termina convirtiéndose en amor entre un hombre y una mujer casados, durante sus vacaciones en las playas de Yalta. En el relato, hay una escena, el primer encuentro sexual de Ana Sergeyevna y Gurov en la habitación de este último, de la que solo se narra el beso del comienzo y la situación final de la secuencia. Se evita escribir lo que no se puede hacer visible, de modo que el imperativo moral del pudor y la estética elegante de la elipsis y la reticencia se conjugan en un solo gesto: el silencio. La experiencia sexual entre Ana y Gurov se desplaza a sus efectos y se metaforiza de manera reticente. Con actitud avergonzada, el cabello suelto y despeinado, la mujer llora sobre el lecho mientras piensa que Gurov la va a despreciar por lo que ha hecho. Sin embargo, éste, acostumbrado al adulterio y legitimado por sus pares masculinos que hacen lo mismo que él, resguardados en la discreción, saborea una tajada de sandía con disfrute displicente. La elipsis que organiza la situación subraya el carácter secreto de una intimidad que el narrador hace pública sin trasgredir las leyes elegantes que impone el decoro.

> Entonces Gurov la miró intensamente, rodeó su cuerpo con el brazo y la besó en los labios, mientras respiraba la frescura y fragancia de las flores; luego miró a su alrededor ansiosamente, temiendo que alguien lo hubiese visto.
> -Vamos al hotel -dijo él dulcemente. Y ambos caminaron de prisa.

La habitación estaba cerrada y perfumada con la esencia que ella había comprado en el almacén japonés. Gurov miró hacia Ana Sergeyevna y pensó: ¡Cuán distintas personas encuentran uno en este mundo! (...)[14] La actitud de Ana Sergeyevna -«la dama del perrito»- en todo lo sucedido tenía algo de peculiar, de muy grave, como si hubiera sido su caída; así parecía, y resultaba extraño, inapropiado. Su rostro languideció, y lentamente se le soltó el pelo; en esta actitud de abatimiento y meditación se asemejaba a un grabado antiguo: *La mujer pecadora*.

-Hice mal -dijo-. Ahora usted será el primero en despreciarme.

Sobre la mesa había una sandía. Gurov cortó una tajada y empezó a comérsela sin prisa. Durante cerca de media hora ambos guardaron silencio. (Chéjov, 2000, 436-437)

En el otro extremo de la figuración elíptica y recatada de la experiencia erótica (la estética de la veladura), se ubica Donatien Alphonse François marqués de Sade quien "fundó una discursividad que llevó hasta las últimas consecuencias la escritura de la letra prohibida (...) y convirtió la perversión en un hecho de discurso" (Otero 2015 11). Así, en *La filosofía en el tocador* (1795)[15], materializa los principios del pensamiento libertino a través de posturas, cuadros y escenas de coitos múltiples y encadenados en los que se hace perceptible, con lente de aumento y minucia de anatomista, una sexualidad que experimenta todos sus posibles, incluso la violencia y crueldad de la tortura. En estas figuraciones, el detalle corporal de

---

[14] Suprimo una reflexión de Gurov sobre las mujeres que fueron sus amantes, en general, y sobre su esposa, en particular.

[15] La narración en *Filosofía en el tocador* está estructurada a modo de diálogo teatral y muestra cómo se introduce a Eugenia, una adolescente cuidada por las monjas, en el mundo del libertinaje. Esta tarea le corresponde a un grupo de "instructores" libertinos dispuestos a transgredir todos los prejuicios y los límites morales y religiosos de la sociedad. La novela no solo muestra la transformación en libertina del personaje sino como llega a la crueldad extrema de torturar a su propia madre y prepararse para un vínculo incestuoso con su padre.

cada parte penetrable es configurada por la hipérbole y la repetición con variaciones de las practicas eróticas que involucran placenteramente a los personajes. Todo se anticipa, se narra o se describe en exceso para ser reiterado una y otra vez hasta el final del relato. Resulta interesante subrayar que el espacio ficcional aislado, el *boudoir* o el castillo, en el que tienen cabida estas formas intensivas y extensivas de sexualidad se inserta en la realidad cotidiana de quien lee como una suerte de paraíso terrenal donde se vuelve posible la transgresión de todas las prohibiciones y normas que rigen en la sociedad.

El texto propone un modelo de conducta perversa, gozosa, cruel y, al mismo tiempo, liberadora de las opresiones de la existencia, marcado por la violencia y la ruptura de todo límite moral y físico. En este mundo posible, los únicos que gozan y sienten placer son los libertinos, el resto cumple el rol de víctimas. El que narra es un voyeur activo gozoso de las prácticas sexuales no normativas y su despliegue exuberante, que ponen en crisis la idea de ley más allá de la vida, pues lo único que rige es la satisfacción de las pulsiones tanto eróticas como tanáticas.

> Dolmancé: Vamos, sodomízala, caballero.
> El caballero: Sostenla por las caderas, y en tres sacudidas está hecho.
> Eugenia: ¡Oh cielos! ¡La tenéis más gorda que Dolmancé!... ¡Caballero, me desgarráis! ... ¡Tratadme con cuidado, os lo suplico!...
> (…) Empuja, empuja Caballero que me corro… Rocía con tu leche las llagas con que me has cubierto … empújala hasta el fondo de mi matriz. ¡Ay, el dolor cede ante el placer … estoy a punto de desvanecerme! (El caballero descarga; mientras el jodía, Dolmancé le ha sobado el culo y los cojones, y la Sra. de Saint Ange acariciaba el clítoris de Eugenia. La postura se deshace.) (Sade, 59-66)

El discurso literario erótico, en el sentido que entiende esta investigación, conforma su espacio como entrelugar de dos maneras: a) como campo de fuerzas tensionado metafóricamente por la estética chejoviana de la elipsis y la voluntad artística de decir aquello que se resiste a ser dicho de la obra sadiana; b) como intervalo separado y no separado de la realidad, porque siendo parte de ella es afectado por sus condicionamientos y sus múltiples entramados. Sin embargo, en este último sentido (b), la literatura no es ni la *copia* ni el *reflejo*, ni la *representación* de lo dado, inaprensible en su *en sí*, y constituye un territorio hecho de palabras atravesado por múltiples paradojas, que se conecta con el orden de eso que se llama realidad, pero solo se percibe textualizada, a través de la analogía o la disparidad de sus lógicas y sus modos de distribución de lo sensible.

Por ello, la literatura está regida por *la ley del malentendido*. Este malentendido no depende de la posibilidad de una recepción aleatoria o programada, porque "lee los signos inscriptos sobre los cuerpos, pero al mismo tiempo desliga esos cuerpos de los significados con los que se los quiere cargar" desde la perspectiva de la policía del sentido (Rancière, 2011, 72-73). La literatura brinda al lector la posibilidad de elegir entre dos interpretaciones de lo que percibe cuando lee y los efectos que eso leído le produce, esto es, elegir entre malentendidos (74). La marca de la literatura es el disenso, un disenso que se va reformulando históricamente porque siempre en ella hay tensión entre dos escrituras, entre dos distribuciones de lo visible, entre orden policial y política de la escritura (Rancière, 2009, 21).

En el caso de la literatura erótica, las dos estéticas entretejidas y en tensión corresponden, al mismo tiempo, a una palabra muda o reticente que no quiere decir o ser precisa respecto de lo que narra y busca acuerdos estéticos entre lo propio y lo impropio de lo decible, y otra palabra desbordada, locuaz, explícita que se solaza en la transgresión de límites y se comporta impropiamente. En el entramado de la escritura literaria, en su *sensorium*, conviven las tensiones y las indeterminaciones. Por eso, en ese espacio se produce el abordaje público de aquellos aspectos *infames* de las vidas privadas, sin que exista la obligación de respetar los condicionamientos morales o religiosos que rigen el mundo social y le impondrían un *deber ser* a su palabra, determinando qué es narrable y qué debe estar afuera de toda figuración.

En este sentido, Dominique Maingueneau (2004) señala que la literatura no es un reflejo de lo social pues ocupa en lo dado un espacio paradojal ya que desestabiliza la idea de un afuera y un adentro sin dejar por ello de ser parte de la sociedad por su carácter institucional. Por esta razón utiliza el término "paratopía" para designar el entredós en el que se juega siempre lo literario y sus contradicciones. Los procedimientos estéticos enfrentan la imposibilidad de cerrarse absolutamente sobre sí mismos, pero tampoco pueden confundirse con lo social dado, ni son su reproducción. En cada época, la literatura negocia *su lugar-no lugar* en la sociedad. El oxímoron que la constituye se conforma de diversos modos en cada época. La enunciación literaria desestabiliza el adentro del texto y el afuera del marco a través de sus figuraciones paradójicas. Establece un intervalo entre imaginarios sociales, fantasías individuales, cultura y biopolítica que pone en conflicto la reproducción y legitimación de lo dado, pero también la transgresión absoluta de los dispositivos de control y los diversos regímenes de sensorialidad. Jacques Rancière (2010), por su parte, utiliza el término "pensatividad" para referirse a las imágenes, literarias, fotográficas, cinematográficas, pictóricas, etc. La idea de pensatividad no solo alude al exceso de sentido que anida aún en el texto clásico, como afirma Roland Barthes en *S/Z* (1980), señala sobre todo el carácter de nudo de indeterminaciones que posee toda imagen, pues en ella, debido a su entramado heterogéneo, se cruzan no solo diversos regímenes de sensorialidad y de arte, sino también el espacio de un pensamiento no pensado que no pude atribuirse a quien las produjo pero hace efecto sobre el que ve la imagen, sin ligarla a un objeto real determinado.

La lectura es un acto de creencia. Como señala Juan José Becerra en *El artista más grande del mundo* (2017, 19-20): "Creer en la ficción es un reflejo negacionista que consiste en creer en lo que no está, en lo que no es". Este acto de fe se activa con la práctica de la lectura, en la intersección del mundo del lector con el de la obra. De este modo se afectan mutuamente la escritura y la lectura y, conjuntamente, los imaginarios singulares y sociales que las atraviesan. Esta perspectiva permite determinar que la pornografía no es ni un género, como expresa Arcan (1993), ni un discurso, como señala Maingueneau (2008), sino *un efecto singular de lectura* habilitado por las tensiones y paradojas que se producen entre las estéticas en disenso que caracterizan y definen el espacio literario en su relación conflictiva con las prohibiciones que rigen la sociedad. Este efecto singular de lectura se ha convertido a través de la historia en una convención naturalizada que se usa como categoría esencialista y universal para designar ciertas producciones literarias y no literarias demasiado explícitas difundidas en los siglos XVI; XVII; XVIII Y XIX gracias a la invención de la imprenta y el atractivo de lo clandestino y, sobre todo a partir de los años '60 y '70, por los productos de la industria gráfica y audiovisual porno.

VI.
La lectura como acontecimiento visual y táctil que afecta el cuerpo

> Fatalmente, como en la pupila de Fanny contra la cerradura,
> el acoplamiento da triángulo: dos cuerpos trenzados
> contra un ojo. El demonio, o el ojo, ha succionado
> la imagen, amplificándola, volviéndola espectáculo
> y, recortando el espectáculo, el cuerpo propio
> se descubre solo, borboteante, arrechado como
> mucho de su propio ojo y amante de sí.
>
> *Amir Hamed*

Más allá de la pensatividad y del carácter paradójico y ambivalente de las imágenes escritas o audiovisuales, desde la perspectiva del vínculo íntimo y erótico entre lector y texto, la literatura vincula los cuerpos (del texto y del lector) y los afecta. La mirada de quien lee deja una marca en la escritura que, de suyo, es nómade, itinerante, disensual y el lenguaje conmueve de distintos modos la recepción. El texto da forma estética a la posibilidad de una experiencia lectora que deja en suspenso al cuerpo del lector, lo embelesa, lo atemoriza, lo repugna, lo estremece, lo incomoda, lo angustia, lo ilusiona, le produce rechazo, lo aburre o lo excita[16]. Leer produce placer, goce, aburrimiento o espanto, porque los signos constituyen un cuerpo otro hecho de imágenes que habilitan diversos efectos sobre la sensorialidad y el deseo de quien lee. La lectura no tiene carácter meramente cognitivo, no es solo edípica pues su disfrute no surge solo del develamiento del enigma del sentido, es una experiencia que altera el cuerpo y lo erotiza, generando satisfacción, euforia, confort, completitud, inmersión libre y afloración del yo en la cultura o goce, pérdida del yo, desaparición, temblor y trozamiento de la cultura (Barthes 1973, 1994, 1995). Jean Luc Nancy (2000, 13-14) señala que la escritura, a la que denomina *excritura* porque no atraviesa los cuerpos, pero los "toca",

---

[16] El cuerpo se concibe aquí como una unidad heterogénea no solo constituida social y culturalmente como materialidad hablante sino también como inconsciente, fantasías y sueños.

en su límite extremo afecta de cerca el cuerpo singular con lo incorporal del sentido y lo conmueve.

En el acto de leer, que constituye una producción de segundo grado, todo lector experimenta una fisura que lo coloca a él y al lenguaje en un intersticio atópico, que resiste los embates de la moral y el sentido común (Kohan [A], 2020, 73-74). Los polos extremos de esta práctica son la afirmación narcisista del yo por proyección imaginaria (la lectura como espejo) o la pérdida del yo justo cuando cree que alcanza a poseer su objeto (la desaparición del sujeto, su vaciamiento). De allí el juego perverso en el que se involucra la subjetividad que aparece y desparece en el entramado escritural. Barthes (1994) tipifica a los lectores en "aventureros", porque que se convierten en escritores; "fetichistas", porque ponen su placer en las palabras y sus combinaciones y hacen una lectura poética, metafórica que encuentra *su placer en el desplazamiento y sustitución de sentidos*; y "masoquistas", aquellos que van tras la historia, anulan el libro, y en ese desgaste impaciente, en ese suspenso, en esa dilación reside su gusto, aunque desfallecen en la espera que nunca les dará satisfacción, porque el sentido siempre queda abierto aún en los textos más clásicamente cerrados que, como la marquesa del *Sarrasin* de Balzac, se quedan pensativos.

Lectura y fetichismo: un pornosoneto de Pedro Mairal

En el esbozo tipológico que hace R. Barthes sobre los lectores, tiene especial relevancia, para el estudio de la literatura erótica y la pornografía, la metáfora que alude al carácter fetichista de cierto tipo de recepción, pues existe una conexión crucial entre las palabras y los pasajes que ellas habilitan para que el lector recorte y asocie e interprete. El lenguaje difumina los límites y las clasificaciones genéricas o discursivas. Este rasgo se intensifica en la literatura erótica y en aquellos tramos textuales en los que se figuran ese tipo de experiencias que ponen el foco en la materialidad carnal. Ese borramiento de fronteras hace visible la compleja relación que existe entre las palabras y las imágenes de las escenas calificadas por el sentido común como obscenas[17] y el fetiche, porque en el proceso de leer, el lector puede actuar como un voyeur activo que introduce en el lenguaje de un texto una sobresignificación estrechamente conectada con sus fantasías personales inconscientes.

Por esto, en el caso de la literatura, los términos o las construcciones que designan de modo directo y aún técnico partes de la anatomía corporal, en especial las llamadas zonas erógenas (ano, pezones, genitales, etc.) pueden afectar el imaginario singular de quien lee, excitándolo y exacerbando su deseo, mucho más que el posible referente sexual que la situación narrada o descripta pudiera evocar. La palabra, o la imagen que configura, tiene más peso que el objeto que potencialmente nombraría (Sebeok, 1989; Frappier Mazur, 1999). Un "pornosoneto" de Pedro Mairal (2018) hace visible hasta qué punto el imaginario de quien lee o contempla imágenes se nutre de vivencias determinantes en la niñez que invisten de carácter erótico ciertos objetos o partes del cuerpo. Estos objetos parciales funcionan como sinécdoque o metonimia de un todo imaginario. Con el paso del tiempo, estas figuras se convierten en fetiches que excitan sexualmente la imaginación y el cuerpo, por homología con el objeto erotizado en la niñez. El fetiche es para Freud (2019) la presencia de esa nada que es el pene materno y al mismo tiempo su ausencia. Esta experiencia escindida que afecta al sujeto subraya la insatisfacción que está presente en todo deseo. El fetiche en cuanto presente es algo tangible y concreto, pero en cuanto presencia de una ausencia es inmaterial e intangible. Existe una paradoja en el objeto fetiche, por eso el fetichista debe

---

[17] En este tramo del trabajo, la palabra "obsceno" se utiliza en su sentido habitual de impúdico, torpe, ofensivo al pudor (RAE), aunque también es corriente atribuirle, partiendo de una etimología inventada (*obscenus*), el significado de exponer a la vista lo que estaba o debía permanecer oculto. Según Lucienne Frappier-Mazur (1999) en los diccionarios franceses obsceno es toda palabra que mencione explícitamente la sexualidad: "aquello que deliberadamente ofende al recato por medio de representaciones de naturaleza sexual, de modo que obsceno e impúdico se vuelven sinónimos (217-373). Elianne Robert Moraes, por su parte, en "O efeito obsceno" (2003, 121-130) explora las implicancias de la palabra. Así observa que, a partir del siglo XVIII, todo aquello contrario al recato o pudor relacionado con la esfera femenina y sexual, o escatológico, se consideró obsceno. A mitad del siglo XIX, la palabra obsceno designaba aquello que ofendía el recato a través de representaciones sexuales explícitas en la cultura pornográfica.

coleccionar y acumular objetos ya que se le escapan de las manos en la medida que tienen una existencia fantasmagórica (Mena, 2001, 97-98).

El sujeto lírico del pornosoneto de Pedro Mairal asumiendo un deseo erótico despertado en la niñez confiesa su amor hacia la Mujer Maravilla, cuyas aventuras miraba con admiración en la TV mientras tomaba "nesquik". Esta figura ficcional cumple el rol de sustituto metafórico del poder femenino maternal, ideal en el que se organiza el juego de la presencia-ausencia al que alude Freud. El poema subraya hasta qué punto una escena, de las muchas que contempladas por el yo lírico viendo la serie *Wonder Woman*, se convierte en el centro de una experiencia erótica infantil y cómo eso lo marca en cuanto al surgimiento de un fetiche sexual. Esa secuencia tiene como centro la imagen, recortada del todo corporal, de las "tetas" de la poderosa Mujer Maravilla que aparecen en su carácter erótico y, al mismo tiempo en su relación con la leche del "nesquik", nutricio y placentero.

De manera humorística, el segundo cuarteto y el primer terceto del pornopoema revelan la experiencia de excitación ("quedé al palo") que le producen al sujeto poético la visión de "las tetas de ese traje con estrellas". El lenguaje a través de una sinécdoque ("tetas") y una metonimia ("las tetas de ese traje") subraya la relación entre la excitación de quien mira y el poder de la imagen visual que excita, transformada ahora en palabra. La idea se ve reforzada por la mención de "los brazaletes" y "la corona", atributos significativos del poder del personaje. La palabra "tetas" que proviene de la lengua coloquial ejemplifica de qué modo una imagen-fetiche, o una palabra en el caso del poema, pueden funcionar como *signo excesivo* (Sebeok1989) saturado de sentidos sexuales para el posible lector, si lo remiten a una experiencia infantil similar.

En el soneto, se hace perceptible la ingenuidad de esta imaginería a través del uso de letras minúsculas que ponen en crisis las leyes ortográficas del sistema y remiten a la niñez y de la repetición de "yo soy" que evoca un poema de Gustavo A. Bécquer (Rima XI). La violación de las reglas ortográficas y su sustitución por las "pornográficas" del imaginario infantil, elimina jerarquías y distinciones (ficción/realidad; propio/impropio; permitido/prohibido), democratizando el uso del lenguaje y estableciendo nexos entre elementos disonantes para dar cuenta metafóricamente de una escena de recepción en la que un chico toma la leche con nesquik en la cocina, mirando un episodio de *Wonder woman*, y se excita con las "tetas" del personaje.

A estos elementos, se agrega el formato epistolar usado por el yo poético, "querida wonder woman", y la alusión directa, sin velos, a los efectos corporales, la erección, que provoca la imagen vista. En la configuración poética de Mairal, el objeto fetiche, las "tetas" de la "wonder woman" ocupan el lugar simbólico de la madre en un doble sentido, nutricio y sexual. El poema permite, así, una deriva significante que tiene su punto de fuga en una palabra presente en su ausencia, "leche". Esa palabra, que brilla por su ausencia, articula la serie tetas-nesquik-pene, vinculando la imagen específica de las tetas con una fantasía infantil de carácter erótico "me volabas el coco y los zoquetes" y con su efecto porno: "quedé al palo".

querida wonder woman mi heroína
no viniste jamás a rescatarme
en tu avión invisible ni a besarme
yo soy el que te amaba en la cocina
tomando mi nesquik frente a la tele
yo soy el que tembló cuando aquel malo
te colgó de los pies y quedé al palo
sin nada que me alivie y me consuele
porque cabeza abajo rebalsaban
tus tetas de ese traje con estrellas
los ángeles de charlie flacas bellas
no me hacían temblar ni me asombraban
pero vos con corona y brazaletes
me volabas el coco y los zoquetes

La clave del carácter fetichista del objeto "tetas", y en consecuencia del efecto en el sujeto lírico que se materializa por el uso de esta palabra sobresignificada, excesiva, la brinda otro de los pornosonetos de Mairal. En él, la sinécdoque corporal de las "tetas" es reforzada por el uso de la personificación que la convierte en una imagen erótica persecutoria resuelta de manera humorística. Esta imaginería excesiva, barroca en su monstruosidad, resulta de la proyección del deseo exacerbado del sujeto lírico por esta parte del cuerpo femenino convertida en fetiche lingüístico, como así también de la doble pulsión fantasmática que lo acompaña en la que Eros y Tánatos se evidencian con la forma del derroche y la sobreabundancia que atropella al sujeto y lo acorrala:

> hay días que las tetas me persiguen
> a partir de noviembre, sobre todo
> las tetas me provocan a su modo
> me buscan y me apuntan y me siguen
> con el calor asoman se acrecientan
> inundan sobresalen en su altura
> con su poder plural y su bravura
> las tetas en noviembre me atormentan
> llenan todo de sed y van triunfantes
> se posan en el aire y al mamífero
> lo abisma tanto escote tan mortífero
> le duele tanta vida por delante
> yo me quiero morir arrinconado
> por un gran par de tetas sepultado
> (9)

En su artículo "Fetiche" (1989), T. Sebeok, observa que de los numerosos usos que tiene esta palabra, cuyo origen se encuentra en la existencia animada que atribuyen a determinados objetos algunas religiones y rituales de magia simpatética, es sin duda crucial la función que le otorgan el discurso psicológico clínico cuando se refieren al aumento de la excitación sexual que se produce en un individuo en presencia de cierto tipo de objetos o hechos para él significativos y que de suyo no necesariamente se conectan de manera inmediata con la esfera de lo sexual, por ejemplo pies, orejas, zapatos, lencería, un látigo, la ropa de cuero, un animal, la frialdad de una actitud, etc. Desde el punto de vista semiótico, con el fetiche se produce un fenómeno de gradación que va desde una preferencia notable, a la imperiosa necesidad de ese objeto para la actividad y/o excitación sexual, e incluso el reemplazo de la pareja erótica por ese objeto singular (197).

Sebeok observa que en *Psichopathia Sexualis* (1886) de Richard Von Krafft-Ebing aparecen las primeras informaciones sobre el fetichismo patológico, entendido como perversión que necesita de la vergüenza y el castigo social para ser controlada. En esta patología, el fetiche es un objeto que sirve como elemento iniciatorio necesario para el logro de la excitación sexual y el orgasmo. Así, en *La venus de las pieles* (1870) de Leopold Von Sacher Masoch, apellido del que deriva la palabra masoquista, la sexualidad y el deseo de Severino, el protagonista, están marcados por las experiencias eróticas tempranas provocadas por una venus de piedra, distante y fría, que ve en la biblioteca de su padre y reproduce a *La venus de Médici*.

A la configuración de esta vivencia se suman los efectos del cuerpo de una venus carnal, voluptuosa y cruel, encarnada en su tía, quien vestida a la usanza rusa con pieles lo flagela, obliga a besarle la mano y a reconocerse culpable. El personaje manifiesta más tarde, al recordar esa experiencia erótica: "Nada puede excitar más que la imagen de una déspota bella, voluptuosa y cruel, despiadada por capricho y que además lleve pieles" (13). Así, el personaje de Wanda será la mujer en la que cifre para su mal la posible materialización de ese ideal femenino:

> Entonces prefiero caer en los brazos de una mujer sin virtud, inconstante y despiadada. En su inmenso egoísmo esa mujer es todavía un ideal. Si es que no puedo gozar plena y enteramente la dicha del amor, necesito apurar la copa de los sufrimientos y de las torturas, ser maltratado y engañado por la mujer amada, cuanto

más cruelmente, mejor. ¡Es un verdadero goce! (Sacher Masoch 30)

El uso del fetiche, con función metonímica[18], es el proceso por el cual, en las prácticas sexuales, se sustituye por un elemento (un zapato, un látigo, una estatua, una determinada sensación, etc.) al ser humano completo objeto de deseo. En otros casos, es un parte del cuerpo (un pie, un dedo, la boca, las tetas o el culo) que al funcionar como sinécdoque cumple la función de fetiche erótico. Ahora bien, según Sebeok, dicho objeto, en tanto fenómeno semiótico, es un signo indiciario que genera la sustitución o desplazamiento del todo por la parte que ocupa su lugar (204). En otros términos, se podría decir que el fetichismo es un modelo de conducta sexual en el que una parte del cuerpo o un objeto determinado funciona como sustituto de algo que no está presente, pero, y esto es decisivo para la literatura, *como elemento sustituto de aquello ausente es más poderoso que el objeto mismo del que ocupa su lugar.*

En este sentido, lo que resulta productivo para el estudio del funcionamiento del fetiche en la literatura erótica es el carácter de "signo excesivo" de las palabras utilizadas, cuyo efecto, si cumplen ese rol en la recepción, *per se* superan al del objeto evocado, esto es el elemento referencial. Sebeok sintetiza esta idea de sobreabundancia de sentido con una frase de Oscar Wilde: "No hay suceso sin exceso". Así, un signo es considerado "supranormal" cuando es más eficaz que un signo común en su actividad de disparador de un comportamiento porque aumenta el poder y la amplitud de la señal (205). Cabe aclarar que no se establece una relación causal necesaria y determinada previamente entre palabra y efecto, pues la excitación solo se produce gracias a la mediación de las fantasías personales de quien lee, sus fantasmas, y no por el sentido con el que se carga la palabra debido a su contenido literal.

El fetiche funciona como un *signo supranormal* y por ello en los escritos de carácter obsceno se apela a la posibilidad del vínculo fetichista

---

[18] La metonimia implica un desplazamiento por contigüidad entre dos elementos próximos pero diferentes que lleva a nombrar el efecto en lugar de la causa, o el continente por el contenido, etc. La sinécdoque es una figura que nombra la parte para aludir al todo.

que pudieran despertar determinadas palabras. Lo nombrado es una huella desplazada de lo que se encuentra ausente, pero es mucho más poderoso significativamente que eso ausente (207). Las palabras que en un texto literario figuran partes del aparato genital u otras zonas del cuerpo (pezones, pechos, dedos, lengua, ano) investidos de carácter erótico y sexual por los imaginarios sociales, pero también y sobre todo por las fantasías del lector, funcionan como *signos excesivos* o *supranormales* que se conectan con procesos primarios inconscientes de demanda de placer.

Así, la denominada *palabra obscena*, sin suprimir enteramente su conexión con el imaginario sexual de una determinada cultura, dispara los elementos que corresponden a los fantasmas singulares del lector y sus procesos inconscientes de un modo absolutamente idiosincrático e imprevisible de antemano. Las palabras actúan como la parte que evoca la totalidad de un objeto de deseo, sin embargo, la palabra fetiche es mucho más potente que el propio objeto porque es la fantasía del lector y, no el cuerpo real ausente, la que la dota de poder (Frappier-Mazur ,1999, 233). El fantasma articula la relación sujeto-objeto. Por esta razón se puede señalar que no es el carácter referencial de la palabra, el reflejo de una realidad extraliteraria, la que excita sino la actualización de fantasmas singulares de quien lee, por lo que el efecto pornográfico no tiene su lugar en el texto, sino que es un epifenómeno cultural y/o singular de recepción.

La obscenidad de lo obsceno

Es frecuente que para describir la característica de los textos llamados pornográficos y diferenciarlos de los eróticos, se utilice las expresiones "obscenidad" y "obsceno". Ahora bien, debido a que estos términos están muy relacionados con las características de las palabras-fetiche, que se utilizan en la figuración de imágenes literarias sexuales y con la conducta fetichista subyacente en los modos de recepción de ciertos lectores, es necesario explorar el sentido etimológico del término "obsceno", pues es un elemento clave en la caracterización de la experiencia erótica que lleva a cabo George Bataille (2006).

Como se observó anteriormente, en su uso cotidiano "obsceno" es empleado para calificar, entre otras cosas, una obra de arte, un texto, una actitud que se consideran sin pudor, indecentes, explícitos u ofensivos en el terreno de lo sexual-moral (RAE). Sin embargo, este es un significado tardío que deriva del latín, que en el uso vulgar tomó la forma de *obscenus* y se registra en español en 1490 (Corominas 1987 420). En realidad, la palabra "obsceno", deriva de un sentido más antiguo del latín[19], conectado con la ciencia augural.

Lo obsceno anunciaba algo siniestro (*Skaiós*, en griego, la mano izquierda o siniestra), de mal augurio y que produce disgusto a la mirada. Muchas veces, en los textos de Cicerón, Virgilio, y Varrón "obsceno" aparece relacionado con la presencia de miasmas y efluvios dañinos que indican enfermedad, putrefacción, o impurezas en los sacrificios. Esos fluidos negativos son un mal presagio porque indican un porvenir marcado por la muerte. Así en *La Eneida* se habla de "un augurio obsceno" y Varrón habla de un mal presagio, infame, izquierdo (siniestro). Por ello, la significación que también suele darse a obsceno, lo que sucede detrás de escena que se muestra en primer plano, es producto de una derivación que parte de una etimología incorrecta de la palabra, se cambia la raíz *-scae* (siniestro) por *-scenus* (escena) y de ahí *obscenus*. Ercole Lissardi usa así el término cuando vincula la obscenidad con la representación del cuerpo en la pornografía, que según este autor es lo contrario del arte porque muestra lo que estaba oculto debido a una pulsión hiperescópica (2009).

Bataille retoma la etimología latina más antigua de obsceno (*obscaenum*) en *El erotismo* (2006) y la usa para designar como "obscena" la carne desnuda y palpitante de los amantes en la actividad sexual, que remite al temblor del cuerpo de la víctima y la sangre que se pone en primer plano en el sacrificio, anunciando la muerte (22). Se puede pensar que lo obsceno, en el sentido etimológico del término, no es lo impúdico, en todo caso ese efecto es producto del imaginario de quien mira y subordina lo mirado a la moral, la ley o la religión, sino la desnudez que erosiona lo

---

[19] Diccionario etimológico de Chile.
http://etimologias.dechile.net/?obsceno#:~:text=La%20palabra%20obsceno%20viene%20del,que%20ofende%20a%20los%20sentidos.

individual y el anuncio de disolución, pérdida y derroche de lo vital concebido en términos de la discontinuidad individual que se sacrifica a sí misma en aras de recuperar la unidad primigenia. Por esa razón, entre la experiencia erótica y la muerte hay apenas un límite débil como se observa en el filme *El imperio de los sentidos* (1976) de *Nagisa Oshima* o en la película de Almodóvar *Matador* (1986). En francés el orgasmo recibe el nombre de *petite morte* porque como señala Bataille, al subrayar su violencia, "el erotismo abre a la muerte" (29)

Michel Leiris, un escritor y pensador del grupo de Bataille, a quien este dedica *El erotismo*, escribe en un artículo de la revista *Documents*: "El hombre intensifica su conciencia cuando va más allá de la repugnancia y observa los mecanismos del cuerpo que se evidencian en los cadáveres, las vísceras y el envejecimiento" (Robert Moraes, 2017, 159). Al igual que Sade, Bataille y su grupo pensaron sin velos lo más sombrío y abyecto de la condición humana y buscaron una experiencia y un pensamiento abiertos a lo que nos revuelve, "lo abyecto" en términos de Julia Kristeva (1980). Justamente eso que nos produce náuseas y nos conmueve de una manera incómoda, la conjunción de deseo y prohibición es la mirada que se posa con placer y horror sobre el latido de la carne viva pero mortal, puesta en primer plano. La carnalidad con sus fluidos, sus excrecencias, su entrecruzamiento de vida y de muerte nos atrae y nos espanta por eso la corporalidad, que remite siempre al destino de nuestro cuerpo perecedero, estremecida por el goce produce en quien mira repulsión y excitación.

"Tania" de Juan José Burzi: horror y erotismo

Existe una profunda interpenetración entre el horror y las figuraciones eróticas explícitas y excesivas que subrayan algunos trabajos sobre pornografía (Wojazer 2006; Puppo 1998). Tanto uno y otra producen rechazo y fascinación; tienen, además, un amplio público consumidor. Este vínculo entre la sexualidad y lo siniestro, implícito en la palabra obsceno, emerge de manera extrema en un cuento de Juan José Burzi "Tania" (2013, 115-120) perteneciente a la colección de relatos zombies *El libro de los muertos vivos*. En el texto, se narra una experiencia erótica atravesada por lo ominoso, en la que la necrofilia y el abuso ejercido por el amante sobre una mujer inerme ponen en primer plano el deseo, las pulsiones perversas y las relaciones de poder.

El narrador-protagonista da cuenta del vínculo enfermizo que lo une a Tania, su pareja, a quien tiene atada en la cama y afectada por una extraña contaminación que la ha convertido en zombi. La relación entre ambos revela el límite impreciso entre monstruosidad y humanidad, entre amor y perversión, pero también entre vida y muerte, en la medida que la existencia, tanto en "los contaminados" como en los seres no afectados por esa enfermedad, toma la forma de un intervalo en el que está presente desde el principio la degradación de la carne y el fin de la vida ya que todos somos seres vivos en proceso de ir muriendo.

Una gran parte del cuento está dedicado a la descripción del vínculo de abuso sexual entre el narrador y Tania, que a pesar de su carácter perverso y excepcional se naturaliza como parte de la vida cotidiana de la pareja. El protagonista tiene sexo con ella como si ninguna trasformación se hubiera operado, aunque reconoce que no queda demasiado de esa mujer con la que se acostó los últimos cinco años y experimenta su cuerpo en proceso de descomposición como si fuera una "fruta podrida" que lo excita hasta el canibalismo.

La voz narrativa convierte lo siniestro en algo familiar, cotidiano y lo universaliza al señalar que muchos otros tendrán en sus casas un zombi escondido. El narrador mantiene viva y oculta en su departamento a Tania para poder seguir manteniendo relaciones sexuales con ella, si bien debe atarla para que no lo devore. En este vínculo de poder, el amante, que se construye a sí mismo como un cuerpo deseante y ve la relación entre ambos como la de "dos amantes en busca de lo mismo" (118), coloniza la no-vida de *eso* que va siendo cada día más un resto de carne putrefacta que una mujer. Como un poder soberano decide además hasta cuándo la dejará vivir como objeto de goce y cuándo terminará con los restos de lo que fue ella a través de su devoración.

La descripción de la experiencia sexual entre ambos toma la forma de una violación y concreta aquello que en el discurso de Bataille (2006) es una metáfora heteronormativa del erotismo: la penetración de la víctima, pasiva-mujer, por el cuchillo-falo agresivo del victimario. Tania es descripta con una estética feísta, que abunda en una sensorialidad centrada en lo abyecto, como "un ente amarillento y babeante, con aliento a carne cruda (...) y un cuerpo cada vez más flácido" (118). Pero también es figurada en el discurso ambivalente del narrador como una víctima inerme de su deseo monstruoso. Atada de pies y manos, casi ya sin fuerzas para defenderse o atacar, soporta cotidianamente la violación del perverso amante que cercena y acrecienta la destrucción de su cuerpo en cada coito y goza con ello. Horror y delectación morbosa se unen en las figuraciones del deseo y el éxtasis sexual en el que se funden los cuerpos. En ese *continuum* no se diferencian vida y muerte, normalidad y anormalidad, pulsión tanática y pulsión erótica, placer amoroso y goce sádico, sexo y abuso.

El lenguaje traza un itinerario en el que emerge la práctica un cuerpo desorganizado, en el que los sujetos se con-funden. Este cuerpo sin órganos está marcado por la obscenidad de lo abyecto. La putrefacción y las excrecencias, la plétora y el derroche, dictan el recorrido de las imágenes sensoriales. Las palabras *excesivas* del texto abren la posibilidad del horror y de la excitación fetichista estableciendo una reversibilidad que contamina los límites de lo prohibido y de su transgresión. Lo repugnante, lo ominoso, la violencia naturalizada y el goce narcisista que anula la otredad establecen una atopía donde lo humano se pierde y emerge la inhumanidad, el monstruo que anida en cada uno de los seres llamados "normales".

El carácter pensativo de las imágenes, ambivalentes y que dejan en suspenso los sentidos, abre la posibilidad de que horror y obscenidad constituyan una unidad inescindible que se articula en el ejercicio de una violencia marcada por el exceso innecesario de la crueldad. El protagonista vulnera el cuerpo putrefacto de Tania hasta volverlo carne deshilachada, resto descompuesto, solo para su goce.

> sus brazos tienen menos fuerza, y puedo desatarla con más tranquilidad que antes, abrirle las piernas y chuparle el líquido viscoso que chorrea su vagina, algo parecido al pus, que tiene

un gusto delicioso, porque ese líquido es Tania y es parte de ella que escapa lentamente de ella, que se derrama y que se perdería si no fuera por mi presencia. (…) algo de Tania se vuelca dentro de mí.

Solamente debo ser cuidadoso con mi fuerza Ayer mientras le apretaba las tetas, me di cuenta de que mis dedos se le habían enterrado en una de ellas. La teta izquierda le quedó parcialmente cercenada, casi colgando de su tórax, rezumando una mezcla de sangre coagulada y esa especie de pus que le conozco. (…) la vagina de Tania también está cediendo, los labios vaginales están dilatándose, perdiendo su forma … cuando cojo ya no siento mucho, apenas mi pene chapoteando en ese pus y la vaga sensación de estar con una mujer. Por eso empecé a darla vuelta y a penetrarla por el culo, que está un poco más entero y menos corrompido que otras partes del cuerpo.

Tania se descompone bajo mi cuerpo cada vez que cojo con ella (…). (118-119)

La exacerbación del deseo sexual llevado hasta la necrofilia es el elemento que articula erotismo y horror, sobre todo por el carácter extremo de las experiencias que se escenifican en las ficciones que participa de ese tipo de discurso. Tanto los relatos de terror como lo que Wojazer (2006) denomina pornografía trabajan con la ambivalencia, pues sus imágenes producen rechazo y atracción, deseo y disgusto, de la misma manera que lo ominoso. Ambos discursos abren la posibilidad en el ojo de quien lee, como en el cuento "Tania" de Juan José Burzi, de una suerte de pulsión caníbal morbosa que lleva a devorar las imágenes de lo que no debería mirarse, porque transgreden el límite de lo prohibido.

El deseo escópico actualiza la antigua relación entre ojos y genitalidad que se evidencia en los mitos griegos de Edipo y Medusa y en las creencias amerindias en torno al "Ojo-vulva" (Citro, 2019). Por esta razón, en el siglo XIX, el relato "El hombre de arena" de T. Hoffmann sirvió a S. Freud (2013) para el desarrollo de su teoría sobre lo siniestro.

La relación entre ojo y sexualidad reenvía al temor a la castración y a la presencia de una ley que toda perversión transgrede y sostiene al mismo tiempo y de manera extrema (Lutereau, 2013). En la denominada pornografía se produciría, según Wojazer, el retorno del miedo reprimido por el voyeur, que en presencia de aquello que lo excede es absorbido, penetrado por las imágenes hiperescópicas que crean un vacío a su alrededor y lo dejan como petrificado. Tanto en los géneros de horror como en las imágenes obscenas se conjugan la prohibición de mostrar y la punición por haber visto y eso puede tener efectos afrodisíacos. Sin embargo, cuando el fantasma del deseo se concreta no solo hay una excitación intensa, también se sienten náuseas y disgusto pues la experiencia conecta con el cuerpo impuro y lo abyecto de la carnalidad. Tanto el erotismo explícito, llamado pornografía, como el horror ponen en primer plano fragmentos del cuerpo (mutilaciones, hiperescopía genital) y los convierte en algo monstruoso a través del uso de la hipérbole que afecta la dimensión sensorial de la escritura y de las imágenes. En ambos mundos ficcionales el exceso es la regla.

Este motivo explica el surgimiento de los videos y filmes de porno *snuff* en los que horror y goce sexual se conjugan de manera explícita. Son películas clandestinas que presentan de un modo extremo la transgresión de un tabú: el contacto entre la vida y la muerte. Su objetivo es captar el momento sublime en el que el goce y la muerte se tocan. Por lo general son filmaciones cortas de femicidios, tortura, suicidios, necrofilia, infanticidio, entre otros crímenes, pensadas para ser distribuirlas comercialmente para entretenimiento. En ellas, las relaciones sexuales preceden a la carnicería. La técnica central de estos filmes y videos es el plano-secuencia de modo de crear la ilusión de que la escena fue filmada sin interrupciones y de una sola vez. Nunca se ha logrado comprobar la existencia real de estos filmes, a pesar de los relatos que circulan sobre ellos y sobre su producción clandestina. La duda que generan es saber si se trata efectivamente de hechos reales o son producto de los efectos especiales de la ficción (Puppo, 1998, 138-144).

En la escritura, este tipo de figuraciones excesivas, que reflexionan sobre las complejas relaciones entre amor y perversión, permiten el cruce entre las historias de terror y lo que Lissardi llama erotismo fáunico, incluso a modo de parodia (*pornochic*) como sucede en *El pudor del pornógrafo* de Alan Pauls (2004)[20] o en cuentos de zombis como "Tania" (2013) de Juan José Burzi, que borran los límites entre humano e inhumano. En el lenguaje, no hay restricción alguna para configurar un mundo en el que el erotismo haga visible la conexión entre sexo y sacrificio, transgresión y prohibición, vida y muerte (Bataille, 2006, 67-74). La única ley que cuenta en la ficción es la de la arbitrariedad del deseo, como bien señala metafóricamente Copi en su novela *El Uruguayo* (1997) en la que lleva a cabo una puesta en abismo de su poética narrativa y de los devenires de las experiencias sexuales que figura en sus relatos, manifiestas en su carácter violento, perverso, polimorfo y mutante: "Usted no ha entendido nada de mi relato. Navidad llegará cuando yo lo decida, esto es todo" (115). En la literatura erótica, sucede lo mismo, el goce llega cuando las fantasías personales, estimuladas, pero no determinadas por la escritura, lo decidan.

---

[20] La primera edición de la novela es de 1984. Su análisis se desarrolla en el Capítulo XII.

VII.
Erotismo/pornografía: escritura y lectura

> Todo en ese lugar era puro artificio,
> pero no el cuerpo sensible de la mujer
> desnuda. No el cuerpo desnudo que se extendía
> para quedar a disposición. Un cuerpo desnudo
> que se entregaba sin reticencias ni reservas.
> Y sin embargo, de ese cuerpo desnudo, de esa mujer
> desnuda, no había manera de obtener una verdad.
>
> *Martín Kohan*

Como se señaló, la pornografía es una categoría extraliteraria, que se sustancializa y deshistoriza como etiqueta de un tipo determinado de objetos culturales (género, discurso, imagen) que figuran la sexualidad de modo explícito. Nace como concepto higienista, moral y punitorio y, por ello, no se puede concebir sin los tabúes de una sociedad y sus imaginarios sociales. A nivel de lo social es la censura, el horror ante la visibilización pública de las prácticas y órganos sexuales, quien la crea. La sociedad con el mismo gesto represor de suprimirla y castigarla, no solo le da nombre y visibilidad, sino que la crea como marca de lo indecente, lo falto de pudor y lo prohibido. Por otro lado, el término sirve como rótulo para clasificar el uso que la recepción singular pudiera hacer con los textos eróticos, asumiendo el rol del *lector modelo* imaginado por el escritor pornógrafo, en el proceso que Umberto Eco llama (1987) "colaboración interpretativa".

El paradigma canónico que abordó su estudio supone una recepción que seguiría las presuntas instrucciones del "autor empírico", convertidas en estrategia de persuasión inscripta en el texto a modo de *intentio operis*. Eco denomina "autor modelo" a estas estrategias textuales que condicionarían la recepción en tanto hipótesis de lectura del "lector empírico". En efecto, en *Lector in fabula*, señala que el "autor empírico" en el momento de la producción de su texto prevé un "lector modelo" capaz de cooperar en la actualización textual de la manera imaginada por él y de moverse interpretativamente, igual que él se ha movido generativamente. A ese tipo de recepción, que actualiza las previsiones del autor, la denomina "colaboración interpretativa". Sin embargo, el mismo crítico italiano reconoce que nada impide que el "lector empírico", concreto y singular, lea en otros sentidos o amplíe el universo del discurso textual haciendo un uso imprevisto de lo que lee.

Sostiene que los textos cerrados, en los que la redundancia es mayor, son más resistentes a este uso trasgresor que los abiertos, pero aún con ellos es posible el desvío de sentido y la sobreinterpretación. El ejemplo más claro de esto último lo brinda el mismo Eco al citar la lectura de "excelencia" que hace Freud con *Edipo Rey* de Sófocles, un texto codificado por la cultura griega y sus mitos, en el que sin embargo el fundador del psicoanálisis lee algo no previsto por su autor empírico ampliando el horizonte de sus sentidos.

Las imágenes de la escritura, aún en el texto más cerrado u orgánico, funcionan como punto de fuga de sentidos complejos y paradójicos y son ciegas tanto respecto de la intencionalidad autoral como a sus posibles efectos y a su carácter testimonial o ficcional, ya que no los tienen inscriptos como marcas que necesariamente deberían interpretarse de un modo determinado. Leer la pluralidad compleja y paradójica de un texto implica actualizar unos sentidos y anestesiar otros, recortar y al mismo tiempo asociar de manera idiosincrática. La mirada del lector no agota, ni aún en sucesivas lecturas, el juego significante de un texto y su deriva, siempre hay algo que queda no leído, diferido, callado. Esta cuestión no es menor, porque muchos de los trabajos de crítica literaria, de historia cultural o de semiótica citados suelen señalar que la diferencia entre *literatura erótica* y *pornografía* es una cuestión determinada por la coherencia o causalidad entre la intencionalidad textual (o autoral) y los efectos de lectura que esa intencionalidad produce.

En este sentido, Dominique Maingueneau (2008) define la pornografía como un discurso que pretende la visibilidad máxima de lo que la sociedad oculta o vela, porque ese tipo de discursividad está destinada a un lector *voyeur* que ingresa a través de una tercera persona (el narrador) en un espacio íntimo espectacularizado. Por ello, determina, retomando la falsa etimología del término (*obcenus*), que la pornografía es obscena ya que la obscenidad exige testigos exteriores. Señala, además, que la pornografía canónica tiene un efecto normalizador, de modo que naturaliza la escena sexual poniendo el foco en la inocencia del deseo, como si fuera posible el instinto sin la intercepción del lenguaje y la cultura. La construcción ficcional que se lleva a cabo en los textos muestra como abandono a la naturaleza lo que en rigor es la aplicación de normas convencionales y culturales de la sexualidad, observa.

Señala, además, que la llamada pornografía no canónica o extrema apela a la violencia, al sufrimiento e incluso a la muerte. Sade se aproximaría a este modelo que pone el acento en el componente cruel del instinto sexual y en la perversión de un goce marcado por la pulsión de muerte y destrucción del otro. Este tipo de interpretación, con pretensiones de objetividad, no lee en las formas fáunicas de la literatura erótica la vocación irreverente de explorar imaginariamente las posibilidades riesgosas del placer, convertido en escena sacrificial de lo individual, que amplía los márgenes de lo posible, tal como queda en evidencia en la lectura que hace Echavarren en torno a la literatura homoerótica y los relatos de prostitutas y prostitutos del siglo XVIII (2009).

George Bataille (2006) en su canónico ensayo sobre la experiencia erótica ha desarrollado un discurso que reconoce, en esta vivencia apasionada y en el derroche de los cuerpos que implica, una conexión indudable entre sexualidad y muerte como elemento que pone en el centro la plétora vital y su necesidad de pérdida, de derrame sin fines reproductivos. El erotismo sigue la lógica de la fiesta y no de la acumulación capitalista. Tanto en el erotismo de los cuerpos, como en el de los corazones y aún en la experiencia interior de carácter religioso, el yo (discontinuo, individual, amurallado) sale de sí, se abisma y se pierde en el deseo utópico y riesgoso de alcanzar la continuidad, esto es, la fusión en el uno impersonal, más allá de toda subjetividad autocentrada. Esta característica crucial del erotismo pone el acento en el riesgo, en la condición peligrosa que implica atravesar ese acontecimiento impredecible que se resiste a la vida productiva, a la acumulación, al cálculo y la comodidad de lo conocido. En esta experiencia, el individuo se entrega gozosamente a lo inédito de las pasiones que no prometen nada y lo arrojan a la incertidumbre de lo otro (Kohan [A], 202, 149-151).

Cierta línea dura del feminismo ha señalado que la pornografía es un producto del patriarcado porque tiene un régimen escópico masculino y machista que reproduce y fomenta la opresión sobre las mujeres (McNair 92). Desde las perspectivas teóricas que ponen el acento en el simulacro y el espectáculo se señala que las imágenes porno generan una distancia máxima entre el que mira y lo mirado y, al mismo tiempo, exacerba el poder de lo escópico al configurar una ficción hiperreal, que hace del sexo algo más real que lo real, pues mientras lo real no es simbolizable y siempre queda un resto afuera, lo porno lo exhibe todo, con lo cual destruye la intermitencia de la seducción que dice y no dice, vela y revela. Por esta razón, el significante porno estaría al borde del grotesco y del ridículo. Es barroco por su exceso, pero no posee las cualidades del *trompe l'oeil* que seduce en la medida que muestra y oculta. De esta manera, suprime toda posibilidad de fantasía y deriva (Baudrillard 1984). R. Barthes, siguiendo esta idea observa en *La cámara lúcida* (2009) que, en la imagen fotográfica porno determinada por el *studium*[21], se busca un efecto de unidad centrado en un elemento al cual se subordina todo: el sexo. Por eso, el objeto fotográfico está encerrado en el marco y no hay posibilidad de relato ni cuadro ciego que despliegue sus sentidos, a diferencia de lo que ocurre en el cine erótico.

Sin embargo, a esta visión apocalíptica o negativa de la pornografía, sobre todo audiovisual, se oponen una serie de tendencias culturales, el porno *chic* y el posporno, entre ellas, ensayos e investigaciones que reevalúan positivamente estás producciones y la exhibición del cuerpo femenino sexualizado, que se leía como opresivo. Así Virginie Despentes en *Teoría King Kong* (2018) denuncia la poca seriedad de los trabajos sobre porno que, en primer lugar, no reconocen la creatividad que anida en sus diversos subgéneros y, en segundo lugar, apuntan a sus efectos nocivos

---

[21] Barthes denomina *studium* a la parte de la fotografía que el autor ha planificado para lograr el efecto buscado. En el *studium* predomina la información y está marcado por la cultura y el gusto por eso es analizable y racional (2009)

con diatribas exageradas que no se basan en datos reales. Así, desarma la primera de estas críticas dando cuenta de las diferencias entre las películas en 35 mm de los años '70, los videos amateurs actuales, las viñetas hechas con teléfonos móviles, el uso de webcams o las actuaciones *live* en Internet. Destaca, además, las diversas modalidades que abarca la pornografía que van desde el *alt* porno al porno *chic*, el posporno, el *gang bang*, el porno *gonzo*, el sadomasoquismo, la pornografía fetichista, el *bondage*, el *uro et scato*, como también el porno temático que se organiza en función de las características o roles de quienes son sus personajes (mamitas, mujeres maduras, pechos enormes, pies bonitos, culos grandes, transexuales, *gays*, lesbianas). Cada una de estas figuraciones tienen su programa, su estética, su historia y sus obsesiones. Tampoco se puede equiparar, observa, el porno japonés, con el alemán, el italiano o el estadounidense. Cada cultura y subcultura tiene su modo de crear escenas porno, sentencia.

Respecto a los efectos malsanos o agresivos del porno, revela que todas las críticas negativas se basan en hipótesis no comprobadas ya que ninguno de los trabajos tiene como sustrato entrevistas o investigaciones de campo sobre quienes lo consumen: "Preferimos imaginar lo que les pasa por la cabeza que preguntarles directamente" (2018, 104). En este sentido, atribuye el terror al porno, que motiva que se haya escrito más sobre él que sobre la guerra de Irak, al hecho de que revela *eso* que se guarda en la intimidad y no se hace público: ¿qué excita?, ¿cuáles son las fantasías que hay detrás de esa excitación? En él, habla el deseo inconsciente de la misma manera que lo hace en los sueños, a través de metáforas y metonimias. Despentes afirma que el porno revela una imagen íntima de quienes lo consumen, ya sea porque les permite gozar en secreto, o porque les afecta que los excite y necesitan censurarlo públicamente. La imagen de sí mismos que brinda la pornografía es incompatible con la identidad social asumida cotidianamente. El porno, se podría decir, mira a quien lo mira y le devuelve una imagen de sí, que puede ser incluso monstruosa. La difusión de esa imagen, ante sí mismo o ante otros, inquieta y atemoriza (108-109).

Es evidente que muchos hombres heterosexuales se empalman pensando en ser penetrados por otros hombres, o ser humillados, sodomizados por una mujer, del mismo modo que es evidente que muchas mujeres se excitan con la idea de ser violadas, de participar en un *gang bang* o de ser folladas por otra mujer [… también puede revelar] que somos inexcitables mientras nos imaginamos (…) como calentones insaciables. (Despentes, 107).

La elipsis y la mirada cínica: Fuera de lugar *de Martín Kohan*

En la novela *Fuera de lugar* (2016) de Martín Kohan se da forma narrativa a la cuestión de lo que "nos mira" en las imágenes llamadas pornográficas. La narración hace visibles los aspectos ocultos de los sujetos que las producen, o ayudan a producirlas y los efectos que en la vida de sus involuntarios protagonistas tienen esas imágenes. La novela trasgrede los lugares comunes del policial clásico y del negro para presentar el problema del abuso infantil, producido en la toma de fotografías, como un contrato que tiene la marca de una perversión no asumida como tal. El pacto entre personajes crea sujetos con derecho al goce y no-sujetos abusados, seres cuyos cuerpos adquieren valor de nada porque están ahí *como si* no estuvieran, son meros cuerpos usados y puestos al servicio del ojo devorador del consumidor cuyas fantasías se materializan en la observación de un cuerpo infantil desnudo.

La novela delimita un territorio para esa violencia y organiza recorridos en él. En la precordillera, al norte de la Patagonia, se escriben los términos del primer convenio de partes: hay un instituto de menores expósitos y dentro de él unos chicos en situación de abandono e inocencia, casi animalitos. Existe un cura en ese internado que los puede sacar de allí para luego traerlos al lugar donde serán fotografiados sin dar mayores explicaciones. Su nombre es Magallán. Hay un fotógrafo de eventos sociales que decide hacer una changuita y fotografiar chicos desnudos, Murano, y un conocedor del mercado pornográfico infantil y de las apetencias del consumo en Rusia, hábil para los negocios, Nitti.

Otros personajes se ocupan en organizar y pensar en todo, menos en aquello en que deberían pensar porque ya se dieron la respuesta de antemano al suscribir el contrato que los hace cómplices de un abuso que no reconocen como tal, Lalo y Marisa. Ellos dos, en cumplimiento de los roles abstractos que les dio ese pacto no escrito han determinado que lo aberrante es manosear a un nene o violarlo pero que es lícito y hasta artístico sacarles fotos desnudos para vender a los consumidores rusos, que han descubierto el mercado de la pornografía infantil. El discurso de Marisa y Lalo, ciego a su propia perversidad, dictamina que la mirada es inocente, no deja marcas en el cuerpo. En el espacio de la elaboración de las imágenes de los chicos desnudos, todos los personajes se hacen los distraídos desentendiéndose de los efectos de esas tomas en esos cuerpos inocentes. Solo pueden pensar en la mirada gozosa de los que comprarán las fotos y en el dinero que obtendrán por ellas.

El problema que plantea la novela no tiene tanto que ver con el contenido de las fotos, cuerpos desnudos de chicos inocentes, sino con lo que les ocurre a ellos mientras les toman esas fotos en las que los exponen sin ropas mientras juegan, se ríen inquietos, guardan silencio o se hacen pis encima, aterrorizados por la violencia a la que son sometidos por los adultos. Aunque el narrador no relaciona las reacciones de los chicos con las fotos (esto no se dice nunca), puede suponerlo el lector en los espacios en blanco de la novela. Sin embargo, si bien se menciona a los posibles compradores del Este, nunca el texto avanza sobre los efectos que esas fotos provocarían en ellos, aunque queda claro el carácter de fetiche que esos cuerpitos inocentes desempeñan en el erotismo perverso de los que desean consumirlos con su mirada caníbal. El negocio del abuso de menores desprotegidos, que los utiliza como modelos de fotos que serán vendidas en el mercado de la pornografía, supone transacciones en el contexto de un mundo unipolar que abre nuevas posibilidades de enriquecimiento: "[…] había compradores en el Este dispuestos a pagar más que bien por fotos en las que aparecieran nenitos" (2016, 21-22).

Se establece, así, un límite indecidible entre el arte de fotografiar nenes desnudos, distraídos en sus juegos infantiles, y las demandas del mercado de la pornografía que siempre requiere algo nuevo. En el momento de sacar las fotografías, los cuerpos no se tocan, pero se miran y esa mirada contamina; se encuadra la escena y ese recorte produce sentido y, sobre todo, la figura de los chicos se cristaliza en poses ambiguas para habilitar la posibilidad de una experiencia táctil y un voyeurismo que veja esos cuerpos con la mirada y los coloniza.

El carácter porno de las fotos se desprende del posible uso que en la recepción se llevaría a cabo, no de las imágenes que conservan su carácter pensativo, en tanto nudo de contradicciones en los que se tensionan regímenes diversos como arte y testimonio, orden mimético-representativo y orden estético, la intencionalidad y lo no intencional, pero también la captación de cuerpos singulares con identidad concreta y el carácter universal que adquieren a partir de su anonimato, o la figuración del juego infantil como actividad placentera sin fin más allá de ella y el uso de los cuerpos para el goce del que mira.

A pesar de las teorías de Marisa (que sabía de fotografía y de chicos porque leía), esas imágenes que dan cuenta de una actividad placentera sin finalidad alguna por parte de los niños brindan, también, testimonio de que algo monstruoso ha ocurrido o, si se prefiere, *ha sido*: la violación de la inocencia. Con esa violencia a la que nadie le pone palabra comienza la historia para esos cuerpitos amorales, es decir, la expulsión del paraíso de la infancia. Entre la presencia distraída de los cuerpos desnudos que juegan, mostrando y ocultando sus genitales, ajenos a *eso* que el fotógrafo desea captar y los compradores que miran, gozando con las fantasías que proyectan en esos juegos, se instala un lenguaje violento que marca los cuerpos, los captura, los retiene en un gesto y les hace decir algo que ellos ignoran que dicen. Por eso, los deja mudos y los somete al imperio de una lengua otra reificadora que los mercantiliza. La cámara los mira con ojos de Gorgona y convierte en abyección la transparente desnudez de la infancia.

En lugar de fotografiar lo cultual, "la verdad de un gesto, el brillo de una mirada, el atisbo de un sentimiento, o el tesoro de la autenticidad" (28), se ejerce un arte del olvido, que cepilla a contrapelo el *kitsch* de la expresividad burguesa y capta en la película un resto fuera de lugar, un sentido que está más allá del cuadro: "una ausencia, un olvido, una nada. Porque el hecho es que, entre tanto, los nenes la tenían perfectamente al aire" (28). Del mismo modo opera la escritura en la novela y se obsesiona con detalles que quiere y no quiere presentar como banales, describiéndolos con fingida indiferencia, o con indiferencia histérica, pero estaría *fuera de lugar* en el texto adjudicar al relato minucioso de estos hechos una intencionalidad pornográfica o la búsqueda de la excitación de quien lee.

La novela se detiene en los cuerpos desnudos de los chicos para narrar el horror, pero la ironía de quien relata evita el didactismo moralizante que sometería la ambivalencia literaria a un orden ético por fuera de ella y también se escabulle del melodrama miserabilista de la retórica pedagógica. Puede que el lector pederasta se excite o que quien considera aberrante las escenas se indigne y siga la lectura con un nudo en el estómago, pero ninguna de esos efectos de recepción agota los sentidos del texto ni clausura su deriva.

M. Kohan no hace del uso de los cuerpos el tema central de la novela. Con *Fuera de lugar* cierra la serie de las consecuencias de la conciencia moderna culposa que se inicia con *Crimen y castigo* (1866) de Fedor Dostoievski, en la que el protagonista paga su crimen para demostrar que no todo está permitido, y se continúa en clave de cinismo posmoderno en *Crímenes y pecados* (1989) de Woody Allen, secuela fílmicas de la novela rusa, que con ironía muestra que el ojo de Dios se ha quedado ciego y los premios y los castigos parecen obedecer a una ley absurda, mientras el éxito es el mejor remedio contra la culpa y la responsabilidad.

Se podría pensar que la historia de los personajes adultos que abusan de los niños está marcada paradojalmente por el grado de conciencia que demuestran tener frente a lo que sucede en la toma de fotos. Por ello, los únicos que pagan con la vida la transgresión son aquellos que saben que han traspasado un límite y se sienten acorralados y están concreta o metafóricamente fuera de lugar (Cardozo y Marcelo). El resto sufre los avatares del cambio de los tiempos y los imprevistos que ocasiona el uso de Internet y las imágenes digitales, hace algún viaje con la marca de la huida y toma decisiones sobre la vida de los otros que no los afectan, pero no más que eso.

Fuera de lugar es una novela que diseña una variante transgresora de las leyes del policial negro para llevar a cabo una reflexión que pone en evidencia el cinismo ideológico que *de hecho* se hace visible en el mundo posible de la novela y en el presente del mundo real. Un tiempo que ha perdido todas las ilusiones, y proclama que todo está permitido si nadie se entera y produce dinero. "Ellos saben muy bien lo que hacen, pero aun así lo hacen", escribe Sloterdijk (2003) y anticipa el final de la novela sin sanciones morales ni a nivel sintagmático ni paradigmático. El mundo posible de este texto no propone un *deber ser* extraliterario, figura los hechos tal como la ficción los construye, y esa figuración participa, por analogía estructural de la lógica que caracteriza el cinismo contemporáneo y se opone al mismo tiempo a esa distribución de lo sensible, pero no representa ni copia eso que llamamos realidad. El mundo posible de *Fuera de lugar* no es la representación de lo dado, ni su reflejo: es ficción.

La clave de las fotos no está en las imágenes que *per se* no son pornográficas más que para quien las considera así, sino en la "y", en la yuxtaposición de lo contradictorio como principio constructivo. Lo importante es captar en la pose (distraída) de los cuerpos, el pudor impúdico del no pero sí, el sí pero no. El encuadre abre sentidos ambiguos a partir de la distribución de los cuerpos (de los nenes *morochitos* y del nene *blanquito* autista) y sus acciones o inacciones. Sin embargo, lo que brilla, lo hace por su ausencia, está fuera del marco: la abyección en la producción y en la recepción de las fotos, aunque eso no es parte de ellas sino su contexto. La contingencia referencial o el aura del aquí y ahora desaparecen, o en todo caso se diluyen, en el punto de fuga que configura la indeterminación de las imágenes. Las fotografías sólo crean un cuerpo pornográfico a partir de los efectos de sentido que producen en quienes buscan satisfacer sus pulsiones morbosas a través de las interacciones de los nenes y sus inevitables fricciones: "Dejarlos jugar y tomarles fotos, eso era todo" (26).

Las tomas fotográficas calculan un marco que en la recepción signada por el consumo pornográfico y la pederastia cristaliza un único sentido centrado en la exquisitez de un detalle, el pene de los chicos, o, cuando aparece, como incorporación fuera de lugar en el mundo inocente infantil del falo violento, erecto y autoritario del personaje llamado Correa, mientras eyacula. Así, cuando se miran las fotografías, no es la mudez de la imagen lo que se ve, sino la locuacidad de una figura doble, redundante, barroca en su exceso, que sugiere el contraste entre el cuerpo *desnudito* de los chicos y el pene excitado de Correa al verlos jugar. Con la incorporación de Correa, la foto sugiere un erotismo fáunico perverso de hecho, pero no es pornografía, a pesar de la violencia que figura. Sin embargo, en ese espacio intersticial, se abre la posibilidad de la perversión y del abuso como efectos de sentido figural.

Las fotos de los nenes desnudos, distraídos, ciegos a la mirada devoradora proponen un problema que ningún personaje asume como tal. En las imágenes hay algo que se escenifica que les es ajeno, que se materializa como excesivo, que convierte esas imágenes en hoja en blanco donde se escribe el lenguaje de una historia de abuso que se narra con reticencia, eludiendo causalidades: "Algunos nenitos se rieron un poco a veces; para Marisa fue de nervios o de miedo [...] Unas pocas veces, al principio, sobre todo, algunos rompían a llorar, no supieron si por enojo o por susto" (53).

El objetivo de la cámara sirve a dos sujetos: uno está adelante como tema (los cuerpos desnudos), el otro detrás operando recortes (Murano). El arte del fotógrafo piensa en la distribución de esos cuerpos infantiles intocados dentro del espacio imaginario que construye la toma. Sin embargo, la imagen está habitada por contradicciones que no puede controlar la técnica ni el propósito del artista: lo intencional y lo no intencional, lo sabido y lo no sabido, lo expresado y lo inexpresado, lo presente y lo pasado, lo impersonal y lo personal (Rancière, 2010). Los efectos de la imagen, por ello, están siempre fuera de lugar, des-localizados, abiertos y en suspenso. Su modo de circulación en el mercado porno y las determinaciones del consumo fijan un sentido unario, redundante, en torno a la sexualidad que las transforma en otra cosa y contamina la deriva significante al subordinarla al efecto sexual buscado.

La irrupción de Santiago Correa en la escena fotográfica hiere definitivamente el juego de sentido con la perversidad monológica que impone la redundancia de su pene, que se convierte en un centro significante que organiza los cuerpos y los contamina con aquello que debería estar en otro lugar, porque es lo real del deseo interceptando el juego sin finalidad de los cuerpos: "una cosa nueva afloró, o la misma, pero aumentada: la casa, la luz, el nenito, existían, por y para Correa […] imperaba el enrojecimiento extremo de un crecimiento descomunal". (49-50). A partir de ese instante en el que el cuerpo de Correa irrumpe en la escena del juego infantil, el contemplador y lo contemplado se identifican. El goce pasa a formar parte de la imagen. La foto se transforma en el testimonio de un abuso aberrante. El silencio de los nenes es la metonimia del horror que atraviesa sus cuerpos anonadados. Ya no se fotografía el juego inocente de unos cuerpos-niños sino la mirada perversa de un adulto que se excita y eyacula mirando su desnudez. Pero, aún así, no es la imagen lo pornográfico (que podría ser considerada tanto arte como testimonio de la perversión articulado por el claroscuro del tamaño de los cuerpos o del contraste entre ceguera inocente y mirada deseante que los toca) sino su uso en la recepción: el efecto porno.

En todo caso, en las fotos se contraponen la imagen de la perversión y la de la inocencia como en tantas obras del arte renacentistas o barrocas. Las imágenes figuran un juego asimétrico entre poder e inermidad, entre ceguera y mirada. El espacio se organiza como un claroscuro que se homologa con el binarismo de la cámara digital que captura esas imágenes y permitirá difundirlas en *Internet*. Por un lado, los cuerpos oscuritos, activos y curiosos de los nenes, junto al cuerpo enajenado, ausente, blanquito y autista de Guido, por el otro la figura enorme del pene de Correa y su cuerpo excitado. La monstruosidad de su presencia sexuada establece una tensión respecto de la pequeñez de los genitales de los niños. Un cuerpo enorme eyacula en el paroxismo del goce y otro, pequeño y vulnerable, replica la escena haciéndose pis encima de miedo. ¿Erotismo desaforado, perverso u horror pornográfico? ¿Indecencia textual o denuncia? Ni una cosa ni la otra: literatura, ese lugar para escribir a modo de jeroglífico lo infame, lo silenciado, lo excluido, con una estética que organiza un campo de fuerzas entre lo dicho de manera directa y cruda y lo velado o elidido.

Literatura erótica, pornografía y paradoja

En las fotografías, aparece cifrada la historia de un abuso que nunca se narra como tal, porque la novela hace perceptible una trama organizada por los personajes para que parezca que allí no ha pasado nada. Marisa se esmera en limpiar el tapizado del sillón manchado y borrar las huellas de la toma de fotos en la casa alquilada. Luego de eso, ella y Murano, Nitti y Lalo hacen mutis por el foro. Cardozo se mata por motivos que no quedan nunca dichos del todo y Correa se va de viaje, eludiendo responsabilidades. Como Penélope, la forma narrativa teje y desteje el secreto de una historia que en rigor no tiene ningún secreto porque todo se puede leer, en la escritura o en sus espacios en blanco.

Lo elidido no desaparece del todo. El narrador simula apenas registrar lo que sucede, identificado con la perspectiva de los personajes, pero su ironía polemiza con ese registro objetivo que parece no entender del todo lo que pasa para decir otra cosa. El exceso de los comentarios fuera de lugar sobre Guido, o sobre lo que hace Correa cuando está en presencia de los chicos, desnaturaliza lo descripto y desacomoda sus sentidos con violencia. La voz narradora parece distraída, pero esa distracción no es tal. Por eso, deja caer algunas frases que parecen comentarios fuera de lugar, como miguitas deslocalizadas en el camino, para que el lector repare en el malentendido que supone la escritura y elija recorridos posibles. En lo que se cuenta, hay trazas de una historia que no se narra y esas marcas difusas revelan que el texto juega con las contradicciones, la forma del *iceberg* y el relato de dos historias una perceptible y otra implícita. Las imágenes en *Fuera de lugar* abren el camino a la conjetura de quien lee, lo habilitan para reponer los espacios en blanco, pero nunca determinan la verdad con un final cerrado que es la utopía imposible de todo relato que imagina la realidad con las leyes de la ficción aristotélica. La historia completa, sin lagunas, y sus efectos de recepción anidan en los bordes del relato, porque en lo simbolizable no tiene lugar. Es un resto mudo, inalcanzable para el lenguaje.

La novela de M. Kohan pone el acento en el vínculo entre mercado, capitalismo y consumo pornográfico, corroborando la hipótesis de Bernard Arcand (1993) que sostiene que la producción de pornografía está íntimamente ligada al desarrollo del capitalismo moderno, a tal punto que las descripciones de los órganos sexuales y de la prostitución que se hacen en la novela *Fanny Hill* de J. Cleland tienen el lenguaje de las fábricas y los bancos porque allí emerge el nuevo orden capitalista antes de que Adam Smith escribiera *La riqueza de las naciones* (1776). Narrar, describir o fotografiar escenas de sexo o de tono subido es una actividad fría, calculada, autónoma, no vinculada ni a la religión ni al poder.

La ruptura de los lazos tradicionales entre trabajador y patrón convierte al obrero en una pieza del mecanismo que será juzgada por su eficacia y regularidad, la misma norma aplica para quienes producen las fotos de los chiquitos desnudos. Tanto los que hacen porno como quienes trabajan en la industria porno actuando sus guiones tienen como único objetivo progresar, haciendo un trabajo de calidad que pueda venderse lo más caro posible. Según este planteo la pornografía se relacionaría con la acumulación y producción, mientras que el erotismo con la pérdida y el derroche. Ambos territorios se oponen en cuanto a su intencionalidad o efecto como el trabajo a la fiesta. Pero, el problema de la literatura no es la intencionalidad de quien escribe ni sus efectos aleatorios de recepción, el problema de la literatura es el *ars*, la *tekné* de su escritura y en los modos de hacer la pornografía está fuera de lugar.

*

En el siglo XIX, a pesar del puritanismo victoriano no se pudo detener la explosión de las producciones centradas en la sexualidad y sus prácticas, que se volvieron un consumo masivo y universal. En este sentido, fueron parte de un contexto en el cual se produjo la desagregación de la familia por condiciones laborales en las que los niños, las mujeres y los hombres trabajaban en las fábricas. La sexualidad de los hombres se hizo similar al ritmo del trabajo y se redefinió lo público, como lugar de competencia despiadada, donde además mercaba la mujer pública; lo privado se convirtió en el lugar de la seguridad y el confort, pero también de la mujer en la casa: el hombre frecuentaba ambos espacios.

El puritanismo y la pornografía fueron las dos caras del mismo sistema, que exhibía la hipocresía y la ambigüedad burguesas. Por un lado, había trabajadores explotados y hambrientos y, por el otro, irrumpía misericordia cristiana escandalizada del desenfreno sexual. Surgieron leyes de moralidad contra la prostitución y la literatura lujuriosa, el mundo se volvió un lugar donde todo tenía etiqueta. Cada campo de actividad tuvo sus nombres específicos y surgieron palabras para clasificar lo que antes no tenía nombre ni era visible: la ninfomanía, el autoerotismo, la homosexualidad, la pornografía. Cuando el sexo adquiere autonomía, puede separarse del resto de la vida como actividad, se vuelve objeto de discurso y, al mismo tiempo, de represión (Arcand, 1993).

Esta línea crítica coincide al señalar que la pornografía es obscena porque hace visible lo íntimo, lo secreto, lo que no se podría ver aun teniendo sexo, lo cual vuelve el coito una práctica espectacular, excesiva y previsible. En este sentido, la mirada pornográfica, ajena a la experiencia sexual, es profanadora ya que desacraliza lo erótico impostándole una mirada que lo objetiva y lo hace perceptible como sexo frío, calculado y rutinario. Por otra parte, en el caso del porno industrial, la crítica subraya que la espectacularización de la sexualidad está organizada por un relato precario, elemental, cuya pulsión está dirigida hacia el final, el orgasmo masculino, de modo tal que mirada y objeto quedan indiferenciados. Las imágenes ponen en crisis la organización jerárquica del cuerpo, pero no en un sentido liberador sino disciplinador. La mirada de la pornografía es, por esto, reificadora y su imaginería, reiterativa, efectista, ramplona. En ella, el sexo ocupa el centro y el *telos* es siempre la eyaculación. Para lograr ese cometido, su lógica es la de la redundancia y la ritualidad mecánica.

Este modelo explicativo general y reduccionista, que como se señaló discuten tanto Paul Preciado como Virginie Despentes, entre otros, si bien podría ser descriptivo de muchas manifestaciones de la industria audiovisual y amateur porno (videos, filmes comerciales, fotografía centradas en la genitalidad, videos caseros de relaciones sexuales, etc.) resulta altamente simplificador para extender a la literatura. Como se puede observar en los ejemplos que se citan desde Aretino, pasando por Sade, Miller y la literatura *trash* actual manifiesta en novelas como *El mendigo chupapija* de Pablo Pérez, los textos no pueden ser reducidos a una mera máquina de producción de estímulos sexuales sin mutilar seriamente los múltiples sentidos que emergen en ellos. Se subrayan negativamente aspectos de los textos eróticos en los que la figuración de lo sexual es directa y sin veladuras y se los califica de pornográficos, de acuerdo con el *dictum* de la censura y la moral, obturando la pluralidad textual y la multiplicidad de lecturas posibles que ellos habilitan. Tampoco estas críticas son pertinentes para la totalidad de la producción audiovisual pornográfica actual. Siempre hay en el lenguaje y en las imágenes sentidos en reserva.

Los diferentes estudios realizados en *La invención de la pornografía* (1999, 12-15) de Lynn Hunt prueban que los denominados textos pornográficos de la época clásica siempre implicaban un resto que el rótulo, basado en la idea de decencia y la punición, no terminaba de abarcar. Hay en estas manifestaciones literarias de la dimensión erótica de los cuerpos una vocación transgresora íntimamente ligada al librepensamiento, la herejía, la filosofía natural, la ciencia y los ataques políticos a las autoridades absolutistas. Los escritores llamados pornográficos hicieron visibles las variaciones que el placer podía ofrecer y desdibujaron las diferencias entre cuerpos activos y pasivos.

En la llamada literatura pornográfica anida un potencial democrático que hace perceptible el carácter intercambiable de todos los cuerpos, de modo que pierden sentido las diferencias de género y de clase social como en una suerte de carnaval en el que se ponen en crisis los binarismos de todo tipo (Echavarren, 2009). Hunt señala, siguiendo a Foucault, que la pornografía debe ser considerada un efecto de las nuevas formas de reglamentación y de los nuevos deseos de saber, de modo tal que su historia debería ser menos voluminosa que la de los esfuerzos que se hicieron para prohibirla y eliminarla.

Los controles sobre los trabajos manuscritos e impresos en Europa desde la Edad Media hasta principios del siglo XIX se hacían en nombre de la religión y la política. Las leyes modernas que penalizan lo considerado obscenidad (impudor, indecencia) se crean recién en el puritano Siglo XIX. Se podría decir, por ello, que la pornografía como categoría reglamentada surge en respuesta a la amenaza de la democratización de la cultura, ya que emerge cuando la imprenta posibilita a las masas la lectura de escritos e ilustraciones lujuriosos. Así, la palabra pornografía designa una zona de tensión, de batalla cultural que pone el acento en la separación entre el comportamiento privado y el público, entre la oscuridad del secreto y la luz de una revelación evidente. El surgimiento de la industria del porno, que factura globalmente a principios del siglo XXI más de cien billones de dólares, es consecuencia del fin de la censura que se produce entre fines de los años '50 y principios de los '60, pues antes, como se señaló, era marginal y clandestina (Lissardi, 2009, 77).

Las concepciones y críticas simplistas sobre la literatura que incluye escenas sexuales excesivas y transgresoras o un discurso fuertemente sexual, cuya estética no se funda en la elipsis o la reticencia, perciben el contenido erótico de sus imágenes como un mero estimulante sexual, obliterando el exceso de sentido de sus figuraciones, que se manifiesta como no dicho. La escritura es un intervalo paradójico habitado por contradicciones y por tensiones entre ordenes estéticos y sentidos diferentes. Las palabras son locuaces y mudas al mismo tiempo; las imágenes multivalentes. De modo tal que, en todo texto erótico, bajo el signo de la paradoja, se ponen en crisis permanentemente la diferencia entre arte y no arte, entre literatura y no literatura, erotismo y pornografía. Esto hace posible reconocer un parecido desapropiado entre la expresión directa de las prácticas sexuales, las actitudes de los cuerpos y las figuras que se utilizan para dar cuenta de ello. La escritura entreteje, sin asimilarlos en un sistema homogéneo, diferentes modos de figuración y diversas lógicas, que no se subordinan una a la otra.

Aún en la era del espectáculo, de la vigilancia, del control y de la producción extendida y estandarizada de formas visuales, no se puede determinar de manera simplista cómo son las imágenes, cómo se relacionan con el lenguaje y qué efecto tienen sobre los observadores o lectores y mucho menos sobre la totalidad social. Por estas razones, no es posible seguir sosteniendo los principios de un reflejo ingenuo basado en teorías de la representación como modelo pedagógico o como simulacro de una correspondencia mimética y sostenidas en la metafísica de la presencia, porque la realidad solo es simbolizable de manera incompleta, desviada y fragmentaria ya que siempre queda un resto que se resiste a toda conceptualización. Las imágenes tanto icónicas como lingüísticas están configuradas por un complejo entramado de figuras de la sensorialidad, aparatos ideológicos, instituciones, discursos y visibilidad de los cuerpos y no pueden desligarse de las luchas culturales y políticas en las que están inmersas (Mitchel, 2009, 11 y 23). El "giro pictorial"[22] ha permitido descubrir, a partir de los escritos de Panofsky, que la actividad de un lector o de un espectador es una compleja urdimbre de diversas prácticas de percepción que conjugan la mirada y el vistazo, la vigilancia controladora y el placer visual, de modo tal que no se puede ya pensar solamente en un modelo causal y específico para hablar de efectos de recepción (Mitchel, 22-24)

Los usos no previstos de una obra son parte de los posibles e indeterminables efectos de recepción, tal como ha sucedido con la apropiación que hizo la izquierda de un folletín sin pretensiones políticas como *Los misterios de París* de E. Sue. La escritura es el espacio de un juego significante indecidible y abierto al devenir. Las figuraciones del lenguaje, indisociables de los modelos visuales de percepción, que excitan a unos en otros casos causan rechazo, aburrimiento o solo placer de carácter estético. Una prueba de cómo lo singular de la recepción entramado con lo cultural afecta tanto el momento de producción de un texto como su recepción es que en los años 70 algunos críticos consideraron pornográficos ciertos tramos descriptivos de la genitalidad femenina en *El libro de Manuel* (1973) de Julio Cortázar que hoy parecen absolutamente inocuos. Por esa misma época, el escritor confesaba sus prejuicios sobre las figuraciones obscenas en las narraciones de la experiencia erótica pues se admitía ha-

---

[22] Señala Mitchel (2009 23) que para Richard Rorty la historia de la filosofía está configurada por "giros". La última etapa correspondería al llamado "giro lingüístico" modelo para el cual todo es lenguaje, que se ha impuesto como perspectiva de lectura a todos los fenómenos culturales y sociales. Sin embargo, para Mitchel en la segunda mitad del siglo XX, que muchos llaman posmodernidad, se ha producido lo que denomina un "giro pictorial". Este cambio de paradigma supone que lo visual domina ahora la cultura debido al gran desarrollo de las formas de ilusionismo y simulación visuales que alcanzan un poder sin precedentes.

blado por los códigos culturales productores de mala conciencia que afectaron su formación[23]. De modo tal de que ni en la intencionalidad autoral ni en entramado textual había lugar para eso que despectivamente se llama relato porno.

---

[23] "(…) le tengo una envidia bárbara (…) a los erotólogos aprobados por el establishment, los que tienen piedra libre como el viejo Miller o el viejo Genet, esos que dieron su empujón y ganaron la puerta de calle y ya nadie puede atajar aunque los prohíban en un montón de países (…) se me arrebolan estas mejillas peludas porque me cuesta hablar del dedo en el culo, cada vez me da la impresión de que estoy metiendo la pata y no el dedo, si me perdonás el despropósito, de que en el fondo está mal lo que hago (…)" (Lissardi, 2009, 91) [Subrayo]

VIII.
Figuraciones del erotismo: prácticas sexuales y cuerpos deseantes

> Después me acomodó en la cama, como si fuera una momia, apoyó el iPad detrás de ella para que tomara solamente la parte más representativa de nuestra reunión, y me dijo: "me gusta verme así, como su fuera nada más que una concha con una pija adentro. Me libera y me da identidad. Es como si te dijera que no soy otra cosa que mi otro yo.
>
> *Juan José Becerra*

Las imágenes literarias en torno al erotismo de los cuerpos implican un acercamiento a la dimensión íntima, al *cuerpo a cuerpo*, de una experiencia que conmueve y abre a lo otro y que siempre le llega al lector a través de la escritura, a su vez configurada por un entramado complejo de mediaciones de carácter social, cultural e ideológico. Sin embargo, es central en el vínculo texto-lector la voz de quien narra o cumple el rol de sujeto lírico. En el juego sexual de la intimidad de los amantes y en el encuentro privado entre el texto y el lector que participa de esa experiencia erótica, mediado por la mirada de quien narra o del sujeto poético, hay siempre obscenidad porque se exhibe lo íntimo. Sin embargo, esto no implica que ese texto sea pornográfico. La pornografía es un efecto de recepción posible, aunque aleatorio, idiosincrático e individual, cuyo nombre no nace de una categoría literaria descriptiva sino moral y/o política. Aún en el relato más abiertamente obsceno, *obcaenm*, que muestra la carne en su bies siniestro sin dejar por ello de ser *obcenus*, porque hace público lo que es privado, no hay certeza de un efecto que se pueda atribuir específicamente al discurso. El cuerpo de la escritura nos toca, pero sus sentidos están siempre en suspenso, abiertos al malentendido que habilita la sobreinterpretación, la malinterpretación o la posible colaboración interpretativa de quien lee de manera canónica.

Las relaciones sexuales entre los cuerpos, tal como plantea George Bataille (2006), constituyen una experiencia "de mirada ciega", cercana, sin distancia, miope, o de ojos dados vuelta hacia adentro. Esta especificidad permite, en la escritura, la prevalencia de otros sentidos que sustituyen el registro distanciado y objetivante de la mirada fija (*gaze*) por imágenes táctiles, olfativas, gustativas y auditivas o por una mirada que organiza lo mirado desde un ojo encarnado y una perspectiva marcada por la anamorfosis. La sensorialidad no visual, aunque convertida en visible por la lectura de los significantes, cobra protagonismo en las descripciones y relatos de encuentros sexuales.

La experiencia supone el estallido de lo individual porque el sujeto amurallado sale de sí y se conecta con lo heterogéneo, una otredad que lo desborda. Ese otro no homogéneo al yo individual, secreto, puede ser un cuerpo amado, alguien atravesado por pasiones perversas, un cadáver o lo sagrado. En esos encuentros se pone en práctica un CsO (Cuerpo sin Órganos) herido por afectaciones y pulsiones que desorganizan los ordenamientos anátomopolíticos (Deleuze & Guattari, 1988). La obscenidad de la escritura habilita la percepción imaginaria de las formas en las que el éxtasis desarma las determinaciones disciplinarias de lo corporal y al mismo tiempo configura una corporalidad que extiende el placer a todas sus zonas y goza con la boca, respira con la piel del otro y pierde su límite en el oleaje del deseo. El CsO es lo que se practica cuando se ha suprimido todo, porque lo que se suprime es justamente el fantasma y el conjunto se significados y marcas del sujeto. El cuerpo se abre o se cierra como una instancia anterior al organismo y se desarticula para volverse conjunto de válvulas, exclusas, recipientes o vasos comunicantes en los que fluyen desbocadas intensidades y afectaciones (Deleuze & Guattari ,1988, 156 y ss.).

El erotismo como ritual secreto de los cuerpos: "Las amigas" de Tununa Mercado

En el cuento "Las amigas" (1998) de Tununa Mercado, se narran dos instancias diferentes de una experiencia erótica marcada por la búsqueda indisciplinada de placer. Estos momentos están diferenciados por el género de quienes participan en la escena sexual. El primero de ellos comienza con la entrada a un cuarto de tres mujeres que se despojan de la ropa para jugar con las posibilidades que les brindan la privacidad, la complicidad de la relación entre ellas y la desnudez de sus cuerpos deseantes.

Este primer movimiento de la secuencia narrativa está marcado por las sinuosidades y cadencias corporales de una secreta danza ritual en la que la desnudez es un acto estético, que comienza bajo el amparo de las paredes y los cortinados espesos de una habitación, a la hora de la siesta. Allí, a través de quien narra, quien lee imagina penetrar el secreto de lo femenino y observar la concreción de una serie de fantasías sexuales que trazan las coreografías del deseo. La narración da cuenta de la sensualidad ondulante que tiene como escenario los cuerpos de las amigas. Las pulsiones sexuales se exteriorizan en las descripciones del contacto y el frotamiento placentero entre la piel, la superficie del mobiliario de la habitación y los tejidos que cubren las camas.

El roce voluptuoso, tierno y animal, se repite en armónico movimiento con variaciones barrocas, a modo de entrecruzamiento quiásmico de convexidades y concavidades. La sensualidad de esos contactos y frotamientos es ampliada por los espejos que multiplican las imágenes del placer creando un *trompe l'oeil* que le da profundidad e infinitud a la escena. La perspectiva narrativa propone una mirada que observa y describe los latidos corporales de un intervalo placentero, tensionado por polaridades complementarias, que no busca la satisfacción de las pulsiones sino la prolongación del deseo, su dilación excitante y húmeda. El relato subraya la sabiduría ancestral que anida en esos cuerpos que se estremecen, sin llegar al goce, en la combinatoria de posiciones eróticas: "el ángulo más abierto para el placer, aquel que puede descoyuntar, pero también (...) otro infinitamente más apretado, boca de calamar, gigante para la carne que no se deja vencer" (14).

La narración se detiene en las flexiones de esos cuerpos, en sus sabias contracciones autoeróticas, en el secreto pacto que se teje entre los muebles y las mujeres para lograr un placer sensual, despojado de amor: "Mesas a la altura del sexo, sillones como conchas de mar, taburetes para cabalgar que giran bajo las nalgas apretadas, cortinas espesas que se dejan abrazar y silencian los jadeos" (14). Se trata de un ritual preparatorio que antecede otra experiencia. En el imaginario de quien narra, se figura como danza erótica y erotizante de una materialidad carnal que anhela ser penetrada pero que detiene la llegada de ese momento embelesada en la imaginería que anuncia, promete y difiere esa penetración.

La descripción del movimiento sexual de esos cuerpos femeninos diluye la diferencia entre humano, vegetal y animal en una común intimidad que explora el campo del placer y pone en acto "los oficios" del deseo. Las posiciones de la escena erótica se suceden en selvática confusión. Las mujeres se colocan "en cuatro patas", para acercarse a la concreción del goce sin llegar a él. Las descripciones anatómicas se centran en ciertos órganos que la cultura ha marcado como erógenos, pero ello no supone en el texto ni disciplinamiento ni reproducción mecánica sino experimentación imaginaria con las posibilidades de los cuerpos femeninos y sus fantasías. La escritura se pliega y despliega, se dilata y se contrae, con metáforas y sinestesias en las que lo visual y lo táctil se entretejen: "la flor violácea del culo"; "los dedos distendidos en figura de medusa moribunda" y el hueco vaginal de la "o" que "se entrega, se deja ensalivar, enternecer". En el vaivén de esos cuerpos erotizados, el placer se vuelve un oxímoron todavía contenido por la lítote: "alegría y sollozo" (14).

El movimiento acompasado evoca la marejada que acerca y distancia las aguas de las orillas del goce. El juego de los cuerpos, sus estremecimientos, se funden con los signos de la escritura para exhibir la confusión erótica que se produce, en la ficción, entre el cuerpo textual y el cuerpo sexual de las amigas que revelan su identidad: "Puntuaciones, paréntesis prolongados, interrogantes que no piden respuesta" (15). En la superficie material de los cuerpos y en la de la hoja se trazan los jeroglíficos de la experiencia erótica y ésta se convierte en el espacio doble de un juego significante que disemina y difiere las marcas del deseo y del placer. Se configura de esta manera "Un sexo extendido" (15) en el que la escritura toca los cuerpos que construye la ficción, pero también el cuerpo del lector. Cultura, fantasía y materialidad corporal se entrelazan en este relato que toma la forma de un secreto revelado solo para quien lee. La experiencia sexual narrada se vuelve deriva infinita, significante flotante en suspenso como el goce que esos movimientos prometen, pero no producen más que como expectativa incierta.

En el segundo movimiento del relato, el ritmo de este concierto corporal que funde los cuerpos, para sumergirlos en el desconcierto del deseo, adquiere una dimensión diferente cuando, penetrando el espacio íntimo de las mujeres, emergen los "falos brillantes" de los varones que interrumpen con su presencia punzante el conciliábulo de placeres femeninos. La mirada de quien narra se detiene, ahora, en los "Penes de ojos asombrados, piafantes frente a los requerimientos del placer, testículos firmes, suaves como piel de frutos, (...) puntas como cascos de guerreros" (15). Lo que era ondulación de concavidades y convexidades se vuelve erección aguda que despeja las sombras (el secreto de lo femenino) con su logos luminoso y avanza hacia la posesión de un territorio (vagina, boca, culo) que se ofrece abierto a la violencia húmeda de las protuberancias (lengua, pene, dedos).

El dispositivo elegido para narrar-describir este encuentro entre cuerpos sexuados es un extrañamiento que los segmenta y los desarticula a través de cortes que evocan el modelo de una geometría euclidiana marcada por la apertura de los ángulos, "balanceos sobre el eje en giros de cuarenta y cinco grados" o "de ciento ochenta aprovechando la horizontalidad" (15). En otros tramos, la metonimia se detiene en los fluidos surgidos de la erotización de los cuerpos, "Humedad decreciente"; "recuperación de la acuidad por amplias progresiones salivales" (16). Las metáforas sugieren el exceso de las formas y de las prácticas con precisión minuciosa y ojo microscópico que penetra los cuerpos y lo ve todo: "papilas sobre el ojo de Polifemo"; "Presión de labios y retención hasta que la punta haga vibrar la campanilla de la garganta".

El lenguaje se vuelve técnico y toma la distancia de un etnólogo moderno que observa las prácticas culturales como si le fueran extrañas y las consigna haciendo hincapié en las posturas y los efectos que producen. Al mismo tiempo, la mirada limitada por la exterioridad de quien observa se muestra omnisciente y penetra los cuerpos, focalizándose en las intensidades que los atraviesan y en sus sonidos gozosos: "Llamado del clítoris ante ausencia de contacto por la posición tomada" (16); "Una vagina se inicia con un chasquido que recorre las cavidades del cuero hasta alojarse en la boca" (17); "El grito final saca afuera la celebración" (18). Los órganos se emancipan de los cuerpos individuales a través de la animización construyendo un único tejido caliente, erotizado. Esta visión surrealista que afecta las imágenes construye un cuerpo otro, impersonal, sin sujeto, engendrado por el deseo y la búsqueda de placer.

El texto de Tununa Mercado exhibe el virtuosismo excitante del lenguaje, su capacidad inventiva para hacer de la escritura un espacio erótico en el que se figuran los juegos secretos del cuerpo con la marca de una imaginación creadora y abierta a las fantasías. En ese espacio, se produce la posibilidad de un placer lector cuyo nombre no puede anticiparse. La lectura es un ritual en el que se encuentran los cuerpos expuestos por el deseo. El discurso introduce subrepticiamente a quien lee en la escena erótica de su mundo posible y lo convierte en un voyeur que espía la intimidad sagrada de "una historia anterior al lenguaje" (17).

El vínculo entre el cuerpo del lector y el de la escritura se reorganiza como escena privada, íntima, en la que la ilusión ficcional habilita, aunque no determina, toqueteos clandestinos (Barthes 1994) o embelesos literarios centrados en la belleza de la escritura. Lo erótico del texto no tiene que ver solo con las prácticas narradas, o con el placer/goce que produciría la lectura, implica además la intersección de los imaginarios y los horizontes del texto y del lector. En esa fusión, lo narrado se convierte en algo nuevo e impredecible. El lector funciona como un ocupante ilegal que irrumpe en el territorio configurado por quien narra y lo marca con sus fantasmas. La escritura es penetrada por la mirada, como hacen los penes erectos del cuento en la superficie de placer femenina. Se produce así una nueva corporalidad textual que no estaba prevista de antemano por quien la produjo y que ha sido engendrada por la ruptura del tejido textual de una la lectura que lo desflora.

En el cuento de Tununa Mercado, los balbuceos de esta historia se convierten en literatura erótica, pero no en pornografía. El habla singular de su relato pone en jaque las leyes del sistema de la lengua, aunque lo figurado se somete a los imperativos de una simbolización regida por la heteronormatividad que percibe los cuerpos como sexuados genitalmente e inscriptos en un binarismo en el que lo masculino tiñe la percepción de lo que se mira, aunque el autor empírico sea una mujer. A pesar de este límite en la configuración de lo que el lenguaje hace perceptible, en estas escenas "obscenas" (*obscaenum/obscenus*), la impersonalidad de lo carnal, sus movimientos, sus palpitaciones y sus fluidos se ponen en primer plano. Al mismo tiempo, los toqueteos entre el cuerpo del lector y el cuerpo de la escritura (sus imaginarios y fantasmas) son mediados por una terceridad que convierte lo íntimo de la escena erótica en espectáculo del ojo, porque lo auditivo del signo en la escritura y las imágenes táctiles, auditivas, gustativas y olfativas, son traducidas por una mirada que recorre la materialidad significante para hacerla un acontecimiento íntimo.

Intimidades de la lectura: la mediación del narrador, el cuerpo del texto y del lector en M. Kohan, E. Lissardi, A. Harwicz y J. López

El ojo encarnado del lector y su cuerpo *tocado* por la escritura se conectan con lo narrado por la intromisión de una perspectiva que observa desde afuera del marco, ubicada en el campo ciego, y desde allí atribuye sentido. Así ocurre también con quien relata-describe la escena autoerótica de una prostituta, Estela Bianco, en *Los cautivos. El Exilio de Echeverría* (2000) de Martín Kohan, o con el protagonista de *El acecho* (2016) de Ercole Lissardi que cuenta *ex post facto* una experiencia sexual imaginaria:

De Estela Bianco, joven prostituta de la ciudad de Colonia del Sacramento, nada se había dicho hasta ahora, todo estaba por decirse. Parece descuidada pero nunca lo está. Sus manos, sus manos de dedos finos y alargados ocultan ciertas partes de su cuerpo: los pechos pequeños, el pubis tan pálido como ella. Es fácil confundir esta postura con los gestos del pudor, los gestos de la mujer que, por timidez, se cubre	"Adela me miraba con mirada enloquecida y no decía nada, y entonces comprendí que era ahora o nunca, y le desnudé la entrepierna. (…) Le hundí el cuerno de diamante tan hondo como pude, y pude hundirlo para mi sorpresa casi todo. Así fue que me cogí a Adela. Y juro que

o trata de cubrirse. Claro que ella no tiene motivos para proceder de este modo. En principio, porque, como mujer, es enteramente accesible para todo aquel que lo quiera, y además, en este caso en particular, porque está sola en el cuarto y no hay ninguna mirada de la que deba sustraerse.

El pudor y el ocultamiento son, sin embargo, sólo aparentes. Las manos no están quietas, ni están cubriendo el cuerpo: las manos se mueven despaciosamente, dibujando círculos pequeños o surcos en la piel por los que ir y venir. Al principio tantean, usan sólo las puntas de los dedos, como si precisaran conocer, descubrir ese cuerpo del que, a la vez, forman parte. Después no, después ya no indagan, reconocen; después acarician, no tantean. Estela tiene manos suaves. Nadie que fuera tocado por esas manos ha podido después olvidarse de ellas. Ahora Estela se toca a sí misma. Primero se tantea, se descubre, se recuerda; después se acaricia, después se frota. Terminó su día de trabajo y jadea de verdad. Cierra de verdad los ojos y abre de verdad la boca. Una mano, la izquierda, aprieta los pechos, quiere juntarlos o los separa; la otra mano, la derecha, acurrucada entre las piernas, se estira en un dedo que nunca termina de hundirse.

Por fin, un grito: un grito que nadie oye. No sale de este cuarto, no se escucha en la parte delantera de la casa, sus piernas muertas rodearon con furia mi cintura, y que le estuve soltando marejadas de semen en el fondo del alma hasta que acabó gritando como una endemoniada". (Lissardi, 2016, 35)

donde, por lo demás, reina el bullicio [...] Queda como un secreto de Estela Bianco: uno de sus pocos secretos. Un secreto que, desde este momento, ya no lo es. (Kohan, 2000, 127-128)	

    En la operación narrativa de ambos textos, la intimidad imaginada se convierte en escena memorable espectacularizada que hace visible la intensidad de la experiencia erótica a partir de diferentes estrategias narrativas. La mediación de la escritura abre sus posibles sentidos a un lector implícito que se imagina como *voyeur*. En el texto de M. Kohan, quien narra, con foco en el personaje de Estela, más precisamente en las reacciones y actitudes de su cuerpo, da cuenta de una experiencia de autoerotismo que organiza como un proceso minucioso de tanteos y caricias. La voz narrativa se confunde con la de un cronista que mira cómplice a su auditorio y asevera "nada se había dicho hasta ahora, todo estaba por decirse" y juega con lo que parece hacer el personaje de Estela, en su desnudez, y lo que efectivamente hace. El punto de fuga de ese juego es la cuestión del pudor o la falta de él, ya que se trata de una prostituta que está desnuda en la intimidad de su cuarto. El narrador opera como si su mirada fuera ajustando el foco sobre el cuerpo de Estela hasta volver transparente su opacidad. En esa instancia, una sinécdoque recorta un elemento, las manos, para depositar en ella la carga erótica de la escena que, como en la típica secuencia de la imaginería del porno industrial, culmina con un grito que denuncia el goce.

    La descripción de los toqueteos del personaje diferencia, también, lo que ella hace en el ejercicio de su oficio: "Terminó su día de trabajo y jadea", de lo que aquí hace "de verdad". La perspectiva de quien narra supone un hiato entre simulacro de goce y verdad, dando por cierta doxa que supone que la prostituta nunca disfruta del vínculo sexual con sus clientes, a diferencia de lo que ocurre en la novela *Fanny Hill* de Cleland y de lo que señala Virginie Despentes en *Teoría King Kong* (2018) acerca de su experiencia en ese oficio, en la que reivindica el placer y minimiza el relato miserabilista sobre la prostitución. En efecto, Despentes observa, sosteniéndose en su experiencia y en la de sus ocasionales compañeras de trabajo: "Cuando se trabaja como puta, se sabe a lo que se viene, por cuánto, y mejor si además te lo pasas bien o si satisfaces tu curiosidad" (83), "desde el punto de vista sexual, en general fue muy excitante (85).

Las imágenes del discurso narrativo, en la novela de M. Kohan, exploran las diversas posibilidades de lo táctil y lo auditivo y subrayan la intensidad del placer ocasionado por esas manos que tocan el cuerpo. Al mismo tiempo, lo táctil y lo auditivo se vuelve objeto de lectura, mirada, para quien recorre los sintagmas en los que se mezcla narración y descripción. En su devenir, el texto juega con la idea de secreto revelado para confirmar que la literatura erótica se organiza siempre con la forma del oxímoron: una práctica secreta, privada, se hace pública en el mismo acto en que se vuelve íntima como lectura, porque la escena de lectura no tiene narrador posible, y en ese sentido permanece secreta. Aun cuando se decida narrarla convirtiéndola en escritura o relato oral, algo siempre permanecerá no dicho al igual que en la experiencia erótica de los cuerpos.

Por su parte, el texto de Lissardi más directo y menos sutil en la configuración de sus imágenes da cuenta de una fantasía que para el narrador adquiere visos de realidad vivida y por eso se relata con oraciones aseverativas. En el texto, el personaje se convierte en voyeur gozoso de una escena imaginaria que, en el mundo posible de la novela, tiene función masturbatoria. Lo que se cuenta-describe es el "cómo" de una experiencia erótica configurada desde la perspectiva de un hombre solitario que construye sus fantasías de potencia sexual a través de imágenes que confirman su condición de hombre deseante, activo y viril: "Así fue que me cogí a Adela". El lenguaje de la novela, que D. Maingueneau (2008) no vacilaría en clasificar de pornográfico tal como hace con el de algunas secuencias de la novela de Marc Cholodenko, selecciona una serie de palabras-fetiche (entrepierna, semen, acabó) y de metáforas de carácter hiperbólico ("le hundí el cuerno de diamante tan hondo como pude", "marejadas de semen") para objetivar la imagen de macho potente de quien narra, pero que el texto irónicamente desmiente ante quien lee.

Tanto las operaciones de la escena de la novela *Los cautivos* de Martín Kohan como la de *El acecho* de Ercole Lissardi hacen visible lo que ocurre en la privacidad de un cuarto o de la mente de un personaje y convierten los placeres solitarios de la sexualidad en algo obsceno (*obscenus*), sin que por ello la escritura pierda su condición de artificio estético no sometido a ninguna ley o causalidad que le sea externa y se vuelva pornográfica. La materialidad se pone en primer plano ante una mirada otra, que no es la de los personajes inmersos en una experiencia interior de ojos ciegos, ya que el erotismo es una práctica de pérdida de sí en la que si la palabra ocurre es apenas balbuceo, sonido casi ininteligible porque los objetos del conocimiento se desvanecen y solo queda la noche[24]. Sin embargo, esta vivencia puede simbolizarse siempre de manera incompleta, con lagunas. En ese espacio en blanco, en el terreno de lo no dicho, se instala la figura del lector, sus fantasías y sus malentendidos.

Señala George Bataille (2006, 22) que "toda operación erótica tiene como principio la destrucción de la estructura de ser cerrado que es, en su estado normal, cada uno de los participantes del juego". Ese acontecimiento de la continuidad de lo discontinuo escenificado en la desnudez de los cuerpos, que se entregan uno al otro, produce un juego de desposesión en el que se desorganizan. El escritor y filósofo francés usa el término "obscenidad", como se señaló, para dar nombre a esa perturbación que altera la corporalidad individual de los amantes y la violencia sacrificial que los atraviesa. Una violencia que es violación de lo corporal-cerrado, similar a la herida del sacrificio ritual que abre el cuerpo y deja que sus fluidos y la interioridad de la carne emerjan en su crudeza, transgresión de lo prohibido, momento dialéctico hegeliano en el que se supera el límite manteniéndolo (*aufheben*).

---

[24] La experiencia interior implica una subjetividad abierta a lo que la revuelve y un conocimiento ligado a los temores, las pasiones, a las alegrías que la constituyen que lleva hasta el punto ciego de todo entendimiento, a la noche inaprehensible. Es una experiencia que se vive más allá de toda lógica pues tiene que ver con traspasar un límite (erotismo, muerte, sacrificio) y no brinda certezas. Por eso la experiencia interior pone en jaque todas las categorías del saber y afecta a un hombre no unificado, compuesto, heterogéneo, cambiante. Abre a la maravilla y al horror (Bataille, 2006).

El erotismo de los cuerpos en su desnudez es impensable sin la idea de obscenidad, que solo se vuelve sinónimo de pornografía en el lenguaje moral y jurídico. Por lo tanto, no hay literatura pornográfica, hay literatura erótica desplegada en un intervalo estético plural cuyos puntos extremos son de un lado la veladura y la elipsis, y del otro, la hiperescopía y la hipérbole. Sin embargo, una vez publicado un texto queda a merced de esos condicionamientos extraliterarios que lo juzgan. El cuento de Andrea Jeftanovic, "Árbol genealógico" (2013), como se mencionó, fue censurado en Estados Unidos y Alemania por ser considerado pornográfico, pues pretendidamente llevaba a cabo, según sus censores, una apología del abuso infantil.

La operación punitiva producida sobre este relato escenifica hasta qué punto los recorridos de lectura pueden obedecer a motivos que nada tienen que ver con la literatura sino con "su sometimiento a una instancia normativa general que juzga la validez de las prácticas y de los discursos (...) en las esferas particulares del juicio y la acción" (Rancière *b* 2011 133). Pero la cuestión, tiene implicancias más serias todavía porque no sólo se subordina la problemática que plantea un texto al juicio moral, sino que se constituye una esfera indiferenciada en la que se pierde la especificidad de las prácticas artísticas, su autonomía, y la distinción característica del campo de la moral entre *hecho* y *derecho* por lo que todas las prácticas y todos los discursos son apreciados desde la misma perspectiva no diferenciadora. El *giro ético de la estética* que revela esta operación de borramiento de diferencias hace coincidir dos fenómenos: a) el juicio que valora y elige se ve sometido a una ley que se impone más allá de toda diferenciación y b) esa ley radical que no permite la elección no es otra cosa que la imposición de acatar un *status quo* determinado (Rancière*b*, 2011, 134).

En las figuraciones literarias de lo obsceno, se produce un retorno de lo reprimido por la policía de la escritura que determina cómo *debe ser* la distribución y la visibilidad de los cuerpos (Rancière 1998). La abyección, eso que queda siempre afuera de lo simbolizable, emerge como la libertad amenazante de la carne librada a la ley del deseo, que está más allá de la idea de sujeto unario y no admite recato en la plenitud de su ansia. Así, en *Matate, amor* (2012) de Ariana Harwicz, las pulsiones eróticas y tanáticas irrumpen desaforadamente provocando el des-quicio de lo familiar, del aprisionamiento al que someten las instituciones (la familia, la pareja, la maternidad) y, al mismo tiempo, como emergencia de lo instintivo animal, de lo viviente impersonal más allá de la cultura (Montes 2020).

Por esta razón, abundan las referencias que conectan el deseo con figuras de animales en las que se metaforiza la pérdida de sí que borra todo logos individual y todo límite corporal. La narradora expone ante el lector sus frustraciones, sus fantasías, los reclamos de su cuerpo anhelante, las ondulaciones de su carne y los devenires de su sexualidad desbocada. En la novela, el vínculo con la tierra y con las pulsiones elementales se vuelve un factor disruptor. Las referencias al bosque, que circunda la casa de la protagonista, y a los animales (el ciervo, los topos, los caballos, las vacas, el búfalo, etc.) interrumpen el mundo insatisfactorio de lo doméstico y la linealidad narrativa del orden representativo aristotélico (Rancière, 2019, 9-17) con escenas o fantasías en las que cobra centralidad el deseo y la sensualidad corporal.

Estos pasajes dan lugar a expansiones líricas, descripciones alucinadas u oníricas y detenciones del discurso narrativo lineal. En ellas, emerge un imaginario que vincula a la protagonista con aquello de la vida irreductible a un yo y al esquema familiar esencializado: es la plenitud de una animalidad, de lo viviente, que lo atraviesa todo. En el relato, esta impersonalidad animal funciona como *contínuum* orgánico, afectivo, material que trastorna las distribuciones de lo sensible, afecta lo humano y lo pone en crisis, desnaturalizando los ordenamientos biopolíticos y las convenciones del sistema patriarcal (Giorgi, 2014, 14-17). El lenguaje construye las formas de un erotismo que saca de quicio la individualidad y la institución familia para disolverlas en su cerco pasional, multiplicando las formas de la corporalidad y borrando las diferencias activo/pasivo, femenino/ masculino, humano/animal …

> El tipo encima de mí se mueve con ondeos, me toma del cuello, me hunde, no le veo los hilos a la pasión y sigue apasionante. (73-74)

Su presencia me apuna. Me toma el cuello y me aspira. Lo dejo ir a mi cuerpo. Que se queme, que se enrojezca. […] Nos mutilamos y me veo reflejada como en un caleidoscopio. Mi boca abierta son varias bocas. Giro y me subo sobre él felinamente, si hubiera podido lo hubiera sodomizado. Un roedor que sodomiza. Gozo, pierdo la noción. (79)

Cuando deseo soy una víbora en celo enroscada entre el bidé y el inodoro. (82)

[…] besarnos sobre las lomas de burro, besarnos a la vera del camino inmersos en el tóxico de la central nuclear. […] Y cuando la noche pasó como un perro con convulsiones nos despedimos. (110-111)

[…] Aparece él. Su maxilar en mi boca. Su ojo en mi culo. Quiero borrarlo como una llamarada, pero no puedo y me dejo llevar por el bálsamo del deseo. (129)

De la misma manera, en otra novela argentina contemporánea, *La ilusión de los mamíferos* (2018) de Julián López, el narrador, tras el fin de la relación amorosa más importante de su vida, rememora, con una estética más contenida que la de Harwicz, aunque no menos erótica y potente, los encuentros con su amante. Este acontecimiento erótico interrumpe el *continuum* gris de la semana a través del cumplimiento de un amoroso ritual marcado por una sensorialidad estetizante: el desayuno con pan crujiente y café, la lectura de los diarios, los paseos por el barrio y, en el plano de mayor intimidad, el encuentro sexual de sus cuerpos anhelantes.

El yo protagonista figura esa experiencia del pasado reciente a través de una escritura que articula su recorrido por la materialidad de la carne a través de tres palabras-fetiche, pezón-pija-culo, que funcionan como sinécdoque de la totalidad corporal erotizada. Este itinerario marcado por el deseo y el amor polemiza con los discursos teórico-críticos que censuran la espectacularización mecánica característica del cuerpo pornográfico focalizada en ciertas zonas eróticas que reproducen una y otra vez el mapa canónico de la voluptuosidad porno. En el espacio de lo visible, según este planteo, se exhibiría un erotismo disciplinado que responde a un orden máximo de la referencia y la exactitud, pues todo pasa por la evidencia más absoluta y la destrucción de toda seducción.

El presupuesto de este argumento puede considerarse descriptivo de ciertas manifestaciones de la industria del porno, que repiten una y otra vez las mismas trayectorias y construyen órganos monstruosos, a fuerza de primeros planos de la genitalidad, pero no a todo el llamado porno como se observó anteriormente. El gozoso recorrido erótico de la escritura en *La ilusión de los mamíferos* se parece más a un portulano medieval en el que lo imaginario (la *meraviglia*) y el trazado del territorio conocido, bordan una erótica de los cuerpos que se configura a través de las imágenes de una anamorfosis barroca[25]. La mirada abarcadora del ojo del sujeto cartesiano reflexivo y narcisista, replegado sobre sí y distante, que convierte en objeto la totalidad de un cuerpo geometrizado[26] es reemplazada por una percepción animal que utiliza todos los sentidos que la civilización subordinó a la vista, cuando el hombre abandonando su condición de cua-

---

[25] La anamorfosis es una perspectiva "desviada" y producto de la "locura de la mirada" barroca que pone en crisis el modelo estático y descorporizado de la perspectiva renacentista albertiana, aunque tiene un carácter tan convencional como el de aquella. Se caracteriza por la opacidad, la ilegibilidad y la configuración excéntrica e indescifrable de sus imágenes, que exceden el control del orden simbólico. Su función es deformar la imagen visual convencional o revelar la convención que hay detrás de toda especularidad naturalizada mostrando que siempre depende de la materialidad de un medio de reflexión, de un espejo (cristal y azogue). Supone una mirada encarnada en un cuerpo, y tiene efecto táctil. A nivel del lenguaje se caracteriza por un discurso oscuro, intrincado cuyas figuras centrales son la paradoja, el oxímoron y la metalepsis. Tiene un componente que la conecta con lo sublime porque su propósito, atrapar en una forma o concepto lo que la excede, está encadenado al fracaso. (Jay, 2003)

[26] La metáfora visual de la perspectiva renacentista o albertiana corresponde al modo naturalizado de construir la realidad. Este punto de vista es el efecto del uso de un espejo plano que refleja el espacio geometrizado del ojo de quien mira a través de una cuadrícula. Esta mirada es monocular y estática, produce un efecto de toma visual eternizada y descorporizada ya que ese ojo universal parece no estar situado en un cuerpo. Supone una distancia entre quien mira y lo mirado por eso implica un ojo absoluto, sin cuerpo (Jay, 2003: IX)

drúpedo se irguió sobre sus extremidades inferiores. La escritura hace presente con sus imágenes el poder de "una percepción ciega, puro físico" (López 109) que se distancia de la mirada cosificadora y disciplinaria sobre la sexualidad de la biopolítica higienista y heteronormativa.

La imagen horizontal y miope de dos cuerpos que se entregan al placer (uno explorando gozosamente al otro, que se deja explorar y en esa pasividad-activa disfruta) está configurada a través un narrador que se abre a la segunda persona, poniendo en crisis la mirada especular del yo y se deja conducir por una sensorialidad centrada en el tacto, el gusto y el olfato: "te detenías ahí, en el círculo de la piel oscura, aunque la cercanía te impidiera verlo"; "mirabas con los labios, con la respiración"; "me agarrabas la pija con la mano firme" (109).

Esta sensorialidad, que reemplaza al ojo-contemplador por la percepción ciega y táctil de la boca, la lengua, la nariz y las manos ilumina amorosamente fragmentos del cuerpo, amplificados en su significación erótica y el sujeto se convierte en carne palpitante, trastornada, fuera de sí: "me volvía loco" (109). Al mismo tiempo que se narra el disfrute, se pone el acento en la esterilidad erótica del acto, en su carácter gratuito y no reproductivo. Este último rasgo asimila lo erótico al esteticismo inútil y sagrado del arte por el arte, que es una de las claves de la belleza discursiva de esta novela, bajo el signo del régimen estético, que en muchos tramos diluye la diferencia entre narración y palabra lírica.

El texto hace visibles dos cuerpos que no buscan en el contacto físico, en la geografía fractal de los recorridos anhelantes, otra cosa que dar y recibir placer. No es una experiencia de mirada especular, aunque la ilusión de poder fusionarse con el otro ("El amor es la ilusión de algunos mamíferos." [157]) y contemplarse ciegamente en el espejo de su deseo sobreviva como imposible utopía que alimenta el mito del amor platónico como recuperación de la otra mitad del andrógino primordial perdida.

En la literatura erótica, por obra de la escritura, las prácticas corporales que erosionan las fronteras que marcan la discontinuidad del ser se despliegan y se abren a la lectura como el cuerpo sacrificial de la víctima ante el cuchillo del sacerdote. El narrador de *La ilusión de los mamíferos* construye una corporalidad textual y carnal que conmueve y con ese gesto da lugar al acto sacro que llevará al sujeto de lo profano a lo sagrado, de la vida discontinua a la continuidad de la muerte, violando los límites de la individualidad.

La contemplación imaginaria de las acciones del tú sobre su cuerpo, que propone quien narra *ex post facto* y en segunda persona, se distancia del sujeto moderno del dominio y de la cosificación del objeto, porque construye el yo en relación con un tú configurado en el afuera de toda posibilidad dialéctica[27]. Este punto de vista abierto a la incerteza de lo otro posibilita una conexión entre la escena sexual hecha de palabras y el imaginario individual del lector que tal vez se detenga en la maestría poética del lenguaje y/o disfrute con ojo voyeurista este erotismo de los cuerpos hecho de toquidos (caricias, presiones, lamidas) y respiraciones. Incluso hasta es posible que se produzca un consumo de efecto pornográfico, si la excitación descripta en el texto se instala en el cruce del género (se trata de una relación entre dos varones) y los fetiches personales que convocan los tropos de las imágenes excesivas.

> te detenías ahí, en el círculo de piel oscura, aunque la cercanía te impidiera verlo. Lo mirabas como en una percepción ciega, puro físico, como se mira en la noche del sexo, lo mirabas con los labios, con la respiración (…) antes de sacar la lengua y merodearlo con la punta antes de mordisquearlo y llevártelo a la boca succionando como si pudieras tragarlo, como si pudieras disolverlo como las arañas disuelven a sus presas adentro del traje de seda con la que la inmovilizan para tenerla despierta y a su disposición mientras la sorben. Vos decías pezón, yo decía tetilla. Vos decías que tetilla era una palabra (…) desafectada, desinfectada, sin sensualidad. (…) Me volvía

---

[27] *En la desaparición del sujeto. Una historia de la subjetividad de Montaigne a Blanchot* (2001) Peter y Christa Burger exploran el campo de la subjetividad moderna y su afuera a través de textos filosóficos y la escritura epistolar de mujeres. La escritura en la que el yo se construye en referencia a un tú, daría cuenta del afuera irreal del campo del sujeto moderno, como experiencia negativa de eso extraño que no puede alcanzar dialéctica alguna. El afuera es eso que no puede constituirse en objeto de saber universal ni de experiencia particular porque es lugar de no saber y de indeterminación (335-338).

loco verte trabajar, sentir la dedicación con la que te dabas a chupar de esa fuente vacía, un operador suave que me acompañaba en el amor a la esterilidad (…) a la pura sospecha de que nada importa demasiado más que hacer abrir esa flor y humectarla y hacerla erguirse en esos puntos que sobresalen mientras me agarrabas la pija con la mano firme y bombeabas despacio y lanzabas los dedos presionando los músculos para buscarme el culo y volvías al cuello para morderlo violento. (López, 2018,109-110)

IX.
El secreto encanto de la escritura y sus toquidos:
N. Perlongher y L. Lugones

> El cuerpo no es ni substancia,
> ni fenómeno, ni carne, ni significación.
> Sólo el ser ex-crito.
> (Si escribo, creo efectos de sentido
> -coloco cabeza, vientre y cola-
> y me separo por tanto de los cuerpos.
> Pero *justamente*: hace falta eso, hace falta
> una medida infinita, siempre renovada de esa
> separación. La excripción pasa por la escritura, y
> ciertamente no por los éxtasis de la carne y del sentido.
> (…)
> De ahí que no sea posible escribir "al" cuerpo, o escribir
> "el" cuerpo, sin rupturas, cambios de parecer,
> discontinuidades (discreción), ni tampoco
> sin inconsecuencias, contradicciones,
> desviaciones dentro del discurso mismo.
>
> *Jean Luc Nancy*

En el espacio literario, las prácticas multiformes de la sexualidad adquieren configuración sensible en el entrecruzamiento de dos estéticas diferentes, de dos distribuciones de lo perceptible que van tejiendo una intermitencia no reglada entre lo velado y lo explícito, la metáfora sutil y la palabra-fetiche excesiva, la lítote y la hipérbole, el ideal canónico de belleza y el feísmo extremo, lo bello, lo sublime y lo ridículo, tal como se señaló al estudiar el campo de fuerzas constituido por la escritura de A. Chéjov y del marqués de Sade. Estas figuraciones del erotismo se manifiestan en un prende y apaga que las hace brillar en un primer plano o las opaca volviéndolas difusas para escenificar la materialización en los cuerpos del deseo, del placer o del goce.

Así, mientras el discurso poético "neobarroso" de Néstor Perlongher, amante del enchastre[28], desarticula la corporalidad textual y sexual, contamina los géneros y pone en zozobra la idea de subjetividad unaria en "El polvo" (2003, 31). En otro registro estético, la heterosexualidad metaforizada y potenciada en la figura sublime del mar juega con lo pasivo femenino y lo activo masculino en el soneto "Oceánida" (1952 ,122) de Leopoldo Lugones, configurando poéticamente las fantasías del imaginario modernista, en su pliegue decadentista. En ambos poemas cobran visibilidad las pulsiones y los tropos de dos estéticas de la escritura erótica: una es brutal, abyecta y transgresora a fuerza de tajo, contaminación de lo alto y lo bajo e hipérbole; la otra es metafórica, pero no menos intensa y se articula a través de la mirada de un sujeto lírico voyeurista que oculta sus pulsiones tras la veladura.

En el caso de "El polvo" de Néstor Perlongher, una serie de palabras convertidas por el texto en fetiches sexuales, como "chongo", "lácteo", "boca", "senos", "ano", "dedo", "pene", "coprofagia" o "acabar", ofrecen a la mirada y al cuerpo del lector las declinaciones de la práctica íntima y desaforada de un *CsO* que derriba toda organización binaria. Se ilumina, así, la materialidad corporal y sus miasmas obscenos, como en un acto sacrificial que exhibe lo abyecto no diferenciando y, junto a la luminosidad del placer, sus aspectos oscuros y siniestros, anticipadores de la disolución y la muerte, con un oxímoron estructural que contamina toda frontera y la hace indistinguible. En el texto, se dinamitan las jerarquías yo-tu, arriba-abajo, alimento-excremento, vida-muerte, para que se constituya un espacio erótico que viola toda prohibición sexual y moral, y en

---

[28] Las neovanguardias o posvanguardias, en el bies neobarroco, entrecomillan su relación con la tradición literaria y la cruzan con los monstruos kitsch de la cultura de masas. Construyen, de esta forma, en el lugar híbrido y separado que delimitan, un espacio propio donde todas las perversiones, a través de las cuales manifiestan una pasión y un amor desmedidos por lo que es, tienen cabida. De modo tal que, aquello que sacralizan en el acto mismo de la elección, del recorte y de la separación, es convertido en objeto de escarnio, violación y sacrilegio. Estos procedimientos son la marca inexcusable de que han desaparecido las fronteras entre continuación de la tradición y traición y entre arte e industria cultural "¿qué ha sucedido? Ha desaparecido una frontera que últimamente - hasta Adorno - tenía el incuestionable estatus de un principio metafísico que garantizaba la posibilidad del arte: la frontera entre el arte y la industria de la cultura, y, simultáneamente entre el arte y el no arte" (Burger, 1990 11-12).

el plano estético le "tuerce el cuello" al cisne rubendariano para sumergir en el barro hasta el enchastre el ideal erótico de belleza modernista (Echavarren, 2003).

En "Océanida" de Leopoldo Lugones, la forma racional del soneto se perturba por la interferencia del deseo y las fantasías eróticas del sujeto lírico. El poema apenas vela con la animización de la naturaleza el ansia sexual de la mirada contemplativa del sujeto poético que, a través del lenguaje, envuelve con su abrazo varonil e imperioso el cuerpo deseado del tú imaginario y lo penetra "como una daga". El juego narcisista del yo lírico sugiere placer en la contemplación de la escena, bajo la mortecina luz del atardecer. Así, organiza un juego de espejos entre los imperativos de su cuerpo deseante y la pulsión modernista por lo decadente, lo perecedero y lo crepuscular.

La literatura configura, en este pliegue finisecular que reúne el principio y el final del siglo XX, modernismo y posvanguardias, dos miradas. Una se conecta con la perspectiva anamórfica del poema de Perlongher, pues el ojo se pierde, se distorsiona, estalla y se enceguece en la fragmentación del cuerpo y el artificio textual; la otra, contemplativa, especular y activa, responde al punto de vista cartesiano del voyeur distanciado que configura en clave erótica la escena de una mujer bañándose en el mar al atardecer. En "Océanida" la relación entre el cuerpo masculino poderoso, sublime en su inmensidad, y el femenino vulnerable en su pequeñez habita un intervalo que vacila entre la violación y el consentimiento, justamente por el entrecruzamiento de poder y fragilidad que conlleva el cuadro descripto.

Modernismo y neobarroco, arte por el arte, decadentismo, y cita paródica-homenaje que enchastra el archivo cultural rubendariano y lugoniano para descuartizarlo: dos regímenes estéticos en tensión para figurar la experiencia erótica en sus claroscuros. En estas configuraciones, el cuerpo de la literatura se abre a los múltiples matices y las polémicas del régimen estético, hecho de lucha de fuerzas encontradas, y se vuelve intervalo contradictorio donde reina el multivalor y no la lógica aristotélica del tercero excluido. La paradoja traza el camino de la escritura[29], que de este modo desmiente la dicotomía discurso erótico/pornografías sancionadas por la crítica y la teoría.

Jacques Rancière (2009 y 2010) postula que la categoría cultural modernidad, encubre un régimen particular de las artes sin conceptualizarlo: el régimen estético. En este paradigma artístico, por primera vez las artes y la literatura se piensan a partir de una división de lo sensible que propone la igualdad y la tensión entre órdenes diferentes. De esta manera, no se configuran por su subordinación a una finalidad u origen, a una política que diferencia entre artes verdaderas y simulacros, u original y copia (Platón). Tampoco por una posición pragmática que diferencia en el ámbito de las artes las maneras de hacer (bien/mal) y las jerarquías de los géneros, temas y roles sociales (Aristóteles).

En el régimen estético, la diferencia entre artes no se da por las maneras de hacer (*poiesis*), sino por *las maneras de ser sensibles*. Este nuevo orden de distribución de lo perceptible está signado por la paradoja, el oxímoron, las tensiones y el disenso. Convierte el pensamiento en algo extraño a sí mismo por ello el saber se transforma en no sabido, el producto se iguala con el no producto, el logos deviene *pathos* y la intención

---

[29] Como alternativa compleja a la visión binaria de la realidad que conlleva la lógica aristotélica del tercero excluido, que no permite variaciones y múltiples posibilidades entre A y B, ha surgido la denominada "lógica difusa" o "borrosa". Esta es una teoría desarrollada por Lotfi Asker Zadeh en 1965 (Lameda 2018) que puso a consideración de la física y de las matemáticas la propuesta de una razón multivalente cuyos principios no son A o B sino A y B. Este modelo por su apertura y polivalencia sería una imagen más próxima a la realidad compleja y contradictoria que habitan los seres humanos. La lógica borrosa postula estructuras que están permanentemente en orden-desorden-autoorganización. Por esta razón, se las denomina sistemas caóticos: no están en equilibrio, sino en un desorden que contiene su propia organización. Así, cuando un factor extraño entra en ellos se modifican las condiciones iniciales en las que se encontraba pues se provoca un desequilibrio, un caos, que buscará autoorganizarse y generará una nueva configuración sistémica cuyo resultado es imprevisible e irreversible. Este elemento ajeno, que entra al sistema y lo desorganiza, recibe el nombre de atractor extraño y es el significante de lo imprevisto, lo aleatorio, la casualidad, el azar. Produce un proceso que hace que una serie de hechos conduzcan a otra serie de hechos y así sucesivamente, como si no existiera ni comienzo ni fin, sino un *continuum*. La lógica borrosa permite pensar el mundo como una red de interconexiones, en la que cada suceso aleatorio tiene efectos transformadores sobre todo el sistema. Lo que sucede a nivel micro repercute a nivel macro.

Literatura erótica, pornografía y paradoja

se vuelve no intencional tal como se manifiesta en los poemas de Lugones y Perlongher.

El polvo	Océanida
[…]	
"Ya no seré la última marica de tu vida", dice él	[…]
que dice ella, o dice ella, o él	Palpitando a los ritmos de tu seno
que hubiera dicho ella, o si él le hubiera dicho:	hinchóse en una ola el mar sereno;
"Seré tu último chongo" -y ese sábado	para hundirte en sus vértigos felinos
espeso como masacre de tulipanes, lácteo	
como la leche de él sobre la boca de ella, o de los senos	su voz te dijo una caricia vaga,
de ella sobre los vellos de su ano, o un dedo en la garganta	y al penetrar entre tus muslos finos
su concha multicolor hecha pedazos en donde vuelcan los carreros residuos	la onda se aguzó como una daga. (Lugones, 122)
de una penetración: la de los penes truncos, puntos, juncos,	
la de los penes juntos	
en su hondura -oh perdido acabar	
albur derrame el de ella, el de él, el de ellaél o élella	
con sus trepidaciones nauseabundas y su increíble gusto por la	
asquerosidad	
su coprofagia	
(Perlongher, 31)	

La literatura, en sus múltiples trayectos, da forma perceptible a una experiencia erótica que desnuda los cuerpos, plegando y desplegando esa desnudez a través de los juegos eróticos e indecidibles del lenguaje. Así, los expone o los vela en su carnalidad ante el ojo de quien lee por la mediación de una subjetividad poética especular y contemplativa o de un yo lírico cuya cercanía miope solo puede organizar una escena anamórfica que expone el artificio presente en toda figuración. En otras ocasiones es un narrador-voyeur fuera de cuadro o inmerso en la ficción y en primera persona que recupera la escena que ha vivido, a través del relato corporizado de esa experiencia. A estos mundos posibles creados por la palabra y sus regímenes escópicos articuladores de imágenes debe agregarse, como posibilidad indeterminable en sus efectos, una mirada de segundo grado la del lector, que pone su marca y transforma las escenas en otra cosa.

Éste último puede ser, desde el punto de vista empírico y singular, un pornógrafo activo que se excita por la lectura, un crítico que pone distancia y disfruta el arte de la ilusión narrativa o del tejido poético, un consumidor pudoroso que al mismo tiempo siente atracción y avergonzado rechazo ante *eso* que no se atreve a confesar de su deseo, o un censor que busca huellas de delito e indecencia en nombre de la moral social y está dispuesto a hacer valer prohibiciones y solicitar castigos. En este sentido, los *modos de leer* (*ars, tejnê*) solo revelan los usos e interpretaciones que habilita la indecidibilidad de la palabra literaria, que le da visibilidad a lo que *de hech*o es posible en sus configuraciones ficcionales o poéticas, sin por ello establecer un *deber ser* que legisle imponiendo una ley ejemplar o pretenda determinar conductas en la realidad de la cual también forma parte. La función social del espacio literario es justamente no tener ninguna "porque el arte se opone a la empiria en el momento de la forma" (Adorno, 2004, 14). Constituye una heterotopía, un espacio real pero separado de las ficciones de la realidad, siendo sin embargo parte de ella, en tanto existe.

Ercole Lissardi (2009 93-94) analiza la repercusión que tuvo una secuencia de *El último tango en París* (1972) de Bernardo Bertolucci, la denominada por la crítica "escena de la manteca". Se pregunta, al respecto, si la popularidad de ese momento del filme se debe al coito anal que allí tiene lugar ficcional y se responde que no, ya que por la angulación de la cámara esa relación sexual no se podía visualizar. Sostiene que la clave está en el uso de la manteca, no por su función de lubricante, sino por cómo se relaciona con la imaginación del espectador ya que le da un sostén material a lo que quedaba fuera de campo, el coito anal. La manteca funciona como un tercer ojo que permite observar-imaginar el ano y el pene invisibles, pero lubricados con ella. El artificio metonímico generaría, según el crítico uruguayo, el famoso *punctum* barthesiano y la imaginería pornográfica del lector, como en el caso del recurso usado por Onetti en *El infierno tan temido*, a través del cual se completa la imagen de las fotos elidida en el cuento.

    Lissardi señala (2009, 85-86) que el elemento central de este relato de Onetti son las fotos obscenas que Gracia le envía a su expareja, Risso. En ellas, se la ve teniendo sexo con amantes ocasionales. Pero el narrador nunca describe esas fotografías, utiliza la elipsis. Esa elipsis "obliga" al lector, según Lissardi, a imaginarlas concretamente, porque de otro modo el cuento no funcionaría, no sabríamos por qué Risso actúa como actúa. Una vez más, el escritor y crítico uruguayo establece una relación causa-efecto que no es tal porque con elipsis o sin elipsis el lector debe imaginar lo que lee, sin ese imaginario singular toda imagen se vuelve incomprensible. El lector recorta y asocia y ese proceso justamente define el acto de leer. De modo que se puede preferir un recurso (la elipsis) a otro, la descripción directa, pero eso no determina el efecto de recepción.

    La hipótesis de Lissardi adolece del mismo problema dicotómico que la de Barthes en *La cámara lúcida* (2009), según demuestra Rancière en "La imagen pensativa" (2010), pues no se pueden aislar en ninguna imagen (ni cinematográfica, ni fotográfica ni literaria) *studium* y *punctum*. Los sentidos de una escena incompleta o con elementos elididos se relacionan no solo con eso que "toca" (*punctum*) de la imagen al receptor, sino también con lo que se sabe o no sabe de ella (*studium*). Nadie puede completar el sentido de una escena o *frame* que no esté en su archivo cultural o enciclopedia y cuyos elementos no conoce de antemano.

    Sin entrar a dilucidar las implicaciones de esa escena de Bertolucci, en una coyuntura histórica en la que se había producido una apertura de la censura en materia de figuración de la sexualidad, se puede afirmar con certeza que lo que está fuera de campo es parte de lo no dicho del texto, de sus espacios en blanco y de los sentidos en suspenso que el lector (espectador) puede actualizar o no, según la función fantasmática que el juego significante tenga para él, en el caso de *El último tango en París* , "la manteca" o según sus conocimientos sobre el tema. Quien desconoce que función tiene la manteca no puede imaginar que alude a la penetración anal.

Por lo tanto, en las hipótesis sobre recepción y efectos de sentido de un texto no solo deben contemplarse las posibles fantasías del lector o del espectador, sino también la enciclopedia que constituye los saberes de ese consumidor y los condicionamientos culturales de cada época, sus imaginarios, sus placeres prohibidos o permitidos. No se puede pensar la *literatura erótica y sobre todo sus despliegues obscenos* sin el vínculo que se teje entre lo prohibido y la transgresión, pero también entre el saber y el no saber de quién lee. La literatura, de la misma manera que el erotismo, en el tejido de su escritura traspasa y al mismo tiempo conserva las fronteras de lo prohibido. En ella lo íntimo-erótico deviene necesariamente obsceno porque no puede pensarse sin la mirada cómplice y, al mismo tiempo, ajena de quien lee y de quien narra, describe o construye las imágenes de un texto o un filme.

De esta manera es importante deslindar el componente obsceno (*obscenus-obscaenum*) del texto erótico, de la obscenidad concebida como categoría moral (indecencia, falta de pudor) que la liga al efecto pornográfico (excitación-prohibición) y la descalificación con el nombre de pornografía que se pudiera producir en una determinada cultura o sociedad de un texto por ser obsceno. Existen, entre otros, dos ejemplos literarios de esto último: un cuento, "El informe de Brodie" (1974), de Jorge Luis Borges y la novela *Plop* (2002) de Rafael Pinedo. En ambos textos, el mundo posible en el que se configura la acción está regido por un tabú de carácter sexual que prohíbe mirar la boca cuando se come o exhibir lo que se hace con ella de manera pública. No acatar esta prohibición es cometer un acto obsceno y, por tanto, ser susceptible de punición. La boca se inviste allí de lo pornográfico por su relación con lo prohibido. La naturaleza de lo transgresor o lo tabú es una variable cultural, como se demuestra si se observa el porno japonés, en el que la figuración del vello púbico está interdicta aún en las formas más duras y extremas, al mismo tiempo que las fantasías de violación y pederastia son habituales en los *manga*s eróticos leídos masivamente por varones y mujeres durante el viaje en tren de regreso del trabajo (McNair, 335).

Las ficciones demuestras hasta qué punto la cultura delimita el campo de lo aceptado como visible en una sociedad y determina qué debe ser objeto de castigo o supresión. El problema es que cuando un modo de ser cultural se convierte en categoría clasificatoria literaria somete a la literatura a un orden ético particular, que se universaliza y limita su autonomía. La pornografía es fruto de un modo de concebir el mundo y depende de la existencia de prohibiciones, que pueden variar de una sociedad a otra, por eso a lo largo de la historia, como se ha señalado, ha ido configurando y reconfigurando su espacio en relación con lo que se considera erotismo. El avance de este último elemento del binomio por la liberalización de las costumbres ha provocado el retroceso o la especialización de la primera, que en materia de puniciones ha quedado reducida a la figuración de la pederastia, el abuso y la violación o se ha vuelto categoría de determinadas manifestaciones audiovisuales denominadas "porno".

X.
El ojo indiscreto y el efecto pornográfico: una puesta en abismo del voyeurismo como estrategia narrativa en *Fanny Hill* de John Cleland

> ¿Ha visto usted alguna vez mejor verga en su vida?", replicó abriéndose los pantalones y mostrando una polla tremenda que ya se presentaba en estado semierecto.
> Es mi única fortuna, señor; realmente me proporciona todo lo que quiero y a menudo me presenta a lo mejor de la sociedad, tanto a damas como a caballeros.
>
> *Jack Saul*

El efecto pornográfico que tuvo el regreso de lo reprimido por la sociedad y la cultura modernas, en el período que va del siglo XVI al XIX inclusive, a través de la literatura llamada lujuriosa, libertina o indecente en Europa debe pensarse también, además de en relación con los tabúes y prohibiciones sociales como se ha subrayado, en vínculo con el surgimiento del llamado "Museo secreto". La creación de esta institución museal y el uso del cultismo "pornografía" fue, según Walter Kendrcik (1987), la consecuencia del descubrimiento de las ciudades sepultadas por el Vesubio (Erculano, Pompeya y Stabia) en 1738, 1748 y 1749 respectivamente, bajo el reinado de Carlo VII, rey de Nápoles y de las Dos Sicilia.

Posteriormente el borbón Carlos III de España ordena substraer estos objetos de la mirada pública en salas especiales del Museo de Nápoles. Entre esas ruinas se hallaron imágenes, frescos, mosaicos y esculturas de cuerpos que daban forma en sus torsiones a diversas prácticas sexuales y en este sentido transgredían la topología visual de la cultura europea del Siglo XIX: un gladiador atacando con una sica su propio y enorme pene en forma de perro, un gran grupo de *tintinnabula* con numerosos falos, sátiros itifálicos, escenas de sexo en mosaicos y en frescos y otras piezas consideradas indecentes por la moral de la época. Esos materiales de la vida cotidiana encontrados en las ruinas arqueológicas implicaron la visibilización de lo que Ercole Lissardi llama el "erotismo fáunico" de la antigüedad (2013, 17-23).

En 1819 los objetos se hacen accesibles al gran público, pero en esa misma fecha y debido a la visita del futuro rey de las Dos Sicilias, Francisco I, quien recorre las diferentes salas del recién abierto Museo de Nápoles, vuelve a cerrarse. Al monarca lo afecta ver una inmensa multitud de objetos fálicos: lucernas, campanillas, esculturas de Príapo con su enorme pene erecto, esculturas y pinturas de ninfas, sátiros y hermafroditas representados en una infinidad de juegos eróticos, más o menos explícitos. El inopinado encuentro con el arte erótico clásico provocó el inmediato aislamiento de todas las piezas en una sala especial, dónde solamente las personas adultas, de moral reconocida, de género masculino y nobles pudieran entrar con una autorización especial. La colección pasó a llamarse "Gabinete de Objetos Reservados"[30]. En el diccionario, el término "pornografía" que se usó para clasificar los objetos de la cultura clásica considerados obscenos aparecerá en 1857 en el *Oxford English Dictionary* (Hunt) y en 1864 en el *Webster* para referirse a las pinturas eróticas de los muros de Pompeya (Arcand 1993; Hunt, 1999; Maingueneau, 2008; Preciado, 2012).

En la contemporaneidad, se realizó una muestra en el *Museo de Bellas Artes* de la ciudad de Rennes, Francia, que terminó el 31 de enero del año 2015 y se denominó *Le temps des libertinages*. Allí se exponían piezas de arte erótico, algunas de las cuales provenían del "Gabinete de curiosidades"[31] de un exparlamentario, Christophe-Paul de Robien (siglo XVIII)

---

[30] Los estudiosos de la historia de la pornografía coinciden en señalar que tras la Segunda Guerra Mundial la censura va perdiendo fuerza hasta su desaparición definitiva. En Nápoles todavía en 1971 era necesario obtener un permiso especial para poder visitar el Gabinete. A partir de 1972, se permite el libre acceso, aunque el *Gabinetto segreto* ha estado cerrado al público durante largas temporadas. Se argumentó con todo tipo de motivos y excusas para justificar esa nueva interdicción. Las mujeres recién pudieron en el siglo XXI, ya que con el comienzo del nuevo milenio fue reabierto al público general sin que ningún tipo de prohibición excepto que los menores de 14 años deben estar acompañados con un adulto.

[31] Los "gabinetes de curiosidades" eran protomuseos. Se llamaban también "cuartos de maravillas" y fueron espacios en los que los nobles y burgueses europeos de los siglos XVI, XVII y XVIII coleccionaban y exponían objetos artísticos y de uso cotidiano

y otras de museos nacionales como el *Louvre* y el de *Artes Decorativas*. Lo interesante es que muchos de los objetos, como una botella de cristal con forma de pene y una serie de porcelanas que escenificaban poses sexuales osadas, se exhibían dentro de vitrinas parcialmente tapadas por *passepartout* negro de modo que el visitante tenía que espiar los objetos a través de un recuadro pequeño. La decisión de mostrar de este modo las diferentes piezas pone al que mira en el lugar de un voyeur que espía eso que se considera reservado a pocos, clandestino o prohibido[32].

Foto de Alicia Montes, 2015.

La cuestión del voyeurismo se registra también en otros museos de arte erótico latinoamericano, como el *Larco* de Lima, Perú, en los que el visitante suele hacer una recepción pornográfica de los objetos de culto que allí se exhiben y que no tenían originalmente un uso erótico, sino que eran elementos rituales ligados al ciclo agrícola de fertilidad. En las cerámicas allí expuestas se evidencia el frenesí de las poses sexuales que, como en los rituales dionisiacos, emplean un principio de magia simpatética (lo semejante produce lo semejante) conectado con el ciclo de productividad de la tierra y el vital (nacimiento, plenitud, muerte, renacimiento). Por esta

---

provenientes de todos los rincones del mundo conocido. Muchos de ellos eran de carácter sexual: falos, esculturas con acoplamientos, desnudos, etc. La exhibición de esos objetos era privada. Las colecciones no necesariamente estaban clasificadas, eran más bien conjunto de objetos de arte o de uso extraños y exóticos (Ares, 2008: 47 –71)

[32] https://france3-regions.francetvinfo.fr/bretagne/2014/08/12/exposition-rennes-le-libertinage-ce-n-est-pas-ce-que-vous-croyez-531284.html

razón, no aparecen gestos de placer o goce en las figuras[33]. En general, todas las culturas agrícolas tienen en sus orígenes rituales de este tipo que se conciben como modos de fertilizar la tierra, de cuyos frutos depende la subsistencia de la comunidad. No es otro el origen de los rituales dionisíacos.

El vínculo entre mirada y erotismo, explícito en las exposiciones de los museos, reaparece en la novela de J. Cleland *Memorias de una mujer de placer*, que como se mencionó es una de las primeras novelas inglesas que con justicia pueden llamarse pornográficas desde el punto de vista etimológico de la palabra (del griego: *porné*: prostituta, *grafos*: escritura o imágenes). En efecto, *Fanny Hill*, como muchas publicaciones modernas de los siglos XVII y XVIII, pone el erotismo de los cuerpos en el centro de la narración y hace de eso el principal sustento de la trama, que tiene un marco que la presenta como relato epistolar. El objetivo de este encuadre es hacer verosímiles las confesiones íntimas de una joven, que en el pasado se vio obligada a ejercer la prostitución, aunque de manera gozosa, antes de establecerse económicamente y formar una familia con el primer hombre con el que tuvo relaciones sexuales. En su texto, abunda en detalles sobre las experiencias sexuales vividas, presenciadas o espiadas durante esa parte importante de su vida.

La lógica ficcional del relato en *Fanny Hill* le permite narrar lo prohibido por la censura de la época ya que el gesto confesional se refuerza con el uso de la primera persona a partir de la cual la narradora es al mismo tiempo que protagonista de los hechos, gozosa *mirona* de los encuentros sexuales de otros. La novela desarrolla un tópico que es característico de la tradición libertina francesa de los siglos XVII y XVIII registrada en la lista de libros condenados debido a su carácter licencioso y nocivo por la policía de París (Hunt, 1999, 373): el fisgoneo de las relaciones sexuales de una pareja, hetero u homosexual, por el agujero de la cerradura, la pared o el intersticio de un cortinado, etc. De esta manera, se justifica la lógica que vuelve público lo íntimo y se hace narrable lo que tiene carácter clandestino, prohibido o indecente. Se construye, así, un verosímil que permite transgredir el límite social y moral que existe en

---

[33] https://www.museolarco.org/exposicion/sala-erotica/

cada cultura entre lo que se puede describir y narrar y lo que es necesario ocultar a la mirada de los otros, evitando el eufemismo, la elipsis o la reticencia característica de muchos textos del victoriano siglo XIX que temían la censura y acataban los presupuestos morales de la época.

En el caso de *Memorias de una mujer de placer. Fanny Hill* de John Cleland, su narradora-protagonista dirige dos cartas (primera [1748] y segunda parte de la novela [1749], respectivamente) a una anónima destinataria. En ellas confiesa su experiencia como prostituta, como algo a lo que la llevó la vida, la carencia de medios económicos y su ingenuidad, pero al mismo tiempo subraya que el ejercicio de ese oficio no ha sido traumático para ella sino placentero. La mirada de Fanny excluye la crítica social y el relato de las condiciones de explotación capitalista que reproducían en este oficio, con lo que su perspectiva evita todo miserabilismo y se acerca a la visión de la prostitución que tienen hoy las tendencias regulacioncitas del ejercicio de ese oficio. En el caso de Fanny, se trata de "recordar esas escandalosas etapas de mi vida, de las que ya he salido, para disfrutar de todas las bendiciones que puede otorgar el amor, la salud y la fortuna" (2/262). De esta manera, por si quedaran dudas sobre el contenido explícito de sus historias, unas líneas más abajo, en la "Primera carta", advierte a su interlocutora "preparaos *para ver* [*seeing*] la parte libertina de mi vida con la misma libertad con que la llevé" ([Subrayo] 2/262).

El texto ubica a la anónima narrataria de la historia en posición de resorte de la narración y "voyeuse" imaginaria de las voluntarias confesiones de Fanny. Al mismo tiempo, en la cuestión de la mirada afloran las características de muchos de los relatos considerados *indecentes* y *lujuriosos* en los siglos XVI, XVII y XVIII: narrar lo que está prohibido socialmente y penado por la ley requiere de una serie de estrategias literarias cuya finalidad es justificar y naturalizar con una "ficción de inocencia" los detalles más íntimos de las escenas de sexualidad descriptas y el uso de palabras directas y sin remilgos, con las que se describen las pasiones y los movimientos de los cuerpos. Según Roberto Echavarren (2009, 31-51), en Inglaterra la indecencia y sobre todo el pecado de sodomía era castigado penalmente y con severidad. Los casos más resonantes sobre el tema prepararon la condena de Oscar Wilde en 1895 (33).

La justificación moral de Fanny para narrar escenas de sexo se refuerza por el hecho de que se trata de una *confesión* cuya finalidad es legitimar la vida pasada de la protagonista en tanto víctima de una situación inicial de desamparo, pues era una joven campesina pobre y sin experiencia. El dispositivo narrativo sirve para abrir un amplio y desprejuiciado muestrario de las prácticas sexuales de la época, construyendo un mapa de las posibilidades de los cuerpos para dar y recibir placer, pero también desnuda la hipocresía social que se escandaliza en lo público de lo que se hace en lo privado.

> La verdad cruda y desnuda es la palabra, y no me tomaré el trabajo de arrojar ni un velo de gasa sobre ella, sino que pintaré las situaciones tal como aparecieron naturalmente ante mí, sin cuidarme de infringir esas leyes de la decencia que nunca se aplicaron a unas intimidades tan candorosas como las nuestras, ya que vos tenéis demasiado entendimiento y demasiado conocimiento de los mismos originales para desdeñar remilgadamente a sus retratos. (2/162)

La novela presenta un momento clave que sirve como *puesta en abismo* de la maquinaria para narrar aquellos excesos de la carne que se guardan en la intimidad del secreto en los prostíbulos. La escena referida se cuenta en la "Segunda carta", pero no es la única ya que este es un recurso que se repite cada vez que las relaciones sexuales no tienen a la narradora como personaje. En la situación mencionada, Fanny espía desde un gabinete en la casa de la Señora Brown, oculta tras el cortinado que cubre la puerta de cristal que separa las dos habitaciones, el encuentro íntimo entre una Abadesa y un joven y apuesto oficial de caballería.

Esta situación en la que alguien observa sin ser visto las relaciones sexuales de una pareja que cree estar en una situación de intimidad, evoca lo que Freud denomina *escena primaria*[34]. Sin embargo, a esta situación de

---

[34] Freud habla en sus trabajos, desde un principio, de escenas originarias y se refiere al coito parental, a la escena de castración y a la escena de seducción, que son observadas por el niño con angustia. El coito parental es visto por el infante como una violencia

voyeurismo que se describe en la novela se suma otra mirada de segundo grado, la de la narrataria a quien se dirige la carta, pues como se señaló Fanny le dice "preparaos para ver". Se constituye así un relato cuya estructura de encastres, o de cajas chinas, habilita la multiplicación de los efectos de sentido en relación placer sexual. Fanny mira al oficial y a la Abadesa, esto tiene un *efecto pornográfico* sobre ella: se excita, se toca en busca de autoerotismo y finalmente termina teniendo una experiencia sexual lésbica con una compañera, que se erotiza al ver a Fanny tocándose.

Por su parte, la protagonista, que observa sin ser vista, dirige la descripción de lo que sucede en el cuarto contiguo a la destinataria de su carta a quien narra su propia excitación. La narrataria, así, se transforma en *mirona* no solo de las relaciones que espía Fanny sino también de lo que hace Fanny y su compañera en el otro cuarto por efecto de lo que sucede en el primero. De este modo, lo íntimo se vuelve doblemente público (22-23-24/262). Se establece, así, una relación especular entre las miradas de los personajes y el lector ficcional (narratario) al que se dirige la carta. La mirada de Fanny describe primero lo que sucede entre la abadesa y su joven amante, luego describe los efectos excitantes de esa escena en su propio cuerpo e inmediatamente cuenta una experiencia de lesbianismo con una compañera de oficio que la ve masturbándose y, por eso, se excita y comienza a tocarla. El episodio descripto vuelve posible observar, además, de qué manera la escritura amplía el campo del placer, pues en una sola secuencia se describen tres tipos de prácticas sexuales: masturbación, coito heterosexual y sexo lésbico.

Ahora bien, la escena de fisgoneo sexual de Fanny, respecto de los amantes del cuarto vecino, establece un triángulo en el cual quien mira se ubica en una posición de poder que le permite dar sentido a la escena, controlar el modo en que se percibe la disposición de esos cuerpos y los despliegues carnales que en su excitación creciente ponen en práctica. De

---

ejercida por el padre sobre la madre, la de castración como una amenaza, y la de seducción como algo que la madre con sus cuidados ejerce sobre el cuerpo del niño. Esto no significa que el coito parental haya sido necesariamente visto, también puede ser imaginado.

manera simultánea, mirar produce efectos de excitación en Fanny. La contemplación deviene primero práctica autoerótica voyeurista y enseguida sexo lésbico con una compañera, en una suerte de sucesión acumulativa de reacciones.

A pesar de esta locuacidad descriptiva, el texto es mudo respecto a lo que le ocurre a la destinataria de la carta (lector ideal) con el relato de esas escenas que Fanny pone ante sus ojos. La recepción queda como enigma. El texto no cuenta si estás imágenes encadenadas generan una cuarta escena erótica en quien lee la carta y esto es central para la hipótesis de este ensayo: los efectos de la lectura quedan en suspenso, como espacio de no dicho, en blanco, en la que se considera la primera novela pornográfica inglesa

De esta manera, la lectora de la carta funciona en el texto como metáfora del lector empírico posible consumidor de la sucesión de cuadros eróticos. No hay posibilidad alguna de conocer sus reacciones pues existe solo en tanto Fanny narra para ella. Esta situación hace evidente que no puede anticiparse el tipo de recepción que tendrá un relato, pues sus efectos quedan suspendidos en el entramado mismo de la escritura: ¿la destinataria de la carta se conmueve, compadece y horroriza respecto de lo vivido por la joven o se excita sexualmente y luego se masturba?

El texto no dice nada acerca de sus posibles efectos en el lector ficcional que formula su marco. Una cosa es espiar a alguien teniendo sexo, aunque tampoco caben allí determinaciones ciertas, y otra leer un discurso que da forma a imágenes de cuerpos excitados copulando. La lectura es idiosincrática y solo la redundancia más extrema, la hipotética saturación de signos para fijar un único sentido[35], abre la posibilidad de anular el carácter de significante flotante de una imagen, como se percibe en la novela de Alan Pauls *El pudor del pornógrafo* (2004) durante la escena final. Por su

---

[35] La vida cotidiana nos da un ejemplo de la imposible fijación del sentido, aún en los textos más obvios y redundantes porque siempre cabe el malentendido o la sobreinterpretación. Es mediodía, hora de almorzar, un electricista, que está terminando un arreglo, le dice a su ayudante "Por favor, salí un momento y compra algunos triples". El ayudante vuelve al rato con seis sándwiches de miga "triples". Tenía hambre. No era eso lo que le pedía su jefe sino que comprara ese tipo de dispositivo para conectar varios enchufes que se llama "triple". El contexto y las fantasías personales, entre otras cosas, son parte de toda interpretación de un discurso o un texto.

parte, la escritura *no sabe* de antemano sus efectos y la prueba es que no hay marcas de ello en el lenguaje de la novela.

Por lo tanto, la excitación tan mentada por la crítica como efecto buscado a través de la pornografía es asunto de creencia o de hipótesis de lectura, no de certeza. El hecho de que Fanny mire a los amantes y se excite no habilita determinar que lo mismo ocurrirá con el lector singular que lea el texto, porque en la misma estrategia de la novela la reacción del lector modelo (el narratario ficcional, la destinataria de la carta) no está prevista de antemano y queda como espacio en blanco o fuera de campo. La literatura habilita un juego paradójico de significaciones abiertas a la interpretación, que siempre serán parte de un malentendido. Muestra como en el caso de la manteca del filme de Bernardo Bertolucci *El último tango en París* a la que alude Lissardi (2013), que lo que no sabe (el uso de la manteca en este caso) no se puede postular más que como hipótesis de lectura, queda fuera de campo, silenciado, tanto en el filme como en el texto.

El hecho de que la recepción de *Fanny Hill* haya sido problemática es un ejemplo más de cómo lo pornográfico es un rótulo que colocaba el censor o el lector singular de acuerdo con su imaginario moralista o fetichista. Se conecta además con las prohibiciones sociales que funcionan en cada época. En el Siglo XVIII, *Fanny Hill* fue una novela muy leída, aunque circuló de modo clandestino y sin lugar en la biblioteca familiar. Los trabajos críticos sobre esta obra certifican que fue rechazada, censurada y estuvo prohibida en Inglaterra hasta 1970, pues se la consideró pornográfica, pero también esto mismo sucedió en Estados Unidos hasta los años '60 con *El guardián en el centeno* (1951) de J. D. Salinger, cuya traducción al español en Alianza Editorial fue expurgada de palabras consideradas indecentes durante el franquismo en España, y no por ello se piensa hoy que se trata de literatura porno, incluso esta última novela se lee en muchos colegios secundarios argentinos en los cursos de inglés. La censura y las prohibiciones hablan de los prejuicios y creencias de una época acerca de la perversión o lo indecente, del campo de sus tabúes, pero no del entramado de la escritura.

La categoría "pornografía", que a través de la historia ha ido mutando en su relación con lo erótico y viendo disminuido su espacio como calificativo de prácticas sexuales, solo puede funcionar respecto de la novela como efecto de recepción singular o epocal, no como clasificación de su género o de su discurso. De hecho, *Fanny Hill*, en su momento, fue mucho más vendida y leída que *Mme. Bovary* de Gustave Flaubert (1851-1852), pero al igual que esta sufrió la condena y la censura. Hoy, desde una perspectiva posporno, el escritor y crítico uruguayo Roberto Echavarren (2009 31-51) la considera una novela revolucionaria porque amplió las posibles figuraciones de la sexualidad. En el mismo sentido, revaloriza la novela homoerótica *Pecados de las ciudades de planicie* (1881) de Jack Saul que pone como narrador, por primera vez, a un prostituto.

En definitiva, la escena de alcoba y de voyeurismo narrados en la novela de John Cleland, *Fanny Hill*, parece ser la materialización más clara de aquello que una parte de la crítica definirá como *literatura pornográfica*, al señalar que su finalidad más directa es excitar al lector, incluso llevarlo al orgasmo. Sin embargo, la llamada "pornografía", que es en realidad una de las modalidades de la literatura erótica ha hecho uso de la transgresión (narrar con lenguaje directo y audaz escenas íntimas en las que las prácticas sexuales y la materialidad carnal de los cuerpos ocupan un lugar central) ya sea para ampliar los límites de la sexualidad permitiendo conocer nuevas formas de placer; creando un espacio de visibilidad para aquellos deseos que la sociedad censuraba públicamente, pero practicaba en la intimidad (coito heterosexual, sodomía, tribadismo, homosexualidad, experiencia sadomasoquista), o poniendo en práctica una política de escritura que desafiaba los mandatos del poder político y de la Iglesia sobre la visibilidad de los cuerpos.

La obra del marqués de Sade y toda la literatura libertina francesa constituyen los ejemplos más claros de esta función transgresora y crítica, que hoy emerge de manera frecuente en la literatura travesti y homoerótica. En muchos de sus textos, la sexualidad es figurada de manera excesiva y desfachatada. Ejemplo de esta tendencia son los relatos de Naty Menstrual *Batido de trolo* (2012) o *Continuadísimo* (2008) y la novela de Pablo Pérez *El mendigo chupapija* (2005), entre otras narraciones contemporáneas argentinas que hacen perceptible deseos y cuerpos anómalos con una estética *trash*.

XI.
Dar forma sensible a las prácticas sexuales: locuacidad y silencio

> Y hasta qué punto esto no pasa de un mero juego
> de palabras soeces
> vocabularios de alcauciles en la cucheta de la
> nupcia
>
> *Néstor Perlongher*

Sin duda alguna es George Bataille (2006) quien ha sentados las bases indiscutibles de la concepción que hoy se tiene del erotismo como experiencia que disuelve la diferencia entre vida y muerte, al implicar el desasimiento de sí del sujeto individual, que en una experiencia del derroche (*dépense*) se entrega a lo continuo, es decir, al uno impersonal e indiferenciado. El pensador francés construye un relato teórico de la experiencia erótica que implica en su punto extremo la fusión con lo otro sagrado, pero también la voluptuosidad de los cuerpos y el erotismo más duradero y menos egoísta que denomina "erotismo de los corazones". En su obra, busca una visión de conjunto sobre la imagen que lo obsesionó en su adolescencia, un Dios no institucionalizado, incluso como expresión de lo sagrado siniestro. Por ello, en su mirada sobre el erotismo emerge la nostalgia por la unidad perdida que se materializa en los cuerpos de los amantes a través de una fantasía anterior al estadio del espejo, en el que todavía no existe la separación sujeto/objeto. Su finalidad con la experiencia erótica es retomar el camino de la vivencia de lo sagrado y del erotismo unidos, a pesar de ciertos elementos heterogéneos que los constituyen. Lo erótico, al igual que la experiencia interior religiosa[36], tiene que ver con la ruptura del ser cerrado, la fusión del principio pasivo (lo disuelto,

---

[36] Cabe subrayar que G. Bataille no piensa lo religioso como religión institucionalizada, sino más bien como una experiencia de lo sagrado atea, que incluso puede ser siniestra y oscura, muy próxima a la mística, pero sin Dios. A pesar de ello, hay un imaginario cristiano que sostiene algunas de sus concepciones de lo erótico.

lo femenino) con lo que disuelve (lo activo, lo masculino). En este sentido su planteo es heteronormativo ya que propone una distribución de lo visible en él el cuerpo femenino está marcado por la pasividad, a pesar de la disolución del yo que propone. Para comprender esta idea de sujeto de la que parte es necesario contextualizar su pensamiento en una vertiente antihumanista moderna, todavía heteronormativa y marcada por los binarismos del cristianismo.

Bataille considera la desnudez y la obscenidad componentes centrales del erotismo de los cuerpos: la visión de la carne palpitante y sus elementos abyectos, tal como sucede en el sacrificio ritual. La experiencia sexual contemplada desde esta perspectiva supone una erosión de la individualidad, una ruptura del carácter discontinuo de la existencia, en tanto se convierte en desfallecimiento y disolución del Ego (*petite morte*). Por este motivo, la violencia es un componente inevitable de la experiencia erótica. La desnudez sacrificial a la que se entregan los cuerpos implica siempre una violación, una transgresión de la frontera entre la vida y la muerte. Ahora bien, en este sentido, no puede confundirse la vivencia de esta experiencia con el relato que procura dar cuenta de ella. Por ello, la literatura erótica intenta narrar eso que se resiste a la completa simbolización, porque la desborda, con una forma estética que dé cabida a las contradicciones, el balbuceo y el silencio, pero también al exceso de palabras y las imágenes crudas y directas.

La literatura y el arte eróticos como intervalo entre dos estéticas extremas: de Klimt a Courbet, de Darío y Lugones a Perlongher y Lemebel

Un ejemplo en las artes visuales de la operación estética de velamiento que tanto puede verse como producto de una *poiesis* artística centrada en el desplazamiento y la sustitución como efecto de la censura institucional, es la pintura *El beso* (1908) de Gustav Klimt, perteneciente al período dorado. En la imagen, se figuran un hombre y una mujer, dos amantes, fundidos en un intenso abrazo y envueltos en sendos mantos que se diferencian por su diseño, pero entre los que se pierden los límites de uno y otro. Ambas figuras están arrodilladas sobre una pradera de flores silvestres, un *locus amoenus* que los pone en contacto con la naturaleza y el ciclo de la vida. La mujer tiene los ojos cerrados en señal de arrobamiento y se deja ver su hombro desnudo. El hombre, del que se puede observar la nuca, el cuello y las manos, la besa. La fusión de los cuerpos está sugerida metonímicamente por los mantos que los cubren casi por completo. Justamente ese escamoteo de la desnudez la pone en primer plano (brilla por su ausencia) debido a que establece una sinécdoque corporal que refiere al todo a través de las partes.

La reticencia de la imagen acentúa el erotismo de la escena y su carácter íntimo, secreto, sin por ello disminuir la intensidad de las fantasías que pudiera habilitar en quien contempla la pintura. Antes de pintar *El Beso*, Gustav Klimt había recibido fuertes críticas por las pinturas realizadas en el techo de la Universidad de Viena. Los comentarios negativos acusaban a su obra anterior de ser pornográfica y pervertida, esto puede explicar las elipsis de los cuerpos en esta pintura, más adecuada al ideal estético académico y al imperativo de la decencia característico de la época.

El estilo *Art Nouveau* de la pintura de Klimt tuvo auge en la denominada modernidad estética finisecular, que en el caso de Latinoamérica coincide con la literatura modernista de escritores como Rubén Darío y Leopoldo Lugones, entre otros. Estos autores convirtieron el erotismo en una escena artística, reticente y sagrada. En sus poemas, predomina una mirada contemplativa, muchas veces narcisista, que proyecta las fantasías o el imaginario del sujeto lírico en la escritura. Lo erótico se convierte en el lugar de la recuperación de la dimensión religiosa, de la relación con la experiencia de lo otro, pero de manera inversa a como ocurría en el misticismo de los siglos XVI y XVII, donde la metáfora del amor profano, de la fusión entre la Amada y el Amado, era alegoría de la experiencia inenarrable del encuentro con Dios, en autores como San Juan de la Cruz o Santa Teresa. En la poesía modernista, la pérdida del mundo, de su soporte metafísico después de la muerte de Dios, la experiencia de una realidad alienada, desacralizada y el rechazo de una cotidianeidad donde prima el egoísmo, el materialismo, la racionalidad de los fines burguesa y el triunfo del *animal laborans*, se pretende obliterar mediante la creación de un cosmos estético donde pueda volver a surgir lo sagrado, pero bajo la forma del ritual erótico (Gutiérrez Girardot, 1988, 82-83).

Así, en los tercetos finales del poema de Darío, "Ite, missa est" (2005, 473)[37], el rito de la misa de la primera parte es reemplazado por la fuerza pánica de lo dionisíaco, con lo cual el cuerpo amado se transforma primero en víctima sacrificial de una experiencia saturada de sexualidad, para luego pasar del anonadamiento del ceremonial del sacrificio, "apagaré la llama de la vestal intacta", al trance característico de la orgía, "la faunesa antigua me rugirá de amor". En Darío, se evidencia de modo pleno hasta qué punto el encendido erotismo que irrumpe en la escritura, como espacio que se opone al mundo del trabajo, como derroche pero también como instancia consoladora e imaginaria donde prima la gratuidad que se opone a la razón burguesa utilitaria y pragmática, no puede sino manifestarse enmascarado a través de alusiones culturales, citas intertextuales, metáforas, desplazamientos, paradojas y, siempre, cercado por la idea de lo fugaz, lo transitorio, lo decadente.

Por su parte, en el conjunto de poemas de *Los crepúsculos del jardín* (1905) de Leopoldo Lugones, el espacio de la naturaleza (privado, secreto, separado) aparece como el escenario de lo voluptuoso, lo erótico, la laxitud, el deleite y el disfrute de todo aquello que implica decadencia y cierta morbosidad silente en la que se borran los límites entre vida y muerte. El erotismo de los cuerpos y de los corazones (Bataille, 2005, 20 y ss.) es experiencia suprema de lo sagrado en cuanto sustituye el aislamiento del ser individual por un sentido de continuidad donde se busca restituir la unidad perdida. Sin embargo, esta búsqueda de la continuidad desde lo discontinuo está marcada por la violencia en tanto que supone alcanzar el ser en lo más íntimo del desfallecimiento. En esa experiencia límite *(la petite morte)*, lo erótico aparece entonces como una vivencia que atrae *(fascinans)* y atemoriza *(tremens)*, tal como sucede con la experiencia de lo sagrado (Otto, 1966).

---

[37] "Y he de besarla un día con rojo beso ardiente;/apoyada en mi brazo como convaleciente/me mirará asombrada con íntimo pavor;//la enamorada esfinge quedará estupefacta;/apagaré la llama de la vestal intacta ¡y la faunesa antigua me rugirá de amor!"

La segunda polaridad entre la que se articula el espacio literario multivalente del erotismo, como se señaló anteriormente, pone el acento en la configuración de un cuerpo deseante fragmentado y, sobre todo, en su materialidad carnal y en los estremecimientos que se producen durante las relaciones sexuales, sin ningún tipo de veladura u ocultamiento, aunque sí sometida a una estética abundante en figuras que exasperan, distorsionan y "enchastran" la imaginería sugerente de la sexualidad modernista con un misticismo sacrílego que se expresa como marca lacerante sobre un cuerpo desorganizado.

La operación escrituraria del neobarroco en Néstor Perlongher, así, recupera el discurso modernista, lo rescata del kitsch en el que cierta poesía epigonal lo había cristalizado y, recogiendo las enseñanzas experimentales de Oliverio Girondo, lo transmuta en vital palabra-cuerpo que se contamina y se mezcla con desechos, viscosidades y excrecencias a través de una suerte de poética del enchastre (Montes, 2008, 23). Por ello, los mecanismos de alusión cultural, sugerencia, insinuación y represión propios de la lírica modernista en su abordaje de lo erótico, se alteran para dar lugar a la configuración de una escritura que, como expresa en *Hule*, "en esa lengua sacudida por los temblores de la hiena, ríe, su resolana el ruiseñor, ruidos, en el enroque de las encías destrozadas" (2003,158).

Las figuras predominantes en el discurso poético neobarroco de Perlongher son la hipérbole, la metonimia, la sinécdoque y el uso de un lenguaje-fetiche marcado culturalmente por el signo erótico, directo y crudo. Nada se sugiere, todo se nombra del modo más abyecto posible, centrándose muchas veces en el detalle escabroso que escandaliza las buenas conciencias. Así, en "Mme. S." (2003,26) se produce una operación metafórica de zapa que borra las fronteras del género sexual, los estereotipos vinculares, sus imaginarios sagrados, y toda diferenciación que implique la consagración de las jerarquías. Hombre/mujer, hijo/madre, erotismo de los corazones/erotismo de los cuerpos caen como categorías organizadas binariamente. La experiencia sacralizada del amor se profana de un modo violento a través de la parodia y del exceso neobarroco para resacralizarla, pero en la clave estética posvanguardista del *Pop* que dictamina que todo es arte. El yo lírico acumula imágenes en las que la sordidez y el derroche contaminan todos los órdenes del deseo en su fluir caótico y descentrado, a la manera de las visiones oníricas y antihumanistas del surrealismo.

La escena poética, en "Mme. S" (2003, 91) resulta un aquelarre que mezcla "pencas y gladiolos", "oseznos acaramelados", "plumero de plumas", "muletillas de madre parapléxica", "bombachotes de esmirna", "ajorca de sangre", "sangre púbica", "bolas como frutas de un elixir enhiesto y denodado", "pendorchos de un glacé" y "cavernas del orto" (91). No hay en este discurso erótico y erotizado, que supone una suerte de ascesis por la abyección en su búsqueda de la unidad perdida, la contención estetizante del arte por el arte, característica del decadentismo modernista. La estética neobarroca desarma las categorías alto/bajo del arte moderno y recicla los materiales del archivo cultural en un juego de parodia-homenaje ambivalente.

Lo nuevo desaparece como categoría artística y la operación posvanguardista de reelaboración del pasado (el barroco áureo del imperio español y la Contrarreforma, la tradición del arte por el arte modernista, el experimentalismo vanguardista) se lleva a cabo con los procedimientos de la vanguardia histórica, pero con un uso que contradice el intento de abolir la institución arte, ya que para las neovanguardias todo es arte[38]. Con el mismo gesto escriturario se pone en crisis la idea de tiempo progresivo, se disuelve la idea de sujeto individual y se exalta la materialidad corporal, en sus elementos más abyectos y obscenos. La escritura da así

---

[38] La crítica cultural suele señalar que muchos de los procedimientos de reciclaje posvanguardistas pueden leerse como síntomas del capitalismo tardío ya que revelan el predominio de gusto neobarroco de nuestro tiempo por la conexión de lo heterogéneo, el nomadismo, las redes, la polidimensionalidad, el descentramiento, la dispersión, lo laberíntico, lo ambiguo y las estéticas en las que prima la repetición anómala, el fragmento, el detalle, la inestabilidad, la metamorfosis, la complejidad, la distorsión, el exceso y la perversión. Sin embargo, también puede observarse una dimensión crítica e irónica en el gesto de desparpajo, divertido y hedonista del que se apropiaron las posvanguardias ya que sus procedimientos implican el quiebre de las convenciones del buen gusto o del valor consagrado, el reciclaje de la tradición, y el uso de los recursos de la industria cultural junto con el empleo de materiales de la cultura popular. En las producciones artísticas y literarias posteriores a los años 60, sobre todo entre los años '80 y '90, puede verse una crítica a la tendencia hacia una cultura de imágenes y rostridad, que pensaba a la subjetividad como centrada, y a la ideología moderna que cree en el yo, y pone la subjetividad como centro de la significación (Montes, 2013).

forma sensible a disolución dionisíaca que implica toda experiencia erótica (2003, 27).

Una crónica de Pedro Lemebel, "Anacondas en el parque" (1995), que participa también del enchastre neobarroco, ilumina la fragmentación de los cuerpos deseantes y las prácticas sexuales heterodoxas, que hallan amparo en las zonas marginales de los parques, en la ciudad de Santiago de Chile. La errancia de la draga homosexual como un modo de sumergirse en lo cotidiano reglado, disciplinado y castrado a través de una experiencia sensorial que desbarata el orden policial panóptico y su "poda el deseo ciudadano" inserta en el espacio de lo público-permitido, la heterosexualidad y la hipocresía de la moral pequeñoburguesa, un enclave marginal y secreto en el que la pansexualidad convierte los cuerpos en nudos eróticos de "anacondas perdidas". La escritura se convierte, en este sentido, en un dispositivo que hace visibles las formas de una sexualidad plural y prohibida, por su carácter indisciplinado, que explora y narra todas las formas posibles de conexión entre la materialidad corporal y deseo, en el contexto de la ciudad-panóptico del neoliberalismo chileno.

En el entramado textual se tensionan dos órdenes estéticos que distribuyen los cuerpos en función del binarismo ley/transgresión. Del lado de la luz y de los senderos destinados por el urbanismo a transitar el parque, los cuerpos dóciles y el deseo ciudadano castrado, que reproduce el control del poder en el césped cortado a ras y en la encegueccedora luz de las lámparas alógenas. En la marginalidad, ocultos en la oscuridad de la noche y en la franja ambigua que marca el límite de la iluminación impiadosa y homogénea, los cuerpos excesivos y animalizados, atravesados por el deseo y en una reversibilidad que no permite diferenciar individualidades.

El lenguaje neobarroco de Pedro Lemebel estetiza las torsiones en las que se materializa el placer y el goce de la carne trémula y ansiosa. Convierte las prácticas sexuales en un rito animal signado por el desorden, la fragmentación y el apremio. El ojo voyeur del cronista se derrite en la contemplación gozosa de ese ritual y contamina la lectura con un jadeo que trocea la carne, recorta segmentos y los rearticula como temblor inorgánico e impersonal donde se borra la diferencia entre la mirada y lo mirado. El encuentro corporal se configura como un programa, una agencia que erosiona la idea de sistema cerrado e interviene la norma, hiriendo lo cerrado de la materialidad carnal y decretando la obsolescencia de lo individual. Como por efecto de una lanzadera enloquecida, la carne y el lenguaje se ondulan en un vaivén que teje y desteje las momentáneas territorializaciones del entramado corporal y textual, que se vuelve continuo e inextricable.

> Masturbaciones colectivas reciclan en maniobras desesperadas los juegos de infancia; el tobogán, el columpio, el balancín, la escondida apenumbrada en cofradías de hombres que con el timón enhiesto, se aglutinan por la sumatoria de sus cartílagos. Así pene a mano, mano a mano, y pene ajeno forman una rueda que colectiviza el gesto negado en un carrusel de manoseos, en un 'corre que te pillo' de toqueteo y agarrón. Una danza tribal donde cada quien engancha su carro en el expreso de la medianoche, enrielando la cuncuna que toma su forma en el penetrar y ser penetrado bajo el follaje turbio de los acacios (Lemebel, 1995: 12-13).

En el otro extremo figural, con una estética más próxima a la del realismo de mediados del siglo XIX, una distribución de lo perceptible excesiva e impúdica, en la que la materialidad carnal sin tapujos ni velos se ofrece a la mirada, se puede observar en *El origen del mundo* (1866) de Gustave Courbet. En esta pintura, la imagen del cuerpo femenino, que se aparta de todas las convenciones del desnudo académico, no muestra el rostro de la mujer ni sus miembros superiores e inferiores que quedan fuera de marco, pero dispone en primer plano, a modo de recorte, aquello que la pintura tradicional escamoteaba o difuminaba, la genitalidad femenina con el detalle de la vellosidad del monte de venus y la vulva.

Las ropas aparecen enrolladas sobre los pechos, dejando expuesto uno de ellos, el derecho y su pezón. La actitud corporal es de laxitud y entrega. No hay pudor que desvíe la mirada, ni metáfora visual que sustituya lo que se muestra con precisión anatómica. La perspectiva anamórfica coloca el punto de fuga en esa parte del cuerpo que el lenguaje oral denomina "concha" o "coño", y cuya descripción en la novela *El libro de Manuel* de Julio Cortázar, fuera objeto de escándalo en pleno siglo XX o motivara a usar seudónimo a Luis Aragón en *El coño de Irene*, en pleno surrealismo.

La operación de recorte de Courbert es una sinécdoque que desorganiza el cuerpo y lo configura a partir de aquello que se conecta con el origen de la vida, su parte inferior, considerada durante siglos símbolo de lo sucio, lo pecaminoso, lo instintivo y material. Esta mirada negativa sobre la parte inferior del cuerpo femenino valoraba por contraposición la parte superior del cuerpo femenino, ligada a lo espiritual y lo nutricio. El gesto transgresor de Courbert será emulado más tarde por Henry Miller en *Trópico de Cáncer*, novela en la que, como señala Ercole Lissardi, "antes de llegar a la página 50 el libro ya se había despachado con tres 'retratos' de coños que nunca se habían conocido en literatura" (82).

Esta estética extrema, más explícita y provocativa, para presentar el cuerpo erótico heredera de la obra moderna de Aretino, es impensable sin la presencia de un contemplador que, en función de voyeur implicado o distanciado, pinte, narre y/o describa la escena, o de un yo protagónico en primera persona que relate *ex post facto* la vivencia de la sexualidad para volverla trasmisible. Por ello, la literatura erótica se juega en el entrelugar que va desde pudor reticente a la obscenidad verborrágica, cuando alude o coloca bajo la luz cenital de la escritura la carne y sus temblores, a través de imágenes que no solo se vuelven visuales, sino que también "tocan" y "afectan al lector" de diversas maneras y según sus imaginarios personales, en cruce con la cultura y las instituciones de poder que lo han configurado como sujeto. Se constituye así un espacio plural, complejo y atravesado por combinaciones paradójicas, que polemiza con el carácter simplificador y monológico de la teoría que vincula en términos generales, universales y ontológicos espectáculo, mirada y cuerpo con disciplinamiento y normalización pornográfica.

Un ejemplo de esta última visión sesgada y simplificadora lo brinda el artículo "Órganos sin cuerpo", Pascal Bruckner y Alain Finkielkraut (1998, 66-68). El trabajo señala la existencia de dos regímenes de sexualidad que dicen lo mismo, aunque de diversa manera, homologando orgasmo y genitalidad, experiencia erótica y pornografía. La primera de las formas estaría marcada por unas prácticas sexuales que se compadecen con una sexualidad mayoritaria, disciplinada y reproductora de los hábitos y condiciones que organizan la experiencia erótica de los clientes-espectadores del cine porno. La segunda forma espectacularizaría de modo extremo el poder de lo genital, mostrando la movilización del deseo como centrada en una determinada parte del cuerpo y trazando de este modo el itinerario canónico de la voluptuosidad.

En este recorrido, las caricias son siempre el preámbulo del coito y el *zoom* anatómico produce un efecto hiperrealista que perturba toda posibilidad de seducción porque no hay nada que reponer ni añadir, todo está al alcance de la mirada y con lente de aumento. Sin embargo, este tipo de postulaciones, que se repiten en mayor o menor grado en otros análisis de la pornografía, parten de dos premisas unilaterales que se retroalimentan. La primera despoja a las imágenes de su potencial complejo y ambivalente y de las mediaciones de las que son depositarias ya que no pueden pensarse sino como producto de modos convencionales de mirar y de figurar; la segunda supone una recepción predeterminada excluyendo toda mediación entre lo que se mira, lo que se ve en lo que se mira, quien mira y su enciclopedia cultural.

Desde esta perspectiva simplificadora, el mapa del cuerpo sexualizado solo puede conducir a una sexualidad de sentido unario y vulgar, despojada de toda fantasía. Sin embargo, los abundantes materiales porno cis y transexual que se pueden observar en Internet[39] desmienten esta mirada simplificadora, hija de un paradigma de lectura que mira las producciones a través del binarismo alto/bajo. Aún en la redundancia de las imágenes pornográficas hay espacio para la disonancia, tal como se demostró en el análisis del video porno que escenifica una orgía sexual entre mujeres blancas y hombre negros (Cap. II).

---

[39] https://es.pornhub.com/view_video.php?viewkey=ph5bf49b2952030

Literatura erótica, pornografía y paradoja

Estética trash y sadomasoquismo: El mendigo chupapija de Pablo Pérez

La literatura, en la complejidad de sus pliegues, desmiente también tal simplificación pues implica un plus en suspenso que excede los sentidos que pudiera atribuirle cualquier lectura singular o especializada. Así, por ejemplo, en la novela "trash", *El mendigo chupapija* de Pablo Pérez se narra la historia descentrada y excesiva de la búsqueda del amor "ideal" y la felicidad a través del dolor y la abyección (Montes, 2017). Para ello, se entretejen en la trama textual la gramática de lo erótico cursi, las imágenes fragmentarias del porno audiovisual, la violencia física del sadomasoquismo y el sexo *leather*, para dar cuenta de los devaneos, las sensaciones, las pulsiones contradictorias y la experiencia de sufrimiento y placer de un cuerpo inseguro que se configura como un narciso solitario "en medio de esta jungla doméstica" de la que se eleva "delicadamente mirando hacia abajo, tímido del mundo" (Pérez, 2005, 15).

El simulacro de tortura característico de las prácticas SM materializa, en el relato, un contrato consentido por ambas partes (Master/Slave), en el que los juegos de poder ritualizados y la reversibilidad de los roles sirven para crear experiencias extremas y nuevas de placer que extienden el erotismo a la totalidad de la materialidad corporal y no sólo a determinadas zonas de la genitalidad (Foucault, 2008). El cuerpo se figura a través de una retórica que fragmenta, en clave de sinécdoque, un itinerario que articula los recorridos del placer y el deseo con los aromas y los fluidos que los acompañan: pija, bulto, boca, lengua, culo, sudor, olor, tetillas, pendejos. Así entre los tropos del porno, que construye "órganos sin cuerpo", y el devenir abierto, mutante, errático, pulsional de un Cuerpo sin Órganos sadomasoquista en el que se subvierten todos los órdenes, el sujeto se deshace, se olvida del orden normativo y sus emplazamientos y se somete a la intensidad de la experiencia erótica.

Así, en la interacción del Amo y el Esclavo, se configura en cuerpo doble sufriente y gozante que solo está habitado por intensidades de dolor y placer y se reorganiza-desorganiza en torno a ese dolor-placer que hace estallar lo cerrado. Esta manera de practicar el CsO establece una lógica contra-sexual que refuta la reducción orgánica de la sexualidad a determinadas zonas erógenas y refuerza el poder revulsivo de las desviaciones y derivas, que se apartan del sistema falogocéntrico (Preciado, 2011).

> Los pasos severos, el sonido grave de las botas contra el piso de madera, sonaban como las pisadas de un gigante. Cada paso se prolongaba en el tiempo y mi deseo crecía. Vi entre sus dedos un par de pinzas para las tetillas que me colocó enseguida. Acercó la brasa del cigarro a la pinza que apretaba mi tetilla izquierda y a través del metal plateado me llegó el calor del fuego hasta el corazón que se me aceleraba. Después de pasarle un poco de saliva a la tetilla acercó decididamente el cigarro. No pude contener los fuertes gritos. José retiró el cigarro y escupió sobre la quemadura […] Me lubricó el culo y sentí el bastón de policía con el que me premiaba al final de cada sesión. […] Veía su pija enorme tan dura como el palo que me estaba metiendo. Me ordenó que se la chupara, me obligó a tragármela hasta el fondo. Yo me ahogaba y tosía, se me llenaban los ojos de lágrimas, me sentía horrible. […] Entonces me sacó la pija de la boca, el bastón del culo y me cogió desenfrenado, poseído, fuera de sí. Sentí un destello. José empezó a gritar como un salvaje, estaba acabando, y a mí me saltó la leche hasta por detrás de la cabeza. (Pérez, 13-14)

Para el personaje de Pablo, el protagonista de la narración, estos rituales tienen una función multivalente porque no solo le permiten explorar nuevas posibilidades de lo sensorial intenso en el cuerpo, liberado de la sexualidad normativa y convertido en toda su extensión en carne abierta al goce, sino darle contenido al agujero negro de su existencia, al convertirse en un camino de sanación imaginario. La experiencia del dolor cura el dolor y transforma a quien lo sufre por propia voluntad, potenciando la percepción de sí (Moreno 2006; Le Breton 2017). Pablo se adueña de su vida y accede al amor a través de un sufrimiento buscado. En este sentido, el SM y el sexo *leather*, que suponen además la presencia y la guía de una alteridad de carácter iniciático, funcionan como tecnología del yo a través de la cual se desarrolla un arte de vivir y una vía de ascesis que tienen como fin la felicidad, aunque esa felicidad se imagine a lo largo de la novela de manera ambigua y contradictoria: como delirio místico, como visualización *kitsch* del paraíso, o como premio final del dar amor cristiano, sin pedir nada, a través de la entrega al dolor.

Se trata de construir el imaginario de la sexualidad y el erotismo desde un lugar singular, la experiencia del esclavo, dando cuenta de un modo de vivir de placer que amplía las zonas erógenas del cuerpo y en la que la violencia se relaciona no solo con la concreción del goce (sádico o masoquista), sino con la búsqueda de un camino posible para acceder a la felicidad a través de eso abyecto, que socialmente se escamotea o expulsa al afuera.

> La sesión [...] duró casi tres horas y tuve que pedir piedad dos veces para detener los castigos cuando ya no podía soportarlos. La recompensa a todos los padecimientos no fue menos importante. Martín me besó durante más de dos horas [...] Mientras él me besaba sentía que un dios había bajado del cielo a darme ese momento único, bello, la energía de un amor desbordante, ilimitado (63).

Los desvíos y provocaciones de la estética popó y el realismo sucio: Naty Menstrual *y* Washington Cucurto

Si la novela de Pablo Pérez es, desde una perspectiva extraliteraria, un texto pornográfico u ocupa una posición cercana al punto extremo de las figuraciones de la obscenidad, dentro del espacio intersticial de la literatura erótica, lo decidirá quién lo lea, pues es evidente que como en muchos ejemplos de escritura LGTBQ hay un juego con lo bajo y abyecto de las prácticas y del lenguaje en el que se hace evidente el intento de provocar a través de la ruptura de las normas del buen decir y de lo narrable políticamente correcto.

Esta operación se observa en los relatos de Naty Menstrual de *Batido de trolo* (2012) y su poética "popo"[40]. En los textos de esta artista argentina travesti, el cuerpo erótico trans se define identitariamente como "un culo con hambre de quinceañera" (batido de trolo 55), para subrayar el carácter contravencional e "incorrecto" de las prácticas travesti, que no están ceñidas a la genitalidad normativa y, al mismo tiempo, su deseo de construirse una corporalidad monstruosa que multiplique las posibilidades de placer como un modo de disidencia con el deber ser de los cuerpos:

> Yo quiero tetas/ Dos grandes tetas/ Dos hermosas tetas/Dos jugosas tetas/ O más/ Y por qué no/ Perra de muchas tetas/ Colección invaluable de pezones/ Amamantadora incondicional de pilas incalculables/ de casados amantes silenciosos/ que escupan lejos elixir blanco/ de travesti macho/Dos tetas/que hagan juego con mi pija/ salvaje y recta/. (2012, 197-202)

Por esta razón, las prácticas sexuales se narran y describen con una desfachatada voracidad por decirlo todo, como revolcándose con gusto en la sordidez de las escenas que evitan toda seriedad o melodrama con la acidez de un humor que no reconoce prohibiciones morales y de buen gusto. Muchos relatos son narrados por prostitutas travestis y en ese sentido etimológico entran en la esfera de la *porno-grafía*. Dan testimonios de una práctica en la que no hay roles fijos ya que lo pasivo y lo activo son instancias anecdóticas de un deseo excesivo que no se agota nunca. La hipérbole nutre el imaginario de estas narraciones *cuir* donde nada es motivo de asco o de censura y la sexualidad más desbocada se espectaculariza

---

[40] "Dos elementos sobresalen en la iconografía de Batido de trolo de Naty Menstrual, uno es el paradigma de lo sólido, lo cerrado, lo potente –si se tiene suerte en la página de encuentros–: la pija. Otro es líquido (homenaje escatológico a Zygmunt Bauman), fétido, escurridizo: la mierda. La mierda sin metáfora en los textos de Naty Menstrual es democrática por excelencia –todos cagamos: mujeres, hombres, intersex, travas, putos, tortas, trans, mascotas–. Su color es como un *graffiti* contra el blanco ACE del flujo y del semen que, a pesar de lubricar el goce, tienen ese blanco de primera comunión, de traje de bodas de virgen y entonces es, paradójicamente, un color de mierda" (Moreno 2013).

Literatura erótica, pornografía y paradoja

a través de un modo de hacer erótico, un *ars amatoria*, que explora lo abyecto-cloacal (mierda, pis) hasta la última gota, a través de la escritura, y en eso encuentra su goce.

> Entró a la habitación y se puso en cuatro con el culo bien abierto, ya usado por la Angie, que lo había dejado muy caliente. La cocaína los volvía locos, el hecho de no acabar los hacía transitar por un camino de vicio sin regreso ni final. Le miré el agujero del culo y se me puso dura al instante, me subí arriba y se la metí hasta el fondo tirándole del pelo en actitud perversa y masculina.
> -Llename el culo de leche -me decía-, llénamelo. (2008, 102-103)

> Y yo le decía (…): amor el primero en la duchita … Bien enjabonado, sabe cómo patinaba ese socotrongo con el jabón blando, me tiraba un pedito y me salían burbujas por dos días seguido, parecía el ojete de una propaganda de detergente. Se hacía el boludo que se le patinaba el jabón, cuento viejo, y me decía levántalo negra y yo me agachaba y ahí faaaaaaaaa, el porongazo. (67)

En todo caso, la crítica literaria canónica del gusto podrá cuestionar los valores estéticos de la escritura *trash*[41] o de la estética *"popo"* (Moreno, 2013), pero aún desde esa perspectiva no hay una sola respuesta ni un dictamen más válido que otro, todo depende de la idea de arte, belleza

---

[41] "El *Trash*: inmundicia, basura, desecho, es una categoría estética que se estudia cada vez más en Occidente, aunque es menos conocida que la categoría del *Kitsch*, con la cual guarda semejanzas y diferencias. Trata de una apreciación de los aspectos bajos de la existencia, de la cual encontramos referencias pioneras y significativas en Nietzsche y Bataille. Nietzsche, opone al idealismo, adorador de la bella apariencia, el hombre subcutáneo, la carne sangrienta, las vísceras; excrecencias, heces, orina saliva, esperma. Bataille, dirige su atención a los fenómenos impuros y degradantes de la vida humana, la descomposición, lo malsano, todo lo que la hipocresía social trata de esconder. Para ambos, la verdadera experiencia estética no estaría en el gusto sino en el disgusto" (Alzuru, 2011).

o literatura que se tenga. Si se piensa que estas narrativas están atravesadas por los clichés de la cultura de masas, la figuración de lo abyecto genital-anal y por la industria del porno y se las cataloga por ello como no literatura, aún este juicio de valor, deudor de la *Poética* de Aristóteles, estará supeditado a la percepción, o no, del gesto paródico, la actitud carnavalesca y el trabajo consciente y elaborado de esos materiales considerados no artísticos en términos de un gesto posvanguardista y una antiestética *trash*.

Desde una perspectiva contemporánea, esta estética "berreta", un oxímoron, configura una operación de escritura que convierte el cuerpo textual en marca indisciplinada de disidencia genérica, sexual y literaria, que se levanta contra todas las policías del buen gusto, del buen decir y del buen coger. Algo parecido ocurre con las producciones de Washington Cucurto, encuadradas en lo que dio en llamarse "realismo atolondrado"[42], y este ensayo prefiere llamar "sucio", que por su lenguaje y las características de los temas abordados podrían ser calificadas como pornográficas desde una perspectiva convencional.

En su obra, se produce una redistribución de lo visible y de lo escribible que trasgrede los órdenes jerárquicos y los binarismos reduccionistas, característicos de la lógica aristotélica, pero también de los tabúes sexuales y lingüísticos que determinan lo que es de buen tono o indecente incluir en eso que se denomina escritura literaria. En Cucurto, la política literaria tiene que ver con poner en el centro lo marginal, aún desde una perspectiva machista, que puede ser considerada paródica o no según la lectura que se haga de ello, y que ha despertado posturas encontradas en la crítica literaria que ve el exceso y vulgaridad que caracteriza su obra de manera positiva o como todo lo contrario (Ben Bollig, 2012, 139-140). La polémica producida por sus textos hace evidente el carácter paradójico de

---

[42] El término ha sido usado por Cucurto en varias ocasiones, en una entrevista manifiesta "es una designación que yo di en joda a los textos". La crítica subraya que esta noción se va definiendo sobre la marcha en la obra del escritor y que va adquiriendo carácter temático-estilístico procedimental ya que define una modalidad en la que el acontecer circunstancial sobre la estructura narrativa y el acercamiento al lector de lo vivido como forma para crear el efecto de que eso se vive simultáneamente con la lectura (Molina 2013, 136).

sus producciones. Así, el exceso, la incorrección deliberada y la vulgaridad de su prosa, que procesa y acumula materiales de la cultura de masas, el uso de la lengua popular y la literatura mezcladas como en un hipermercado donde hay todo tipo de mercancía, exhiben un complejo proceso de relaboración escriturario que él mismo denomina "estética del choreo" (Cucurto, 2005, 44-45) vinculando su escritura a operaciones de apropiación y reelaboración de lo ajeno.

En *Las aventuras del señor maíz* (2005), el valor revulsivo y gratuito de la sexualidad y, sobre todo, la irrupción falocéntrica de la "pija de oro" del protagonista funcionan como elementos disruptores que generan descontrol en los ordenamientos cristalizados de la escritura erótica y de las góndolas del supermercado, donde trabaja Cucu. Su narrativa desafía la lógica mercantil de la exhibición y del consumo (que ordena en rubros la mercadería y condiciona los recorridos del consumidor) adjudicada a la figuración de los cuerpos en la pornografía, para abrir la posibilidad de otros sentidos.

Esta pluralidad significante va desde la autorreferencialidad estética a la política distributiva democrática, que pone en el centro de la ficción las creencias, los placeres, los rituales y las vidas de migrantes latinoamericanos empobrecidos y marginalizados. En una operación que afecta la distribución jerárquica de lo perceptible poniendo arriba lo de abajo visceral, la escritura de Cucurto lleva al paroxismo de la visibilidad aquellos cuerpos destinados a vivir existencias oscuras y los figura en su tragicómico y multiforme exceso, como en la secuencia de *Las aventuras del Sr. Maíz* en la que Catalina y Cucu tienen sexo en el baño en medio de los excrementos: "Quedó con el culo al aire y se la mandé toda de un solo, resbaladizo y embarrado empujón de mierda. Le mandé leche rápido más que nada para salir de ese baño asqueroso" (25).

La conversión del pene de Cucu en "pija de oro", que vuelve concreta una metáfora característica del imaginario machista y del lenguaje popular que valora la potencia y el tamaño del pene ("tiene la pija de oro"), es el resultado de un complejo proceso que combina cirugía y orfebrería. La operación estética de enriquecimiento artificial hace posible la concreción de las creencias y el milagro de la prodigalidad en un medio signado por la miseria. Así, la complejidad significativa del atributo fálico del protagonista lo convierte en un espacio simbólico y material en el que se cruzan biología y cultura, marginalidad social y creencia utópica, sexualidad y distribución de dinero.

Lo genital, en este caso la pija, figura la potencia sexual-textual de quien narra, Cucu, y este "don" fáunico le permite disfrutar del erotismo fiestero de las mulatas dominicanas. Por otra parte, su órgano sexual funciona como fetiche mágico que lo inviste de poder sagrado y lo convierte el mítico Sr. Maíz durante el ritual carnavalesco de los dominicanos en el *yotibenco*. Este es un espacio temporalizado en el que rige el derroche de la fiesta y se mezclan la donación salvífica del dinero y la gratuidad del esperma, de modo que la pobreza se enriquece bajo el signo de la plétora y el despilfarro, como en el carnaval.

> El verdadero Sr. Maíz enviado por la Santa Providencia tiene la pija de Oro. Es el falo sagrado de la existencia. Debe llenar de semen luminoso todos los vientres posibles porque todos son sus hijos. ¡Y en esa andaba yo, acatando la onda de la religión y acabando adentro a morir! Estaba re very porque las putas nunca te dejan acabarles adentro y además siempre hay como un muro entre las carnes y la sensibilidad por el maldito forro (…) Yo jamás usé forro pero esto no lo saben ellas. Pues apenas cierran los ojos me lo saco y gozo como un chancho, que es la única manera, güey.
>
> Solo tenía que dedicarme a pelarles la pija a las mujeres del conventillo para que me abrieran las piernas de inmediato. (…) Mi grave error fue habérsela mostrado a Catalina horas antes [de la ceremonia …] Después de mamármela y todavía con semen dorado en la boca salió conventilleando por todo el yotibenco. Pronto toda la turba proleta del yoti sabía que yo era el elegido por la maradónica Mano de Dios. (76-77)

Literatura erótica, pornografía y paradoja

Las imágenes de la genitalidad lejos de constituir un cuerpo pornográfico, en el pliegue paródico de la escritura que roba y recicla materiales tanto del archivo cultural como de la industria porno y del mercado, funcionan como escenificación jocosa de las conmemoraciones y creencias latinoamericanas de los sectores desplazados y marginales urbanos donde lo artificial se vuelve parte de la realidad y la transforma con su magia (Molina 140). En este sentido, los numerosos coitos, en algunos casos marcados con el signo de la abyección porque el semen, la saliva y los excrementos se mezclan, construyen un palimpsesto en el que los relatos se superponen y exacerban las figuraciones de la sexualidad y su carácter pródigo. En ella, se anudan cuerpos deseantes, alegría vital en medio de la miseria y creencias mágicas. Esta mixtura da forma a un imaginario que contrasta con una realidad en la que se castiga la carencia. *Las aventuras del Sr. Maíz* forma parte de una literatura impropia, hecha con lo que está a la mano, que acata la ley del deseo proponiendo la ruptura imaginaria del orden dado y transgrede las leyes de la propiedad intelectual, del buen gusto y de la moral.

XII.
La pornografía como erotismo de los otros:
El pudor del pornógrafo de Alan Pauls

> Todo mi tiempo en realidad
> no está lleno sino de palabras.
>
> *Alan Pauls*

> La única pasión de mi vida
> ha sido el miedo.
>
> *Thomas Hobbes*

> El monstruo sádico -que es no lo olvidemos,
> un monstruo escrito- se da como objetivo
> la literalidad integral: es él quien dice lo que hace
> y hace lo que dice, y *nunca otra cosa*.
>
> *Philippe Sollers*

El narrador de *El pudor del pornógrafo* (2014[43]) de Alan Pauls, sujeto *a* y *de* su trabajo, lee y responde correspondencia con consultas eróticas que para él son "'asuntos' en su mayoría sucios [que…] detallan con deleite sus variadas abominaciones" (33). El oficio de lector de cartas en las que se narran experiencias sexuales, al que no se sabe cómo llegó, lo absorbe y dilata su posibilidad de estar con Úrsula sometiendo el encuentro con su amada a una "terrible espera" (26). El personaje está encerrado en una situación kafkiana que adopta la forma de un juego de mensajes escritos que encubren, desvían y consumen su deseo hasta vaciarlo. Las palabras le tejen un cerco y se empeñan en diferir "el abrazo

---

[43] En este ensayo se utiliza la reedición de la novela que hace Anagrama en 2014, pero la primera edición es del año 1984.

con el que soñamos una y otra vez [… porque] no me dejan; me sujetan" (21), escribe el protagonista.

En este sentido, la relación entre él y Úrsula se establece bajo la ley del obstáculo, que impide la consumación corporal del vínculo erótico y lo pospone indefinidamente. El narrador se impone y le impone a su amada el acatamiento de la lógica que rige el mito del amor trovadoresco (Rougemont, 1984). Esta concepción ideal del erotismo se tensiona en la novela con su opuesto: la versión fáunica del amor (Lissardi, 2013). Entre uno y otro paradigma se articula un campo de fuerzas en tensión que toma la forma del quiasmo. Al respecto, Pablo Virguetti (2018) observa que la convivencia de estos dos sistemas eróticos contrapuestos (amor platónico/amor libertino) a medida que avanza la acción se vuelve cada vez más insostenible, por lo que se establece una discordancia cada vez más notoria entre las prácticas dilatorias del narrador y las pulsiones sexuales de Úrsula, que trata de excitarlo convirtiéndolo en un voyeur.

El discurso anacrónico y victoriano del protagonista escenifica, en su pudoroso recato y en su repulsa moral a la sexualidad explícita de las cartas que lee, las consecuencias imprevistas de la contaminación de estos dos sistemas eróticos, en la deriva significante que se concreta entre las misivas de tono subido que recibe y contesta y las que Úrsula le envía y él responde. Los límites entre unas cartas y otras se difuminan de manera incontrolable y este hecho afecta su obsesiva necesidad de diferenciar las prácticas indecentes (escritura obscena) del amor contemplativo (escritura pudorosa). Los efectos de sentido que produce el cruce de los dos tipos de epistolarios se multiplican sin detenerse nunca en una certeza sobre la intencionalidad textual. De esta manera, en la lectura, se confunden nombres propios, seudónimos, situaciones lujuriosas y planteos ideales del amor, pues la escritura toma la forma de una cinta de Moebius donde se difuminan los límites entre original y reproducción, verdad y simulacro, vivencia y cita, texto erótico y pornográfico, reticencia y verborragia.

La transgresión de fronteras desacomoda los lugares de la decencia y de la indecencia con los que el narrador organiza su mundo escindido y esta contaminación se replica en el binarismo interioridad/exterioridad con el que separa el espacio seguro (la habitación en la que trabaja, el balcón desde el que la mira, la visión rectilínea de la plaza) del inseguro (las zonas desviadas de la plaza, el laberinto que conduce al Centro donde Úrsula supuestamente lo espera, el balcón ocupado por Úrsula y el enmascarado). Por estas razones, el miedo y la incertidumbre marcan el discurso narrativo y el intento vano de estabilizar lo inestable e incierto de la experiencia erótica bajo la ley del deber ser.

Así, todos los signos que percibe quien narra parecen poner en crisis sus creencias sobre Úrsula, la verdadera relación que tiene con el mensajero enmascarado que lleva y trae cartas y el sentido de la correspondencia que intercambian. La ambivalencia del juego significante que abren las cartas y las acciones de su amada, las contradicciones de las imágenes, no le permiten al narrador confirmar el sentido de los mensajes y de las prácticas eróticas que Úrsula exhibe ante él. Al final del relato se producirá el momento revelador, epifánico debido a la fuerza implacable de la redundancia, que impone un único sentido al mismo tiempo que duplica y convierte en reversibles escritura y mundo posible de la novela. Anuladas las ambivalencias de lo que se escribe y se ve, eliminado el disenso, el personaje es acorralado por la imposición de una interpretación desquiciante: el amor es un perverso polimorfo que puede asumir formas enloquecedoras, desaforadas, imprevisibles y fuera de control.

A lo largo del relato, la polémica entre las presuposiciones de quien narra y los sentidos contradictorios de la escritura, visible en la ironía textual y sus implicaturas, coloca en primer plano el punto ciego que afecta la mirada del "pornógrafo" abriendo al lector la posibilidad del *insight* y deconstruyendo la lectura del personaje, siempre marcada por la censura. La percepción que éste tiene de lo que aparece ante sus propios ojos (en las cartas, en la foto que Úrsula le envía y en lo que escenifica ella en la plaza) y sus interpretaciones revelan el malentendido que lo afecta respecto del lugar de su goce porque lo que cree o parece desear no es lo que busca (Lutereau 2013). Esta discordancia, esta inadecuación conflictiva entre deseo y objeto lo sumerge en la incertidumbre, lo angustia y lo desvía del camino del placer erótico.

Así, cuando al citar en una carta dirigida a su enamorada el contenido de otra en la que Dora Diamante[44], una supuesta consultante, cuenta con lujo de detalle una escena lésbica montada para el disfrute voyeurista de su esposo y Úrsula le aconseja asumir como lector la misma posición de mirón activo y gozoso que tiene el marido de Dora en esa escena, el narrador convierte la sugerencia en objeto de censura moral. Se escandaliza no solo por la propuesta, inadmisible para él, de Úrsula, sino también por la ruptura de límites producida entre la carta de Diamante y la cita que hace su amada del contenido de esta. La contaminación pone en duda quién es la autora de la misiva firmada por Dora Diamante. De esta forma, se producen ambivalencias interpretativas que provocan un hiato entre la perspectiva moral y ciega del protagonista ante los hechos narrados y la escritura indecible de Úrsula, que erosiona fronteras y traza vínculos inquietantes entre deseo y mirada, entre relato de experiencia, paráfrasis y cita textual, entre uso de la tercera persona y de la primera. La escritura revela su condición de nudo de indeterminaciones.

> ¿No has intentado, sólo por un momento, ponerte en el lugar del esposo, espectador privilegiado de la escena que las dos mujeres, en el centro del cuarto, silenciosamente le dedicaban, e imaginar, aunque fuera por unos segundos, la naturaleza de sus sentimientos, cuando por la abertura de la puerta, *divisó a su mujer desabrochando y despojándose de su ropa, para luego dedicarse a 'jugar con la hermosa, negra, peluda concha de Julia, en cuyo horno no tardé en introducir entero uno de mis dedos"* "Esa es

---

[44] El texto juega con las asociaciones que produce este nombre. Por un lado, remite a una actriz polaca, Dora Diamant, que convivió con Franz Kafka entre 1923 y 1924, fecha de su muerte. Pero este nombre se cruzará en el texto de Pauls con el de Felice, otro de los tormentosos amores del escritor checo y a la correspondencia que sostuvo con ella, cuyo tono reproduce la escritura de la novela. Por el otro lado, evoca a Ida Bauer oculta tras un seudónimo en al caso "Dora" de Freud, "Fragmento de un análisis de un caso de histeria" (1905). En el relato de ese caso se hace referencia al amor de Dora por su padre, por el Señor K y por la esposa del señor K. (Mastandrea, 2016) Estos temas aparecen citados de manera elíptica en el discurso del narrador sobre las cartas de Dora Diamante y de Úrsula.

la única manera, creo yo", escribes, "de responder a semejantes relatos."

¡Y tú, Úrsula, tú te embarcas en la tarea de impartirme consejos! ¡Tú, que en todo esto no ves sino la fatuidad de todo límite! ¿Cuándo comenzó esta ceguera tuya, amor mío? ¿Cuándo se produjo -me pregunto- el sutil desvío que ahora, cada vez más, *conduce tus cartas a la adhesión, alejándolas de la paráfrasis? Por qué tu "simpatía" respecto de todo este material que has recibido me induce a pensar, ¡descabellado!, que bien pudieras tú ocupar el lugar de las protagonistas de tales narraciones*; lugar que lejos de inspirarte repulsa, parece atraerte peligrosamente. (84-85 [subrayo])

El problema de las cartas no es solo quién las escribe (Felisa, Elisa, Dora Diamante o Úrsula), o las sustrae y desvía (¿el mensajero enmascarado?), sino si las ambivalencias de su "mensaje" permiten interpretar la intencionalidad autoral a quien están dirigidas. Por ello, la creciente incertidumbre del personaje central plantea la cuestión del significado y del destino definitivo de las cartas que, a diferencia de las de Bartleby que no tienen destinatario y por eso deben ser destruidas[45], en la novela de Pauls llegan siempre a destino, porque el destinatario no es otro que el "elegido" (Pauls 24), esto es, el narrador. Sin embargo, este lector no termina de comprender que están escritas para incentivar su deseo y se cree solo destinado a disciplinarlas y censurarlas. Los efectos de sentido de un texto son siempre imprevisibles y nunca sin mediaciones que los desvían.

Por otro lado, la duda respecto de cómo circulan las misivas se convierte en miedo ante la posibilidad de que, como en el cuento de Poe

---

[45] *Bartleby, el escribiente* (1853) es una novela corta de Herman Melville en la que el personaje central, un empelado muy laborioso, un día comienza a negarse a hacer el trabajo de control de copias que se le solicitan con la frase "preferiría no hacerlo". A su muerte, quien lo había contratado y luego abandonado a su suerte comprueba que, antes de trabajar para él, Bartleby había sido amanuense de la oficina de Cartas Muertas de Washington, lugar donde se seleccionaban aquellas que era necesario destruir, quemándolas, por falta de destinatario. Esa revisión de *cartas sin destino* es interpretada por el narrador de la novela de Melville como una metáfora de las vidas frustradas.

"La carta robada" (1844), alguien se inmiscuya en el secreto de su intimidad, las intercepte o sustituya (28). La novela hace visible la autonomía de todo texto respecto de la intencionalidad de sus presuntos autores y sus intenciones, como así también de sus efectos. Los sentidos de las cartas quedan en suspenso. De este modo, el relato del narrador que pretende diferenciar de manera tajante erotismo y pornografía termina borrando la diferencia entre uno y otra. Esta última categoría solo encuentra su lugar en la intención de quién escribe o en la recepción de quien lee, pero nunca en el texto, y en esta indecidibilidad radica la eficacia de la novela de Pauls que hace de la paradoja su piedra de toque.

Erotismo y muerte

El "Posfacio" que escribe Alan Pauls, para la reedición de *El pudor del pornógrafo* de 2014, se inicia con una cita de *Las desventuras del joven Werther* (1774) de Johann Wolfgang von Goethe en la que se alude al encuentro del cadáver del personaje central, luego de su suicidio por amor: "Por la sangre del respaldo del sillón podía deducirse que…" (2014,133). A partir de este epígrafe que reproduce de manera incompleta, elíptica y desviada, la frase de *Werther*, el escritor postula algunas claves de lectura respecto de la enciclopedia intelectual que la atraviesa cuando es publicada en 1984 (géneros menores como los diarios, las memorias, las revistas pornográficas, el testimonio, la autobiografía, los relatos de viaje, los carnets y las cartas; Derrida, Lacan, Benjamin, Kafka, Deleuze & Guattari, Barthes, *Bartleby*, la traducción que realiza el mismo Pauls de *El deseo y la perversión*, entre otros intertextos).

Puntualmente, interesa su afirmación respecto de que, en 2014, lee *El pudor* "como una novela de terror […] que obliga a retroceder, a poner distancia o comillas" (140). Ese "terror" no sería otro que el que liga escritura y muerte, sentencia (140). Sin embargo, se podría completar su hipótesis agregando que erotismo y muerte también están conectados en la novela al deseo, a su represión y a su desvío. La vida cotidiana del narrador-escribiente se articula en torno a la lógica de la dilación y de la separación sujeto/objeto, simbolizados en la permanente mediación del lenguaje y de la mirada contemplativa que aquel introduce entre su cuerpo y el de su amada. Esta es la manera que encuentra para controlar, predecir o evitar los efectos siniestros, mortales, violentos e imprevisibles, del amor. Este hecho no deja de insinuarse en el texto como paradójico, pues a la obscenidad de las escenas "abominables" que se siente obligado a leer y responder, en un estado parecido al éxtasis, se le suma la distancia y la suspensión que impone a la experiencia sexual y a las demandas de la mujer amada, convirtiendo la materialización del amor en un horizonte utópico e imposible. De esta manera, sustituye con un *corpus* epistolar el encuentro cuerpo a cuerpo con Úrsula y en lugar de responder a las insinuaciones eróticas que ella le envía a través de la materialidad de su cuerpo conmovido por el deseo, las reemplaza con el suplemento de la escritura. Este juego de sustituciones, en la novela, se multiplica a través de plurales imágenes.

El pornógrafo del relato se configura a sí mismo como una suerte de Bartleby invertido que prefiere alienarse respondiendo cartas que, confiesa, le repugnan, antes que dar respuesta a las demandas de su amada que suponen la exploración del placer carnal y el erotismo fáunico. Esta conducta dilatoria y contemplativa (lee cartas, escribe, mira imágenes fotográficas, se asoma al balcón para ver de lejos a su amada), que suspende la concreción del vínculo sexual con Úrsula, parece indicar que *preferiría no hacerlo* con ella o que por lo menos *hacerlo* lo aterroriza y prefiere leerlo y censurarlo. De esta manera, logra que su destino sea *no hacerlo* sino *verlo*, en la medida en que, acorralado por el espectáculo de sexo entre el mensajero y Úrsula, al final de la novela, y por las descripciones anticipatorias de la carta que ella le envía, se convierte en un espectador escindido que debe contemplar la amorosa crueldad de una experiencia erótica que desea, pero al mismo tiempo, en la medida en que se le impone la prohibición y el asco de ver, rechaza y padece como aterradora.

Existe un saber no sabido sobre los vínculos entre el erotismo y la muerte en el discurso de quien narra la novela que se hace evidente, con un detalle revelador señalado por el narrador, en la descripción de la imagen fotográfica que Úrsula le envía en una de sus cartas: "¿Has percibido ya cómo, de qué modo pérfido y malicioso, *sobre la comisura izquierda de tu boca asoma un pequeño colmillo?*" (27 [subrayo]). Así, a través de la metonimia, se sugiere una conexión secreta entre experiencia erótica, escritura y vampirismo (Montiel 2020 282). Este vínculo sutil evoca el trabajo de Deleuze sobre la correspondencia entre Kafka y Milena (Timmermann, 2002), en el que se señala la condición vampírica de las cartas que trae como consecuencia colateral un ritual de excusas que suplanta los cuerpos por las palabras y se alimenta de sangre. La interpretación deleuziana se duplica en la novela de Pauls: el mensajero macabro que lleva y trae cartas (¿el fantasma lacaniano que liga sujeto y objeto?), a medida que pasa el tiempo transforma su aspecto cadavérico en uno cada vez más rozagante y bien alimentado. La escritura reemplaza a la vida y se apodera de su vitalidad, vaciándola. Quien escribe solo desea escribir y vuelve su existencia espectral.

El vínculo con lo siniestro, que la figura del mensajero evoca, conecta el mundo ficcional de la novela con el relato de terror decimonónico y ratifica las relaciones entre la llamada pornografía y el horror. Laura Wojazer (2006) observa que ambos discursos se interconectan porque penetran en el campo de la obscenidad, la perversión y la suciedad. Debido a este vínculo, el sexo y el exceso se vuelven elementos constitutivos de ambas figuraciones. Tanto la denominada pornografía como el horror, observa, producen sentimientos ambivalentes que se ubican en el entredós que tejen el disgusto y el deseo. La atracción por el exceso sexual se contiene con el rechazo, que funciona como dique psíquico, porque el deseo se vive como vergonzoso. En este sentido, el carácter explícito de las imágenes de prácticas sexuales y de los cuerpos erotizados puede producir náuseas ya que coloca en primer plano *eso* que atrae y repele, que se quiere y no se quiere ver, que se desea y se rechaza. Esta cuestión se vincula con la actitud del narrador de la novela que señala, al referirse a las cartas, que *no puede* dejar de responder a pesar de que siente rechazo por su contenido: "Me escriben, amor mío (…) de las cosas más abyectas que tú puedas imaginar (…); detallan con deleite sus variadas abominaciones" (33).

No obstante, tanto en el caso del género de terror como en el discurso llamado pornográfico, las imágenes solo excitan cuando se encuentran con formaciones imaginarias inconscientes y deseos que prexisten en el sujeto, como señalan los trabajos de Sebeok (1989) y Mazzur Tapie

(1999) en torno a las palabras-fetiche. En el caso de *El pudor del pornógrafo* lo que se vuelve "horroroso" y se traduce como "abominable" [*Abominatio*: acción y efecto de rechazar fuertemente] es que expone ante el ojo lo que está prohibido ver, la sexualidad excesiva y el goce de los otros, la escena primaria de la que habla Freud. Esa transgresión dispara una valla defensiva, una náusea, respecto del goce y refuerza la prohibición (Lutereau 2013). Las imágenes sexuales hiperescópicas de la novela o las descripciones directas de las prácticas sexuales que contienen algunas cartas transforman el ojo en un dispositivo de devoración porque pueden despertar el ansia consumirlo todo, de verlo todo y este deseo se rechaza, como se observa en la actitud del narrador-pornógrafo, con la censura y la ceguera de la mirada que malinterpreta lo que ve o lo elide. La pulsión escópica desbordada, el deseo de ver, angustia[46] y, entonces, para reprimir el estado de exaltación incontrolable con el pornógrafo contesta las cartas, el personaje central traduce las imágenes que lee/mira con un código moral y las describe como "bochornosa orgía" (83).

En la repulsa, en el miedo a la atracción que produce la intensidad del desborde, está la clave de la conexión entre erotismo y horror que se manifiesta en la reversibilidad de las imágenes del ojo y de los genitales, no solo presentes en el mito de Edipo, en el autocastigo de la ceguera, sino también en la figura femenina de Medusa, que petrifica con la mirada, el mito amerindio del Ojo-vulva[47] y el cuento de E. T. A. Hoffmann "El hombre de arena" (1816), que sirvió a Freud para llevar a cabo su ensayo sobre lo siniestro (*unheimlich*) y el miedo a la castración (2013). Estos mitos y ficciones reenvían a la angustia frente a la ley castradora del Padre, por ello, ante las imágenes que exhiben lo que está prohibido mirar (la escena primaria), el voyeur queda como desbordado, penetrado, absorbido sin

---

[46] La perversión y la angustia se conectan con la castración, el deseo escópico encuentra en ese peligro su imposibilidad (Lutereau, 2012 y 2013)

[47] Según cuentan algunos mitos amerindios, los dientes de la vagina de las mujeres que venían del cielo, amenazaban de castración a los hombres de la tierra. Por eso, un día, ellos destruyeron sus dientes y con carbones ardientes los quemaron. Y a partir de aquella violación originaria, nació "la humanidad". Una humanidad heteronormativa y patriarcal. Equipo de Antropología del Cuerpo y la Performance. http://www.alternativateatral.com/obra54853-lo-ojo-vulva-intervenciones-en-un-antiguo-mito-amerindio

escapatoria y se crea un vacío alrededor de él, tal como le sucede al protagonista de *El pudor del pornógrafo* al cabo de una intensa jornada de lectura y escritura de correspondencia consigna en una carta a Úrsula: "sólo existe en mí la sensación de un vacío" (53).

En las imágenes obscenas, se conjugan la prohibición de mostrar y la punición por haber visto, de allí el efecto siniestro. El carácter afrodisíaco de la transgresión del tabú convoca los fantasmas del deseo, que de concretarse producen náusea, disgusto y se vinculan con la muerte. La repugnancia y el deseo intenso se dan la mano, el goce anuda el dolor y el placer, porque hace presente lo abyecto, la cosa irrepresentable, lo real insimbolizable. Tanto la náusea como el disgusto están ligados a la exhibición de la carnalidad palpitante del cuerpo, por eso la escritura explora el exceso a través de una sensorialidad exacerbada, produciendo una sobrecarga de sentidos que absorbe y excita a quien lee o mira, y al mismo tiempo puede producir distancia y censura. La paradoja anuda escritura y deseo.

En el caso de *El pudor del pornógrafo* esta ambivalencia explica la imposibilidad de dejar de leer y de responder cartas "sucias" que afectan al personaje central, quien entra en trance y se enajena al hacerlo, para luego de esa experiencia, rechazar y censurar en su discurso la experiencia hasta convertirla en algo que se padece. Esta actitud se repite en la distorsión y las veladuras que interpone entre las escenas de sexo que Úrsula impone amorosa y violentamente a su mirada, las "citas" eróticas de sus cartas y lo que el pornógrafo interpreta cuando mira las escenificaciones insinuantes (masturbación) o explícitas (violación múltiple) que ella monta en el parque para incentivar su deleite voyeurista. Así, cuando el narrador hace referencia al episodio de autoerotismo que ella produce bajo la sombra de los árboles, en lugar de reconocerlo como tal, sustituye ese sentido por otro y "malinterpreta" su significado. Interpone la mediación de una mirada extrañada que convierte la masturbación de Úrsula en algo incomprensible, ajeno y mecánico que no despierta en él deseo, sino interrogantes de carácter cognitivo. De esta manera, convierte en efecto de una experiencia indescifrable a nivel de lo simbólico lo que es en realidad inquietud erótica y angustia.

> Reconocí en aquella silueta conocida a mi Úrsula, pero fue su postura anormal (...) yacía sentada en el piso, con la delicada espalda apoyada (...) inmóvil todo su cuerpo a no ser por la tenue vibración que me parecía destinada a rozar un muslo con otro bajo la débil resistencia del vestido, que se entrelazaba y jugueteaba en sus tobillos desnudos. (...) desde mi lugar, aún me era posible asistir a sus demostraciones, las inciertas sensaciones que experimentaba, extrañas para mí en aquellos escarceos primitivos, debieron hallar en el suave tejido que envolvía su cuerpo un obstáculo para su prosecución, ya que de otra forma no se hubiera explicado que con ayuda de sus dos manos (...) se abocara a la tarea de arremangar su pollera hasta desnudar sus piernas a la altura de la mitad de los muslos, que aquel rítmico vaivén no dejaba de aproximar uno al otro en concertado dispositivo mecánico (...) en incesante fricción". (14-15)

En la operación de desplazamiento metonímico que sustituye las figuraciones del discurso erótico por sus efectos negativos (el horror y el miedo), el narrador disemina a lo largo de la novela una serie de marcas que acentúan el parentesco entre terror, vampirismo, escritura y sexo: "para estar contigo arranco tiempo de mis entrañas" (25); "Tengo miedo: un miedo repentino" (28) y se imagina entregándose a ella para que le chupe la sangre como "ese hombre que ofrece dulcemente su cuello a tus labios" (29). En otros tramos de su relato, se ve a sí mismo como "este pobre cadáver desangrado que soy" (32).

Por otra parte, describe al fantasmático mensajero, que Úrsula introduce como mediador entre ellos, para llevar y traer cartas de un domicilio al otro, como un ser "de impecable traje negro y presencia demacrada [... que] ocultaba sus ojos bajo un antifaz negro, tan negro como el traje que colgaba del cuerpo" (37) subrayando su "asombrosa palidez" (38), una "palidez violácea" (38) alrededor de los ojos, rasgo que lo asemeja a "un sirviente macabro" (39) con "blanquísimos dientes que parecían recién colocados" (40). En la imagen ambivalente del mensajero (eros-tánatos), se figura no solo la forma estética de un deseo que la postergación aumenta y el carácter violento del erotismo (el mensajero lleva un antifaz porque Úrsula lo lastimó en la frente cuando intentó violarla), sino también la condición vampírica de la escritura que crece a expensas del deseo de quien escribe, hasta vaciarlo y convertirlo en un espectro.

En este sentido, el narrador expresa en una carta a Úrsula que se siente reducido, por la correspondencia que lee y responde, a la condición de "fantasma" (53) pues esta actividad agota su "facultad de desear" y se queda "vacío" (53). Estas alusiones hacen perceptibles el vínculo entre la pulsión erótica y la tanática que afecta tanto la experiencia sexual como la experiencia de lectura y escritura, en tanto en ellas el goce pone en riesgo la individualidad, une placer y dolor, plétora y vaciamiento de sí, disfrute y hastío. Esta concepción paradójica de lo sexual evoca la relación que señala Bataille (2006) entre erotismo, cuerpo y obscenidad, pues recupera la idea de augurio nefasto o siniestro sugerida por la etimología de la palabra latina *obscaenum*. Erotismo y obscenidad se autoimplican, no solo por la desnudez que exhiben los cuerpos en la intimidad de su contacto sino, también, por el destino de muerte, por el desfallecimiento, que les aguarda a los amantes y al sujeto escribiente, en tanto desaparición de lo discontinuo de su yo en la continuidad impersonal del texto, que transforma al sujeto en *eso*, escritura.

En relación con el parentesco entre vida y muerte, Tzvetan Todorov (1972, 149-166) denomina a las figuras del vampirismo, que aparecen en los textos literarios del siglo XIX, "temas del tú" y los vincula con la sexualidad a la luz de las teorías de Freud. Así, en las narraciones estructuradas por esta temática subraya que el deseo sexual alcanza una potencia inusitada en los relatos de terror y se vuelve una experiencia devastadora e imposible de comparar con otras. Por esta razón, el "deseo, como tentación sensual, se encarna en algunas de las figuras más frecuentes del mundo sobrenatural, y en especial la del diablo [... pues] el diablo no es más que otra palabra para designar la libido" (153).

La cadena significante que abren los "temas del tú" en estas narrativas articula el vínculo entre deseo y muerte (Todorov, 159-161). Muchas veces, en los relatos fantástico-maravillosos decimonónicos es la mujer la que cumple el rol de diablo tentador o de cadáver con el que se castiga el cumplimiento del deseo o su exceso. Por ello, la necrofilia es frecuente y toma la forma del amor entre vampiros o con seres espectrales en los que se manifiesta lo prohibido del deseo por su desmesura y falta de control (163-164).

Amor, violencia y perversión

La relación de la experiencia erótica con lo siniestro y lo perverso, referidas al género fantástico en el siglo XIX, permiten comprender el vínculo de carácter amoroso y punitorio que establece el personaje de Úrsula con quien funciona como un destinatario reprimido, idealista y poco perspicaz respecto de sus cartas eróticas, sus imágenes sexualizadas y sus coitos amorosos. Ella pretende infructuosamente que su amado se excite con un espectáculo montado para que goce como voyeur activo. Sin embargo, él no quiere ver o interpretar la intencionalidad que Úrsula le imprime a cartas e imágenes y por eso lee la hipérbole como veladura y el exceso como inmoralidad.

Este modo de leer "pudoroso" pone en evidencia el carácter indecidible del juego significante que todo texto e imagen posibilita. Por otra parte, Úrsula, con las figuraciones espectaculares de sus prácticas sexuales, opera un corrimiento perverso respecto del rol que el narrador le había asignado en la relación amorosa distante, atada a la espera, al régimen de la mirada contemplativa y al paradigma erótico platónico. En este modelo amatorio ideal, ella debería actuar como agente pasivo de una visión especular: él sale al balcón para mirarla y que ella lo vea, y hace gestos para comunicarse y luego vuelve a su tarea de leer y responder cartas. El cuerpo se vuelve imagen visual y no presencia material y táctil. Úrsula, por su parte, sentada en un banco espera la salida de su amado, levanta la cabeza y lo mira. De este modo se aman sin tocarse y el deseo se alimenta de la dilación y la distancia. Se trata de un modelo masoquista (Deleuze).

El cambio que lleva a cabo Úrsula, al convertirlo en espectador inopinado de su masturbación, de un simulacro de violación doble, de una foto en la que su rostro denota el placer producido por esas fricciones sexuales o de las imágenes que contienen las cartas insinuantes que citan escenas obscenas de las misivas que él responde, la acercan al personaje femenino de la novela de Leopold von Sacher Masoch *La venus de las pieles* (1870), Wanda. Como ella hace con Severino, Úrsula lleva hasta las últimas consecuencias los efectos del pacto implícito que se había establecido entre los amantes: uno contempla o lee cartas y la otra satisface sus pulsiones y las exhibe concretamente a través de relatos y citas en las cartas. Sin embargo, existen diferencias fractales entre ambas mujeres, pues mientras que Wanda, obligada a cumplir el rol de un ideal cruel y frío, castiga a Severino con sus propias armas para que aprenda las consecuencias nefastas de materializar el ideal del amor masoquista (la prolongación del deseo y el impedimento del placer); Úrsula, en un acto amoroso y perverso al mismo tiempo, invirtiendo las reglas del vínculo establecidas por su amado, lo petrifica en el destino de voyeur de la sexualidad de los otros que él había asumido, sin conciencia de ello, como lector pornógrafo de cartas obscenas cuyas prácticas creía poder regular, tal como el higienismo del siglo XIX desarrollado en *El pornógrafo* de Réstif de la Bretonne.

En este sentido, la relación sexual entre Úrsula y el mensajero, excesiva en la espectacularización de lo íntimo, con la que termina el relato, aunque de manera *pensativa* (ni lo que ella le dice y hace, ni los efectos que eso produce en el protagonista cierran los posibles sentidos de la narración), funciona como cruel ofrenda de amor que desarticula todas las creencias del narrador y lo lleva hasta el límite de la locura. Desde esta perspectiva, poder presenciar el goce de los otros se convierte en un acto de anagnórisis brutal para el personaje petrificado en el rol de pornógrafo que legisla y distribuye los espacios de los cuerpos, las competencias y las incompetencias.

El develamiento de lo que estaba oculto en el vínculo triangular entre el narrador, el mensajero y Úrsula (la cicatriz en el rostro del mensajero como marca de la violencia del deseo) se simboliza en la caída del antifaz que cubría su rostro, en el momento del éxtasis sexual. Implica la visibilidad de la perversión, del conflicto, de lo inesperado, incluso de la crueldad como componente inadecuado del amor. La violencia desestabilizadora de la sexualidad que pone la carne en primer plano, exhibida sin piedad ante la mirada del personaje central, provoca su escisión como sujeto, porque es obligado a ver lo que no quiere ver. Así, en el triángulo erótico configurado, quien mira no es quien espía u organiza la escena para gozar con ella como en la carta de Dora Diamante o como en el relato "Verde y negro" (1996, 109-124) de Juan José Saer[48], respectivamente, sino la víctima inerme de un exhibicionismo perverso. En este sentido, las figuraciones de la sexualidad en la novela hacen perceptible su carácter ambiguo: ¿erotismo o pornografía?).

El episodio del balcón clausura para el pornógrafo pudoroso la posibilidad de la censura y la represión con respecto del sentido de los actos y de las palabras que observa-lee. Al mismo tiempo da fin a la dilación y al suspenso que articula el relato sentimental decimonónico de la novela. La transformación del rol de Úrsula interrumpe violentamente la linealidad ficcional con otro relato y las reglas del amor ideal cortesano, con otro modelo erótico, haciendo visible que el vínculo amoroso es un acontecimiento que no se puede prever ni controlar con reglas. Esa imposibilidad de prever lo que puede suceder se convierte en violencia para quien no quiere o no puede ver-aceptar los signos que anticipan los posibles sentidos y desvíos del amor.

A estas interferencias, que funcionan como augurios siniestros de la conexión eros-tánatos, se suman las cartas ambiguas e imperiosas que escribe Úrsula con las citas textuales del epistolario erótico en las que trabaja su amado y la intromisión mediadora del macabro mensajero, que es al mismo tiempo su pareja erótica en las escenas de coito. Así, cuando Úrsula da por agotada la instancia de las cartas y el narrador consiente en salir al mundo exterior para encontrarse con ella, sin tomar en cuenta la

---

[48] En el cuento, una mujer busca en la noche a un muchacho desconocido para tener sexo con él en su casa. Durante las relaciones ella manifiesta el carácter insoportable de lo que hace, pues en realidad la escena estaba motivada por el deseo perverso del marido de verla coger con otro. El relato se narra desde la perspectiva del joven y por ello quedan ocultas las razones que llevan a la pareja a llevar a cabo algo que les produce sufrimiento a ambos.

incertidumbre que acompaña todo consentimiento respecto del otro, es sorprendido por una escena que sustituye la imaginada por él como previsible por un espectáculo que reproduce la abominación de las cartas que lee cotidianamente.

El enmascarado lo encierra en una habitación vacía que tiene una ventana destinada a ser palco privilegiado para la contemplación de la escena sexual montada por Úrsula como acto de amor. En ese encierro, que duplica la captura de su mirada y de su vida, como antes había sucedido con las cartas, se desnuda, metaforizando su inermidad ante el amor, y abre la ventana para suicidarse como Werther (128). Sin embargo, lejos de lograr poner fin a su vida, al igual que Severino el personaje de *La venus de las pieles* de Sacher Masoch que también falla en el mismo intento y presencia una escena de amor entre Wanda y otro hombre que lo humilla, quedará petrificado ante un espectáculo que no podrá controlar ni dejar de ver o tapar con el velo del pudor.

La intensidad de la escena sexual entre Úrsula y el mensajero (montada en el mismo balcón desde el cual quien narra imponía distancia y establecía el paradigma amoroso idealista del obstáculo, la contemplación, la dilación y la espera) aparece doblemente ante sus ojos (en la carta y en las imágenes que ve) como experiencia erótica imprevista, arrasadora y perversa a la que lo expone su ingenuo consentimiento de seguir al mensajero. Alexandra Kohan (2020, 169-171) subraya que todo consentimiento es dificultoso y complejo, porque nunca se sabe por adelantado a qué se ha consentido. El encuentro amoroso es contingente e imposible de prever en su devenir porque ni el yo que consiente se va a mantener igual en la experiencia ni consentir es decir únicamente sí o no, sino abrirse a la pluralidad de lo que acontezca. Nunca hay certeza en el amor acerca de los roles ni de los sucesos porque tanto el yo como el otro están sometidos a la incertidumbre. De la misma manera ocurre, en el encuentro entre texto y lector.

Escritura, indecibilidad y redundancia

En el mundo posible de la novela de Alan Pauls, escritura y vida se vuelven azarosas y reversibles y este espejo duplica la contaminación entre placer y sufrimiento, lucidez y locura, transgresión y límite, al subrayar el carácter tragicómico, paradójico y conflictivo del amor. Si lo que el personaje esperaba era el encuentro con la amada en los términos previstos por su ideal imaginario, al aceptar la invitación amorosa de Úrsula se entrega en rigor a lo que interrumpe toda previsibilidad y expectativa. Al final del laberíntico camino, por el que lo conduce el mensajero, el protagonista lee la carta que le envía su amada, cuyo contenido se reproduce ante sus ojos: vida y escritura parecen irónicamente unificarse. En ese momento, la indecidibilidad de la escritura y de las imágenes se interrumpen con la redundancia y la violencia del sentido literal que es siempre el punto de partida insustituible de cualquier deriva significante o semiosis ilimitada en un plano de consenso (Eco, 1992).

Imagen y texto configuran un entrelazamiento quiásmico que impone un sentido unario: lo que se ve y oye es lo que le describe la carta y lo que describe la carta es lo que se oye y ve. Eco, situado en la semiótica y la pragmática textual, señala que los signos literarios o icónicos constituyen una organización significante que, en lugar de designar un objeto, designan instrucciones para la producción de un significado (28). Sin embargo, para el crítico italiano, que discute con Derrida, "hay un sentido literal de las voces léxicas, que es el que encabeza los diccionarios (…). Ninguna teoría de la recepción podría evitar esta restricción preliminar. Cualquier acto de libertad para el lector puede producirse después y no antes de la aplicación de esta restricción" (1992 14). En este sentido, el personaje de la novela de Pauls puede darle muchos sentidos, incluso contradictorios a lo que ve y lee, y ser afectado de muchas maneras por ello, pero lo que no puede negar ni dejar de leer y ver es que Úrsula en el presente de la lectura de la carta está teniendo sexo con un hombre enmascarado en el balcón de la que es su casa y ante su mirada, sorprendida y escandalizada por lo inesperado de esta revelación.

Hasta ese momento, el protagonista, situado en un paradigma marcado por *deber ser*, transformaba activamente lo percibido marcándolo con el signo de la elipsis, la veladura y la censura moral, es decir, interpretando los hechos y las imágenes de acuerdo con un esquema previo que funcionaba como policía del sentido (amor ideal). Este modelo lo sometía a determinadas y precisas restricciones en la atribución de sentido. Mirar o leer es operar sobre la cosa mirada, transformándola en objeto de disfrute, de indiferencia, de aburrimiento o de horror. La mirada deja rastros, contamina y afecta lo observado con la historia, las fantasías, los miedos, las expectativas y el deseo, o no, de quien mira. Sin embargo, esta operación visual de lectura y reescritura se cancela parcialmente cuando desaparece la posibilidad de ojear, mirar de soslayo o no ver, ya que la mirada es capturada por *lo que es dado ver*, que se impone de manera autoritaria y se reduce a espectacularizar el coito y es eso fundamentalmente lo que se puede ver centralmente (Marzano, 2015, 33-35).

En el caso del personaje de *El pornógrafo*, el espectáculo que asalta su mirada doblemente, en la carta y en el balcón, produce horror, disocia la subjetividad. Por ello, cuando es obligado por el cerco de la duplicación de imágenes y de la redundancia comunicativa a percibir la conjunción de sexo desaforado y perversión que se ofrecen a su mirada como acto de amor[49], este reconocimiento imprevisible para él, agresivo y lacerante, desgarra el velo de la censura y el pudor que tejía el ideal. Descubre así que ese espectáculo "abominable" y "sucio" es, también, una posible manifestación de lo imposible e impredecible del amor. Escritura e imágenes con su redundancia impiden la deriva interpretativa y le ponen a la experiencia erótica la marca del horror.

> Lo que aquel juego de repeticiones perseguía era la perpetuación de mi lugar de testigo; la innoble pareja buscaba que yo no pudiera perder nada del espectáculo, ¡ni un detalle! Y nadie hubiera osado poner en duda la eficacia de semejante método, porque si yo deseaba privarme por un momento de la visión, allí estaba la carta para informarme de aquello que me había negado a presenciar; y si abandonaba la lectura de

---

[49] La idea de perversión se define en relación con una sexualidad que se sostiene en el sometimiento y la destrucción del otro (Carpintero 2014 81). El deseo en ella se irrumpe como voluntad de goce, que manifiesta al mismo tiempo el exceso de la transgresión de una ley y la realización de esa ley en el límite porque el goce solo se logra apoyándose en la ley que lo prohíbe y satisface la agresión a expensas del otro. Se busca el goce maligno del prójimo, paralelo al del quien lo busca, y eso se muestra como el verdadero amor (Lutereau, 2013).

la carta, ¿qué otra cosa me ofrecía aquellas siluetas entrecruzadas sino la revelación brutal de lo que había intentado ignorar? (...) ¿Cómo ignorar las razones por las cuales Úrsula, colgada por así decir del balcón, los dos senos bailoteando blandos entre los travesaños, aprovecha el momento en que el "enmascarado" la penetra para "deslizar mi mano (mientras con la otra me sostengo fuertemente de la baranda) hacia la zona de mi cuerpo de la que el imponente instrumento no cesa de salir y reintroducirse zona de la que, con dos dedos, aparto los untuosos bordes, (...) porque sin mi ayuda la prodigiosa lanza me embute entre mis nalgas hasta su empuñadura, sino para embeber mis dedos de la viscosa sustancia que humecta el agujero (...) mientras que lo que por mi culo se ha inoculado y lo que irradia mi eufórica abertura en algún lugar sublime de mi cuerpo se ha reunido, ¡soberbio encuentro!, grito hacia ti, un aullido descomunal a ti dedicado", del que alcanzo a escuchar las palabras que el final de la carta reproduce: "¡Mi amor!...¡Mi buen querido tú!..." (129-132)

La "evidencia visual" y excesiva del coito en el balcón, que tiene la hiperescopía del porno industrial, repetido en la carta, escenifica doblemente la condición de víctima de quien es desbordado por la escena que mira (129). Esta duplicidad lo hace sentirse "cruelmente descuartizado", en la medida en que escinde su subjetividad (*debe* presenciar en toda su evidencia lo que no quiere ver, teme y censura) y lo lleva, por tanto "al borde de la demencia" (130). El espectáculo erótico y la carta se unifican, así, hasta convertirse en un inmenso ojo de Medusa que lo mira y lo petrifica en el lugar de testigo de un desborde que provoca angustia y desacomoda sus creencias por lo inesperado del acontecimiento. El narrador queda así desnudo de todo presupuesto y a la intemperie. La política textual produce una torsión que desvirtúa la posibilidad de diferenciar experiencia erótica y pornografía, normalidad y perversión.

Desde el punto de vista narrativo, la escritura se transforma en la descripción directa y obscena de una experiencia sexual desaforada y extrema que no deja hueco corporal sin su correspondiente penetración y excrecencia. La escritura, en clave de porno *chic*, cita y parodia el tipo de video llamado *Gonzo*, en el que se trata de involucrar al espectador directamente en la escena sexual. Muchas veces es el camarógrafo que interviene en la escena dialogando o actuando de alguna manera en ella. En este caso, convertido en cronista gonzo[50] del triángulo erótico organizado por Úrsula y el enmascarado, el narrador configura el relato de la escena de sexo entremezclando las reacciones de los amantes, la escritura de la carta y la manifestación de sus emociones.

El relato confunde en un mismo sintagma discursivo la voz del narrador-contemplador horrorizado y la de Úrsula, que desnuda el voyeurismo reprimido de su amado, creando en la escritura el efecto de un acto performativo que al decir produce lo que describe. La tercera persona y la primera se confunden en un entretejido apenas herido por la distancia de las comillas, que inicia cada una de las citas de la carta. El discurso del narrador y el de Úrsula se suceden y solapan para dar cuenta de una experiencia que exhibe el carácter atópico e imprevisible del amor, cuya materialización no se puede configurar de antemano, o controlar en sus efectos, porque está marcado con el signo del desencuentro y la contradicción (Kohan, A 2020 160-162). Al mismo tiempo, lectura y erotismo se homologan en el terreno resbaladizo e imprevisible de las afectaciones que producen tanto uno como otra, aunque los efectos de sentido de la novela quedan en suspenso y no pueden confundirse con lo que señala el narrador.

Las paradojas del amor

Obscenidad y terror se dan la mano. La escena erótica en *El pornógrafo pudoroso* reestablece los vínculos con la sacrificial, solo que aquí la

---

[50] Según el diccionario inglés Collins, "Gonzo", significa: 1. *wild or crazy*; 2. *(of journalism) explicitly including the writer's feelings at the time of witnessing the events or undergoing the experiences written about*. https://www.collinsdictionary.com/es/diccionario/ingles/gonzo consultado 28 de enero de 2021.

víctima es quien mira y no el cuerpo de quien es atravesada por la "daga" del enmascarado sacerdote del deseo. El Cuerpo sin órganos que construyen las dos siluetas ensambladas en frenético coito se figuran a través de un recorrido sostenido y subrayado por frases y palabras-fetiche sobresaturadas de sentido, excesivas. El goce y sufrimiento se unifican en la acumulación de tropos: "su asombroso sable"/ "mi hendidura"; "el tesoro de su culo"/"el antifaz se encarnizaba en lamerlo"; "el chorro que (...) a punto está de verterse"/ "mi prodigioso agujero posterior"; "lengüetear [el culo]"/ " hundirme allí su verga" - "el imponente instrumento no cesa de salir y reintroducirse"; "dolmen"/ "restringido orificio", "la prodigiosa lanza"/ "viscosa sustancia que humecta el agujero"; "la diminuta y rígida protuberancia". Esta secuencia de imágenes táctiles y visuales culmina con una figuración auditiva que irrumpe la esfera de lo visual-táctil del placer con "un aullido descomunal" que en su ininteligibilidad animal figura el goce (128-132).

El texto construye la experiencia erótica en clave de conflicto. El relato se desliza por un intervalo paradojal en el que se despliegan las encontradas pulsiones de un sujeto pudoroso y negador, sujeto del *deber ser*, al que lo dado *de hecho* pone en crisis. En el entramado de la novela la voz polimorfa de la perversión y del deseo se dan cita, a modo de presencias espectrales que afectan hasta lo irrisorio todo idealismo erótico, de allí el tono paródico que atraviesa la escritura. Conducido por las pulsiones del masoquismo, el narrador había organizado unilateralmente un contrato implícito que permitía diferir continuamente el cumplimiento del deseo, a pesar del sufrimiento que implicaba la espera, porque el placer se cifraba no en la satisfacción sino en la dilación y el suspenso, como en los relatos de terror.

Este rasgo conecta nuevamente al personaje de *El pudor del pornógrafo* con el protagonista de *La venus de las pieles* (1870) de Leopold Von Sacher Masoch, texto en el que Severino privilegia la no concreción del deseo a la satisfacción del placer sexual, para que aquel persista indefinidamente. Para ambos personajes, el narrador de la novela de Pauls y Severino, el contrato con el diablo (la mujer-la escritura) ata a una entidad despótica y cruel la promesa de la satisfacción del deseo, pero para postergarlo una y otra vez, vampirizando la vida. La suspensión evita el momento del goce que interrumpiría la persistencia del deseo. Por ello, el suspenso, la no concreción de la posesión de la mujer, el constante diferimiento y el desvío (del contenido de las cartas, de la relación sexual) se transforma en un juego significante clave que articula la narración y a su vez desata el castigo con la forma de un desenlace imprevisto que revela la imposibilidad de controlar los efectos tanto el amor y como de la escritura.

Como el protagonista de *La venus de las pieles*, el narrador de *El pudor del pornógrafo* termina siendo víctima de los efectos del entrecruzamiento de las cartas, las acciones y las escenas que configuran su trama. La novela de Alan Pauls, en este sentido, puede ser leída como un relato de formación, tal como suceden con la de Sacher Masoch. Úrsula[51], cuyas demandas cada vez más explícitas eran objeto de dilaciones continuas, por parte de quien la sometía a una espera sin fin y no comprendía el sentido de sus envíos, interrumpe esas dilaciones con un acto final en el que se entrega a un tercero y termina educándolo de manera cruel, como Wanda hace con Severino al dejarlo por otro hombre que lo castiga con crueldad y lo humilla. Ambas mujeres dan una lección que exhibe las consecuencias negativas de un contrato erótico que somete a los amantes a una separación y un suspenso tan innecesarios como absurdos en pos del cumplimiento de un ideal de pureza (el ideal de la mujer fría y cruel en Severino; un erotismo neoplatónico en caso del narrador anónimo de la novela de Pauls). En *El pudor del pornógrafo*, la escritura pasional de un cuerpo sobre el otro es sustituida por la eternización insostenible de un deseo que aparece y desaparece, se insinúa y se retrae, busca su destino y se desvía en la escritura de cartas para irrumpir finalmente de forma excesiva como aquello reprimido que regresa con la forma del horror y ante lo cual no cabe ni desvío, ni elipsis ni censura alguna porque atraviesa con violencia el cuerpo y lo afecta.

---

[51] El nombre Úrsula deriva del latín "ursus", oso, por lo que significa "osita". Ahora bien, en el trabajo sobre Sacher Masoch de G. Deleuze, *Lo frío y lo cruel*, el filósofo francés asocia al figura del oso con la cuestión del fetiche de las pieles en el personaje de Severino.

Acto amorosamente pedagógico y testimonio de perversión, la paradójica escena final de la novela otorga un destino definitivo al relato del encuentro-desencuentro de los amantes poniendo en primer plano el desacuerdo entre sujeto y objeto y los oscuros caminos del deseo. El narrador, que se limita a ver y a leer la experiencia erótica de los otros no es un voyeur, no en el sentido de quien goza con la mirada, es alguien que suspende permanentemente su deseo y lo censura, y si bien Úrsula lo pone en el lugar del que debería gozar mirando, entre este personaje contemplativo y el exhibicionista, existe la misma diferencia de estructura y desacuerdo que entre el masoquista y el sádico: no hay complementariedad ya que responden a historias y fantasmas diversos (Deleuze 2001).

El pudor ... es la narración agónica y risible de un fetichista que reemplaza el cuerpo de la mujer amada por su metonimia, las cartas, y se impide la concreción del goce para disfrutar de la postergación infinita del sentido y del erotismo de los cuerpos. El fetichismo que lo caracteriza además como lector erotizado por la lectura se volverá en su contra al tener que contemplar, como si fuera un consumidor caníbal de pornografía, el cuerpo troceado por la hiperescopía selectiva del recorrido que pone en primer plano determinadas zonas erógenas del cuerpo de Úrsula y de su amante.

En una de sus múltiples lecturas, *El pudor del pornógrafo* testimonia que lo real es inaccesible a lo simbólico, "Todos mis sueños, Úrsula, están atados indisolublemente a lo imposible" [27], *eso* que el lenguaje expulsa al afuera de lo conceptualizable para construir una racionalidad castradora. Ahora bien, *eso* incategorizable que queda afuera de la escritura o que ella apenas "toca", la carne y sus demandas, y que está más allá de toda decencia y pudor, se insinúa en la novela como *resto* expulsado que regresa amenazante (él colmillo sobre el labio que se entrevé en la foto que Úrsula envía al narrador, el mensajero espectral que trae y lleva cartas, la máscara de quien tiene relaciones sexuales con su amada), para finalmente tomar de manera ineluctable la forma atópica del amor y la experiencia del límite.

XIII.
Un cierre abierto: la escritura como cita para hablar de lo prohibido

> Crees actuar cuando yo te agito al capricho
> de los lazos con que anudo tus deseos.
> Así éstos crecen en fuerza y se multiplican en objetos
>
> *Jacques Lacan*

La correspondencia y el lenguaje de quien narra proponen al lector, desde el comienzo de la novela de A. Pauls, un pacto que renueva, al borde de la parodia, las convenciones y el contrato de lectura que exigía un género muy frecuentado durante los siglos XVII, XVIII y XIX, el epistolar. Género textual que, además, tiene ilustres antecedentes en la literatura erótica inglesa y francesa, baste nombrar, en este sentido, la novela de John Cleland *Fanny Hill. Memorias de una joven de placer* (1748-1749), en la que la protagonista cuenta su vida licenciosa en dos cartas, y *Las relaciones peligrosas* (1782) de Pierre Choderlos de Laclos, que manifiesta el espíritu libertino del siglo XVIII en el intercambio epistolar entre la marquesa de Merteuil y el vizconde de Valmont.

El pudor... interviene, sin embargo, el flujo de mensajes, el ida y vuelta de cartas, entre destinatario y emisor, dejando solo la perspectiva unilateral y sesgada del narrador que lee, responde y da a conocer fragmentos de lo que esas cartas informan, reclaman o figuran. De esta manera, lo que se cuenta está tamizado por su imaginario y sus fantasías, respecto del erotismo, y por las prohibiciones que su ideal dictamina. Sin embargo, aquello de lo que no se quiere o debe hablar (lo que considera pornográfico y por ello elide) termina siendo el centro de la escritura porque el deseo de lo prohibido le hace trampas al sujeto y desbarata sus planes haciéndolo hablar de lo que intentaba controlar y censurar.

El título de la novela brinda una clave de lectura respecto del juego paradójico entre mirada, cuerpo y deseo que plantea el intercambio epistolar narrado por quien percibe y ama ciegamente, creyendo que ve con mayor claridad que quienes le escriben cartas. La palabra "pornógrafo" evoca el título de un escrito del libertino Nicolas Edme Réstif de la Bretonne, *Le Pornographe* (1769) que propone un intercambio epistolar entre dos amigos a modo de marco narrativo de un relato cuyo objetivo es la propuesta de un singular ordenamiento de los espacios de la ciudad y una reforma del ejercicio de la prostitución.

Entremezclado con la narración de sus problemas amorosos y sus deseos eróticos, se plantea un proyecto acorde con las ideas libertinas para convertir los prostíbulos en espacios normalizados que abran la posibilidad de que el oficio de la prostitución se vuelva digno y cuidado (2013). Al respecto Paul Preciado observa, en "Museo, basura urbana y pornografía" (2012), que el texto de Le Bretonne forma parte de una retórica higienista en la cual "la pornografía funciona como técnica de vigilancia y domesticación del cuerpo político y es parte (...) del dispositivo de la sexualidad característico de las tecnologías de poder del siglo XIX. [convirtiéndose en ...] el brazo público de un amplio dispositivo biopolítico de control y privatización de la sexualidad de las mujeres en la ciudad moderna". De modo que ya desde el principio la escritura pornográfica, en la medida en que narra y quiere controlar el ejercicio de la prostitución, asocia a la idea de "pornógrafo" tanto el relato explícito de experiencias sexuales como el control de la sexualidad en un oxímoron que reúne visibilización y control, transgresión y ley. La novela de Pauls es deudora de este gesto doble.

El pornógrafo de esta narración, en su actitud pudorosa y victoriana, lee cartas obscenas, observa escenas sexuales explícitas y las narra utilizando el artificio de la preterición ya que cuenta y describe lo que en rigor manifiesta no querer informar porque es "abominable". Por otra parte, cuando se trata de la mujer amada no puede leer las señales eróticas de seducción que le envía su cuerpo y ve las imágenes excitantes y excitadas de Úrsula como sombras tras un vidrio esmerilado, igual que la poeta del cuento de Saer que prefiere la veladura a la imagen directa del cuerpo de su cuñado. Este mirar empañado, en el caso de la novela de Pauls y hasta su final revelador, censura con el velo de la decencia o vuelve incomprensible la percepción de las experiencias sexuales que le son dadas a ver.

La palabra "pudor", según la RAE (2001), tiene dos acepciones. La primera, en uso, derivada del latín *pudor, oris*, significa honestidad, modestia, recato. La segunda, en desuso, derivada del latín *putor, oris*, tiene un sentido negativo: mal olor, hedor. Así, en el entramado de la novela se manifiestan sin solución de continuidad tanto el recato de la elipsis o la reticencia pudorosa, como los miasmas que exuda la carne en su obscenidad (*obscaenum*). Por esto, siempre *algo huele mal* en las palabras del pornógrafo. El amor ideal no puede ser expurgado del hedor de su costado carnal y siniestro, algo con olor a mierda se manifiesta siempre en él[52]. El exceso evidente en la satisfacción de las pulsiones sexuales se despliega en la escritura como en un juego ilusorio de espejos que vuelve reversible la relación entre ideal erótico y materialización del erotismo, difuminando límites y con-fundiendo los sentidos en un intervalo paradójico, tal como ocurre en la literatura.

El discurso narrativo de *El pudor del pornógrafo* provoca, en su lector ideal, paseos intertextuales que remiten a la literatura erótica, sobre todo de los siglos XVIII, XIX y comienzos del Siglo XX, pero también al género epistolar y a la industria pornográfica (*porno chic*) en una amalgama posvanguardista que borra la diferencia entre el archivo cultural y lo profano (Groys 2005). La proliferación de citas literarias y de discursos de la cultura de masas de la novela se reproducen en las operaciones de escritura de Úrsula, que replican y colocan entre comillas el epistolario que lee y responde el protagonista, quien a su vez entrecomilla y cita esas alusiones cuando le escribe a su amada o cuando cita las cartas de ella. Lo crucial en *El pudor del pornógrafo*, para el estudio de las relaciones entre erotismo y pornografía, es que este sistema de citaciones da forma sensible, a modo de sinécdoque (*pars pro totus*), al intervalo complejo y paradójico de la narración de la experiencia erótica en la literatura y sus figuraciones.

Estas imágenes multivalentes no solo polemizan con la visión unilateral, idealista y endoxática que el pornógrafo tiene del amor, sino que ponen en cuestión, también, la mirada dicotómica tradicional que la teoría y la crítica han venido desarrollado en torno a las relaciones del erotismo

---

[52] Alexandra Kohan cita en su ensayo sobre el amor (2020) al poeta alemán H. Heine que dice: "¿qué es el amor? Una estrella caída en la mierda" (77).

y la pornografía. La novela de Pauls, en su saber no sabido, desarrolla una teoría en la que el amor y la escritura erótica se configuran, en cada caso y en sus cruces, como entrelugar tensionado por el deber ser y lo dado de hecho, y este entredós se manifiestan como lenguaje paradójico. Así, los múltiples tonos del claroscuro de infinitos grises, que configura el texto, se solapan y contaminan de manera tal que mirar y no mirar, ver y no ver, decir y evitar decir, lítote e hipérbole, veladura y crudeza descriptiva construyen de manera singular la intermitencia inadecuada y fuera de lugar que da forma al campo complejo y aporético de la literatura erótica.

Borges y Foucault: lo que se puede decir y lo que se calla

Una anécdota de Luisa Valenzuela ilustra el malentendido que confunde literatura erótica, pornografía y experiencia sexual y con ello el campo de la escritura con el de la moral. Cuenta la escritora en "Páginas eróticas de la literatura argentina" (2007) que, en la presentación de un libro, *La cifra* de Jorge Luis Borges, ella se acerca a saludarlo y en ese momento el escritor la toma del brazo y le dice: "Sabe, Luisa, usted y yo hemos escrito un cuento con el mismo argumento". Valenzuela se siente tocada, creyendo que él podría pensar que lo había imitado, y le contesta que no lo creía posible. Entonces, Borges afirma: "Sí, sí (...) ambos escribimos sobre el *acto sexual*" (Subrayo). Los Textos aludidos eran el capítulo "El juego del fornicón", perteneciente a *El gato eficaz* (1991) de Valenzuela, y "La secta del Fénix" de Borges, perteneciente a "Artificios" en *Ficciones* (1974, 522-524).

El breve cuento de J. L. Borges refiere la existencia de una práctica secreta de la que participan los miembros de la secta del Fénix, a los que se alude también como "La Gente de la Costumbre" o "La Gente del Secreto", anudando de manera anticipatoria lo sagrado y lo profano (522). Este grupo esotérico, extendido por todo el mundo y de origen controversial, se caracteriza por la realización de una práctica, también secreta que, con el tiempo, según comenta el narrador, se convierte en instinto, esto es, *se naturaliza*. A medida que avanza la narración, la escritura establece una compleja, disparatada e irónica genealogía de la secta y sus miembros importantes, en la que abundan las citas apócrifas, los nombres falsos, las asociaciones ilógicas, los ejemplos absurdos y las reflexiones de agudo humorismo. Al mismo tiempo, se produce la diseminación de una serie de claves de lectura que permitirían interpretar, a un lector advertido pero no a uno ingenuo o de primera vez, el carácter sexual de la práctica cuyo sentido está velado, como en *El pudor del pornógrafo,* por las elipsis, los circunloquios y la reticencia de quien narra, como si éste fuera un cronista irónico y un etnólogo moderno distanciado que da cuenta de prácticas cuyo sentido desconoce por no pertenecer a la cultura que intenta describir:

> Alguna vez, además del Secreto hubo una leyenda (y quizás un mito cosmogónico), pero los superficiales hombres del Fénix la han olvidado y hoy solo guardan la oscura tradición de un castigo. De un castigo, de un pacto o de un privilegio, porque las versiones difieren y apenas dejan entrever el fallo de un Dios que asegura a una estirpe la eternidad, si sus hombres, generación tras generación, ejecutan el rito. He compulsado los informes de los viajeros, he conversado con patriarcas y teólogos; puedo dar fe de que el cumplimiento del rito es la única práctica religiosa que observan los sectarios. El rito constituye el Secreto. (…) pero el uso no quiere que las madres lo enseñen a los hijos, ni tampoco los sacerdotes; la iniciación en el misterio es tarea de los individuos más bajos. (…) también un niño puede adoctrinar a otro niño. El acto en sí es trivial, momentáneo y no requiere descripción. Los materiales son el corcho, la cera o la goma arábiga. (En la liturgia se habla de légamo; este suele usarse también.) No hay templos dedicados especialmente a la celebración de este culto, pero una ruina, un sótano o un zaguán se juzgan lugares propicios. (523)

El relato de Borges juega con el malentendido y la entrelínea subrayando el carácter esotérico del rito y prestigiando las palabras con las que alude a él a través del uso de las letras mayúsculas. Sin embargo, esos términos ontológizados solo están para producir desvíos de sentido y un juego tropológico que sustituye, por la ampulosidad de lo marcado con el signo de sagrado, palabras más triviales como pene (Fénix), coito (Secreto), iniciación sexual (iniciación en el misterio), reproducción (asegurar a una estripe la eternidad). Por otra parte, las referencias a elementos de la vida cotidiana "el légamo", "el corcho", "la cera" o "la goma arábiga", se dan en una sucesión en la que se pierde el vínculo lógico que articula la enumeración si se ignora que son preservativos antiguos[53]. Esto también sucede en otros casos referidos al espacio en el que se desarrolla el culto y a quienes inician en él a los nuevos. Estas informaciones aparentemente incoherentes y herméticas constituyen un guiño que solo puede ser comprendido si se ha descifrado la clave de lectura. El cuento tiene una escritura críptica que tiene la forma del secreto, pero no bien se vislumbra cuál es la clave se demuestra que no hay secreto alguno porque la mayor parte de los seres humanos tiene sexo y habla de sexo.

En cuanto al mentado "Secreto", caracterizado como "clandestino", "furtivo" y, paradójicamente, "ridículo", un indicio importante de su problematicidad discursiva está constituido por la reticencia de dos afirmaciones contundentes, que por ello se vuelven locuaces desde la perspectiva ideológica y a pesar de la ironía: "los adeptos no hablan de él" y "no hay palabras decentes para nombrarlo" (523). La sexualidad y sus prácticas aparecen marcadas con el signo de la represión, la secta es metonimia del mundo posible del texto imaginado desde una perspectiva pudorosa, patriarcal y falocéntrica. No se habla del ritual desde la perspectiva de las mujeres. Sin embargo, la escritura no oculta el carácter complejo del discurso sobre la sexualidad que la atraviesa porque también señala que "todas las palabras lo nombran o mejor dicho inevitablemente lo aluden" (523). Esta afirmación traza de manera esotérica el recorrido paradojal

---

[53] "Sin embargo, un periodista curioso y deseoso de descubrir la verdad de El Secreto, se atrevió a preguntar directamente a Borges en qué consistía el rito de la secta y éste le respondió, al oído, que se trataba de 'lo que el marido sabe, gracias al acto de engendrar'". Es cierto que Borges había dado en el texto alguna pista para dilucidarlo: "Los materiales son el corcho, la cera o la goma arábiga", en clara referencia a antiguos métodos anticonceptivos, pero ello debió pasar desapercibido a los estudiosos que quizá como los niños querían a la vez saber y no saber" (García Gomila 2012, 2/5 PDF)

que las figuraciones de la experiencia erótica y las prácticas sexuales han tenido en la literatura que al mismo tiempo que las ha difuminado y elidido con sustituciones y desplazamientos ha funcionado como obsceno (*obscenus*) dispositivo estético de confesión, haciendo públicas las privadas pulsiones y las fantasías de los cuerpos y todo aquello considerado *infame*.

En aparente polémica con el Borges de "La Secta del Fénix" y su *Secreto*, que sin embargo parece parafrasear en muchos tramos, Michel Foucault (2000) afirma que

> Todavía a comienzos del siglo XVII era moneda corriente (...) cierta franqueza. Las prácticas [sexuales] no buscaban el secreto; las palabras se decían sin excesiva reticencia, y las cosas sin demasiado disfraz; se tenía una tolerante familiaridad con lo ilícito. Los códigos de lo grosero, de lo obsceno y de lo indecente, si se los compara con los del siglo XIX, era muy laxos (9).

Esta afirmación es solidaria con el desarrollo de la literatura de carácter erótico que culminará en el siglo XVIII con la obra de los libertinos y con las novelas más importantes de la literatura inglesa llamada "pornográfica". En el mismo capítulo, el filósofo francés observa que al llegar la época victoriana los discursos hacen perceptible que "la sexualidad es cuidadosamente encerrada" ya que "La familia conyugal la confisca. Y la absorbe por entero en la seriedad de la función reproductora. En torno al sexo, silencio" (9).

Dos heterotopías de desvío (Foucault, 1994), el burdel y el manicomio, serán los lugares en los que se recluirá el escándalo de las anomalías y las "sexualidades ilegítimas" (Foucault 2000 10). Sin embargo, es sobre todo en el espacio de interacción entre las prostitutas y sus clientes donde se desplazará y tendrá su lugar atópico el placer, como parte de una operación mercantil de intercambio. Solamente en ese emplazamiento separado de la vida burguesa decente "el sexo salvaje tendría derecho a formas de lo real, pero fuertemente insularizadas, y a tipos de discursos clandestinos [pornográficos], circunscriptos, cifrados" (2000 10-11). Más adelante, con Freud, ese discurso marginalizado sobre el sexo encontrará en el diván un lugar "seguro y discreto" (11) que, también, produce ganancias. En este sentido, el surgimiento moderno de la literatura llamada por el siglo XIX pornográfica se suma, como espacio atópico, a la serie de espacios marginalizados en los que a cambio de dinero se puede, con el beneplácito del orden burgués, acceder al relato y a la lectura gozosa de estas prácticas *bochornosas* para la sociedad *honesta y decente*: el prostíbulo y el diván (12).

El discurso moderno sobre la represión del sexo y su conexión con el desarrollo del capitalismo se sostiene en un principio explicativo que determina que el sexo se reprime con rigor porque atenta contra la dedicación intensiva al trabajo. No obstante, otro discurso más libertario señala que si la sexualidad se silencia es porque hablar de ella y de su represión puede convertirse en una transgresión deliberada que haga tambalear el poder y la ley. El sexo se configura, en este último sentido, como desafío al orden establecido, revuelta y acceso a la libertad, de ahí el carácter transgresor que adoptaría su escritura (12-13).

Para M. Foucault, este último discurso que conecta sexo, revelación de la verdad, ataque a la ley del mundo y promesa de felicidad es determinante para la constitución del dispositivo, contrario a la hipótesis represiva, por medio del cual se vuelve obligatorio hablar del sexo como parte de "las técnicas polimorfas del poder" (14-19). De esta manera, el florecimiento de la literatura erótica de carácter fáunico hacia fines del siglo XVI no sería otra cosa que el desarrollo de instancias de producción discursiva de saber-poder que en su carácter complejo incitan a la puesta en discurso del sexo sin dejar por ello de integrar los silencios y las prohibiciones (20).

Desde Borges a Foucault, pasando por Bataille, Maingueneau, Hunt y Lissardi, los cuentos de Mercado y Jeftanovic o las novelas de Martín Kohan y Alan Pauls, por solo nombrar algunas detenciones del recorrido literario y teórico hecho por este ensayo, las disputas y solidaridades entre el discurso teórico-crítico y el saber no sabido que encierra la literatura erótica dibujan la figura de un intervalo inscripto en la lógica difusa.

Literatura erótica, pornografía y paradoja

Esta pone en crisis con su complejidad paradojal los binarismos de carácter moral y político, que determinan extraliterariamente cómo debería narrarse la sexualidad o qué etiqueta hay que ponerle cuando roza el exceso.

La marginalización o la estigmatización de lo que aparece *de hecho* como obsceno o perverso en el espacio de la escritura y su expulsión punitoria al campo de la pornografía, usada como etiqueta de un *deber* ser que se viola, es el efecto de un giro ético que convierte las formas sensibles en *desvío* que escandaliza por sus efectos nocivos sobre la sociedad o el lector, quien necesariamente se excitaría o correría peligro de ver como natural y reproducir aquello que debería espantarlo. Se trata de proteger a la sociedad de las imágenes que el arte y la literatura diseminan sin control policial. Sin embargo, el discurso literario no tiene como misión enseñar lo que está bien o lo que está mal, ni educar al lector respecto a lo que debe o no debe hacer, ni narrar una experiencia ejemplar, ni ponerle una etiqueta legal, moral o religiosa al mundo posible que figuran sus ficciones sobre el erotismo y la sexualidad.

No hay relación causa efecto entre la intencionalidad y las creencias del autor, la política del texto en su distribución de lo sensible y los efectos de recepción que produciría en una determinada sociedad o en un lector singular. La literatura erótica en la pluralidad compleja y contradictoria que configuran los diversos matices de su claroscuro (más allá de toda censura, más allá de toda perversión, más allá de todo efecto pornográfico), en tanto forma sensible de un mundo ficcional o poético imaginable, pensable y escribible está regida solamente por la política democrática de su palabra nómade y los juegos significantes que habilita. Lo demás (el recato, el escándalo, la lujuria de las imágenes, el regodeo voyeurista, la repulsa, el placer estético...) corre por cuenta de quien lee y en esa posibilidad multiforme de lecturas radica la maravilla y el embeleso que produce el entramado textual y sus dispositivos. Y que se masturbe leyendo quien quiera, no será la literatura, erótica o no, quien se lo impida, pero eso sí la pornografía no está en el texto, está en una mirada singular y atravesada por las prohibiciones sociales y los fantasmas de quien lee.

BIBLIOGRAFÍA

Corpus literario

Borges. "La secta del fénix", en *Obras Completas*, EMECE, 1974, pp. 522-524.

---. "El informe de Brodie", en *El informe de Brodie*, Buenos Aires, EMECE, 1979.

Burzi, Juan José. "Tania". *El libro de los muertos vivos*, Buenos Aires, Lea, 2013.

Chéjov, Anton. "La dama del perrito", en *Cuentos Imprescindibles*, Barcelona, Lumen, 2000, pp.432-450.

Cleland, John. *Fanny Hill*. Free Editorial, 2018, PDF. https://freeditorial.com/es/books/fanny-hill-espanol

Copi. "El uruguayo", en *11 Relatos Argentinos del siglo XX (Antología Alternativa)* [edición de Héctor Libertella] Buenos Aires, Editorial Perfil, 1997.

Cucurto, Washington. *Las aventuras del señor Maíz*, Buenos Aires, Interzona, 2005.

Darío, Rubén. "Ite missa est", en *Poesías completas*, Buenos Aires, Claridad, 2005.

Harwicz, Ariana. *Matate amor*, Buenos Aires, Mar Dulce, 2012.

Jarkowski, Aníbal. *El trabajo*, Buenos Aires, Tusquets, 2007.

Jeftanovic, Andrea. "Árbol genealógico". *No aceptes caramelos de extraños*. Santiago de Chile, Editorial Comba, 2015.

Kohan, Martín. *Los cautivos. El exilio de Echeverría*. Buenos Aires, Sudamericana, 2000.

---. *Fuera de lugar*, Barcelona-Buenos Aires, Editorial Anagrama, 2016.

---. *Confesión*, Buenos Aires, Anagrama, 2020.

Lemebel, Pedro. "Anacondas en el parque", en *La esquina es mi corazón*, Santiago de Chile, Cuarto Propio, 1995.

Lissardi, Ercole. *El acecho*, Buenos Aires, Santiago Arcos Editor, 2016.

López, Julián. *La ilusión de los mamíferos*, Buenos Aires, Random House, 2018.

Lugones, Leopoldo. "Delectación morosa" y "Océanida", *Los crepúsculos del jardín*, obras completas, Madrid, Aguilar, 1952.

Mairal, Pedro. *Pornosonetos*, Buenos Aires, Emecé, Colección cruz del sur, 2018, P 7.

Mercado, Tununa. "Las amigas", en *Sex Shop. Cuentos eróticos argentinos*, Buenos Aires, EMECÉ editores, 1998. Pp. 13-18.

Menstrual, Naty. "Yo quiero tetas", en *Blog Literatura Travesti Trash*, 27 de diciembre de 2007. http://natymenstrual.blogspot.com/2007/12/queremos-tetas.html

---. *Batido de trolo*, Buenos Aires, Milena Cacerola, 2012.

---. *Continuadísimo*, Buenos Aires, Eterna Cadencia Editora, 2008.

Pauls, Alan *El pudor del pornógrafo*, Buenos Aires, Barcelona, Anagrama, 2014

Perlongher, Néstor, "El polvo" y "Madame S.", en *Poemas completos*, Buenos Aires, Planeta-Seix Barral, 2003.

Pérez, Pablo. *El mendigo chupapija*, Buenos Aires, Editorial Mansalva, 2005.

Pinedo, Rafael. *Plop*, Buenos Aires, Ediciones Godot, 2002.

Sacher Masoch, Leopold. *La venus de las pieles*, Buenos Aires, Tusquets, 1997.

Sade, Marques de. *Filosofía en el tocador*, Free Editorial, PDF. https://freeditorial.com/es/books/filosofia-en-el-tocador/related-books

Saer, Juan José. "Verde y negro", en *Unidad de lugar*, Espasa Calpe Argentina-Seix Barral, 1996.

Saul, Jack. *The Sins of the Cities of the Plain, or the Recollections of a Mary-Ann, with Short Essays on Sodomy and Tribadism*, London, William Lanzenby, 1881. [En español traducida por la editorial Amistades particulares, 2015]

Videla, Roberto. *La intimidad*, Buenos Aires, Mansalva, 2015.

Fuentes secundarias

Adorno, Th. W. *Teoría estética*, Madrid, Akal, 2004.

Alexandrian. *Histoire de la littérature érotique*, Paris, Seghers, 1989.

Alzuru, Pedro. «El *Trash*: la estética de la basura", en *Revista de Estudios Culturales*, N°2, Julio 2011, pp. 8-21.

Arcand, Bernard. *El jaguar y el oso hormiguero. Antropología de la pornografía*. Buenos Aires, Nueva Visión, 1993

Ares, María Cristina. "Lo museable" en Elena Oliveras (ed.), *Cuestiones de arte contemporáneo. Hacia un nuevo espectador en el siglo XXI*, Bs.As., Emecé, 2008, pp.47-71.

Bajtin, Mijail. *La cultura popular en la Edad Media y el Renacimiento*, Madrid, Alianza Editorial, 1987.

Barthes, Roland. *S/Z*, México, Siglo XXI Editora, 1980.

---. "Escribir la lectura" y "Sobre la lectura", en *El susurro del lenguaje. Más allá de la palabra y la escritura*, Barcelona, Paidós, 1994.

---. *Mitologías*, México, Siglo XXI Editores, 7ª. edición, 1988.

---. *La cámara lúcida*, Barcelona, Planeta, 2009.

---. *El placer del texto y Lección inaugural*, México, Siglo XXI Editora, 1995.

---. *Sade, Fourier y Loyola*, Madrid, Cátedra, segunda edición, 2012.

Barzani, Carlos Alberto [Comp.]. «Introducción», en AAVV. *Actualidad de erotismo y pornografía*, Buenos Aires, Topía Editorial, 2015.

Bataille, George. *El erotismo,* Buenos Aires, Tusquets, 2006.

Baudrillard, Jean. *De la seducción*, Madrid, Cátedra, 1984.

Berger, John. *Modos de ver*, Barcelona, Editorial Gustavo Gili, 3ª edición, 2017.

Bollig, Ben. "Migración y activismo literario: la intervención social y poética de Washington Cucurto en la Argentina actual, en *Tropelías. Revista de Teoría de la Literatura y Literatura Comparada*, 18 (2012), pp. 149-154.

Bourdieu, Pierre. *La distinción. Criterio y bases sociales del gusto*, Madrid, Taurus, 1979.

Bruckner, Pascal & Alain, Finkieldraut. "Las mujeres/Los hombres", en Flavia Puppo [Comp.]. *Mercado de deseos. Una introducción a los géneros del sexo*, Buenos Aires, La Marca Editora, 1998, pp. 106-108.

Bürger, Peter. "Aporías de la estética moderna", en *New Left Review*, N°184, 1990.

Butler, Judit. *Cuerpos que importan*, Buenos Aires, Paidós, 2018.

Carpintero, Enrique. *El erotismo y su sombra*, Buenos Aires, Topía, 2014.

Citro Silvia y equipo de Antropología del cuerpo. *El ojo vulva*. Performance realizada en las II Jornadas Cuerpo y Violencia en la literatura y las Artes Audiovisuales Latinoamericanas Contemporáneas, miércoles 31 de julio de 2019, Facultad de Filosofía y Letras, Universidad de Buenos Aires.

Corominas, Joan. *Breve Diccionario etimológico de la lengua castellana*, Madrid, Gredos, 1970.

Deleuze, Gilles. *Presentación de Sacher-Masoch. Lo frío y lo cruel*, Buenos Aires, Amorrortu, 2001.

Deleuze, G. & Felix Guattari. "¿Cómo hacerse un cuerpo sin órganos?", en *Mil mesetas*, Valencia, Pre-Textos, 1988, p. 156 y ss.

Derrida, Jaques. "La farmacia de Platón», en *La diseminación*, Madrid, Fundamentos, 1997, pp.91-261.

Despentes, Virginie. "Durmiendo con el enemigo" y "Brujas porno", en *Teoría King Kong*, Buenos Aires, Random House, 2018.

Echavarren, Roberto. "La invención del porno", en Roberto Echavarren, Amir Amed y Ercole Lissardi, *Porno y Posporno*, Montevideo, Hum, 2009, pp. 31-52.

Echavarren, Roberto. "Prólogo", en Néstor Perlongher, *Poemas completos*, Buenos Aires, Planeta-Seix Barral, 2003.

Eco, Umberto. *Lector in fabula. La cooperación interpretativa en el texto narrativo*, Barcelona, Lumen, 1987.

---. *Los límites de la interpretación*, Barcelona, Lumen, 1992.

Ferreti, Natalia. "Literatura erótica: palabras que encienden", en *Diagonal*, 8 de noviembre de 2006. https://www.diagonalperiodico.net/culturas/palabras-encienden.html

de la Bretonne, Réstif. *El pornógrafo*, Madrid, Asociación de directores de escena de España, 2013. [Edición digital]

Foucault, Michel. *El nacimiento de la clínica*. México, Editorial Siglo XXI, 1953.

---. *Vigilar y castigar*, Buenos Aires, Siglo XXI Editores, 1976a.

---. "Nosotros los victorianos", en *Historia de la sexualidad*, Tomo 1, Buenos Aires, Siglo XXI, 1976b

---. *Tecnologías del yo*, Buenos Aires, Editorial Paidós, 1981.

---. *El cuerpo utópico. Las heterotopías*, Buenos Aires, Nueva Visión, 1994.

---. *Los anormales*, Buenos Aires, Fondo de Cultura Económica, 1999.

---. "Entrevista: sobre el placer, masoquismo y varios jugos", 2008, en https://gritasalvaje.wordpress.com/2008/10/21/michel-foucault-entrevista-sobre-el-placer-masoquismo-y-varios-jugos-fragmentos/

---. *¿Qué es un autor?*, Buenos Aires, El cuenco de plata, 2010.

Frappier-Mazur, Lucienne. "Verdade e palabra obscena na Pornografía Francesa do Século XVIII", en Lynn Hunt, *La invención de la pornografía. Obscenidad y los orígenes de la modernidad 1500-1800*, San Pablo, Hedra, 1999, pp. 217-240.

Freud, Sigmund. *El malestar en la cultura*, -buenos Aires, Biblioteca Libre OMEGALFA, 2010.

---. *Lo siniestro*. Sebastián Arena Editor, Epublibre, ePub r1.0, 2013.

---. *El fetichismo y otros textos*, Buenos Aires, Mármol Izquierdo Editores, Buenos Aires, 2019.

---. "Totem y Tabú", en *Obras Completas*, tomo XIII, Buenos Aires, Amorrortu Editores, segunda edición, 1991.

García Gomila, Carme. "Freud Borges y el secreto", en *Revista Temas de Psicoanálisis*, Núm. 4, junio 2012. https://www.temasdepsicoanalisis.org/2012/06/18/freud-borges-y-el-secreto/

González Requena, Jesús. "Cuerpos fragmentados", en Flavia Puppo [Comp.]. *Mercado de deseos. Una introducción a los géneros del sexo*, Buenos Aires, La Marca Editora, 1998, Pp. 21-24.

Groys, Boris. *Sobre lo nuevo. Ensayo de una economía cultural*, Valencia, Pre-Textos, 2005,

Gutiérrez Girardot, Rafael. *Modernismo, supuestos históricos y culturales*, México, F.C.E., 1988.

Gay, Peter. "La educación de los sentidos", Tomo 1, en *La experiencia burguesa de Victoria a Freud*, México, FCE, 1992 (1984).

Giorgi, Gabriel. *Formas comunes*, Buenos Aires, Eterna Cadencia Editora, 2014.

Goulemont, Jean Marie. *Ces libres qu'on ne lit que d'une main. Lecture et lecteurs de livres pornographiques au 18e. siècle. Aix-en-Provence*, Alinéa, 1991.

Hunt, Lynn. *Invenção da pornografia: obscenidade e as origens da modernidade, 1500-1800*, São Paulo, Hedra, 1999.

Jay, Martin. *Ojos abatidos. La denigración de la visión en el pensamiento francés del Siglo XX*, Madrid, Akal, 2007.

---. *Campos de fuerza. Entre la historia intelectual y la crítica cultural*, Bs.As., Paidós, 2003.

Jameson. F. *Documentos de cultura, documentos de barbarie*, Madrid, Visor Distribuciones, 1989.

Jeftanovic, Andrea. "La parábola del abuso", entrevista, en *Revista Ñ*, 22 de mayo de 2012. https://www.clarin.com/rn/literatura/Andrea-Jeftanovic-parabola-abuso_0_HJs-SA72D7e.html

Kendrick, Walter. *The Secret Museum, Pornography in Modern Culture*, California University Press, Berkeley, 1987.

Kohan, Alexandra. *Psicoanálisis: una erótica contra natura*, Buenos Aires, Vida-Tec, Indie Libros, 2019, Edición digital, E-Pub.

---. *Y sin embargo, el amor. Elogio de lo incierto*, Buenos Aires, Paidós, 2020.

Kristeva. Julia. *Poderes del Horror*, Madrid, Editorial Siglo XXI, 1980 [trad. Nicolás Rosa].

La Furcia, Ange. "Los colores de las fantasías. Estudios sobre masculinidades en Colombia: crítica feminista y geopolítica del conocimiento en la matriz colonial", en *Revista colombiana de sociología*, Vol. 39, N° 1, 2016. https://revistas.unal.edu.co/index.php/recs/article/view/56341

Lameda, Carlos y Ennodio Torres Cruz. "Lotfi Zadeh el genio creador de la lógica borrosa". *Revista Ciencias y Tecnología*, Vol. 12, N.° 2, Julio-diciembre, 2018, pp. 127-133.

Le Breton, David. *Antropología del cuerpo y modernidad*, Buenos Aires: Nueva Visión, 1990.

---. *El cuerpo herido*, Buenos Aires: Topía Editorial, 2017.

Leite Jr., Jorge. "Laberintos conceituais científicos, nativos e mercadológicos: pornografia com pessoas que transitan entre os gêneros", *Caderno Pagu*, N° 38, Campinas, Enero 2012, Pp. 99-128.

---. "La celebración de la cara oculta: la predominancia de la imagen del ano en la pornografía contemporánea", en AAVV. *Actualidad de erotismo y pornografía*, Buenos Aires, Topía Editorial, 2015, Pp- 63-79.

Lissardi, Ercole. "Después de la pornografía", en Echavarren, R., A. Hamed & E. Lissardi. *Porno y posporno*, Hum. Montevideo, 2009, Pp. 71-117.

---. "El cuerpo pornográfico", en *La pasión erótica. Del sátiro griego a la pornografía por Internet*, Buenos Aires, Paidós, 2013.

Lutereau, Luciano. *Por amor a Sade. Estética y clínica de la perversión*, Buenos Aires, Ediciones La cebra, 2015.

---. "La concepción lacaniana de la perversión en Seminario 10", V Congreso Internacional de Investigación y Práctica Profesional en Psicología, XX Jornadas de Investigación Noveno Encuentro de Investigadores en Psicología del MERCOSUR. Facultad de Psicología - Universidad de Buenos, 2013

---. "La mirada: Merleau-Ponty y Lacan. Construcción de una noción y consecuencias clínicas", en *Anuario de Investigaciones*, vol. XIX, 2012, Universidad de Buenos Aires, pp. 99-106.

Maingueneau, Dominique. *La literatura pornográfica*, Buenos Aires, Nueva Visión, 2008.

---. *Le Discours littéraire. Paratopie et scène d'énonciation*. Paris, Armand Colin, 2004.

Marcuse, Herbert. *Eros y civilización*, Barcelona, Seix Barral, 1968.

Marti, Octavi. "El infierno del libro prohibido. Reportaje", en *El País*, Cultura, 3 de diciembre de 2007. https://elpais.com/diario/2007/12/04/cultura/1196722801_850215.html

Marzano, Michela. "Las paradojas de la pornografía contemporánea. Entre libertad, goce, estereotipos de sumisión", en AAVV *Actualidad de erotismo y pornografía*, Buenos Aires, Editorial Topía, 2015.

Mastrandrea, Paula. "Caso Dora. La historia de un fracaso". VIII Congreso Internacional de Investigación y Práctica Profesional en Psicología, XXIII. Jornadas de Investigación XII Encuentro de Investigadores en Psicología del MERCOSUR. Facultad de Psicología - Universidad de Buenos Aires, Buenos Aires, 2016. https://www.aacademica.org/000-044/128.pdf

Mc Nair, Brian. La cultura del striptease. Sexo, medios y liberalización del deseo, Barcelona, Editorial Océano, 2004.

Mead, Margaret. *Adolescencia, sexo y cultura en Samoa*, Barcelona, Planeta, 1993.

Meler, Irene. "Las huellas eróticas de la subordinación". En: AAVV. *Actualidad de erotismo y pornografía,* Buenos Aires, Topía Editorial, 2015

Mena, María Inés. "El lugar del fetiche en el discurso de Freud y Marx a la luz de la época actúa: "Posmoderna", *Anuario de Investigaciones*, vol. XVIII, 2011, Universidad de Buenos Aires, Argentina, Pp. 95-99. https://www.redalyc.org/pdf/3691/369139947062.pdf

Mitchel, W.J.T. *Teoría de la imagen. Ensayos sobre representación verbal y visual.* Madrid, Akal, 2009.

Molina, Cristina. La "pija de oro" en *Las aventuras del Señor maíz de Washington Cucurto*. Algunas notas", *Orbis Tertius*, 2013, XVII (19), Universidad Nacional de La Plata, Facultad de Humanidades, Centro de Estudios de Teoría y Crítica Literaria, Pp.135-146. http://www.orbistertius.unlp.edu.ar

Montes, Alicia. "Cuando rota la lente estalle el ojo. Modernismo y neobarroco: erotismo, sacralidad y violencia", en *HOLOGRAMÁTICA* - Facultad de Ciencias Sociales UNLZ, Año VI, Número 7, V4, pp.3-35, 2008.

---.. "Camp neobarroco: homenaje, artificio y violencia", en *Confluenze*. Vol. 1, N° 2, Departamento de Lingue e Litterature Straniere Moderna, Universitá di Bologna, 2010, pp. 99-111.

---.. *Políticas y estéticas de representación de la experiencia urbana en la crónica contemporánea*, Buenos Aires, Corregidor Editora, 2013.

---. "Cuerpos vulnerados. Paradigma inmunitario y erotismo", en *Cuerpos Presentes. Figuraciones de la muerte, la enfermedad, la anomalía y el sacrificio*, Buenos Aires – Los Ángeles, Editorial Argus-a, 2017, Pp. 1-32.

---. "El cuerpo deseante como des-quicio de lo familiar: *Matate amor* de Ariana Harwicz", en *Cuerpo y violencia de la inermidad a la heterotopía*, Buenos Aires-Los Ángeles, Editorial Argus-a, 2020, Pp. 107-135.

Moreno, María. "No, mi ama", en *Idea crónica*, Buenos Aires, Beatriz Viterbo Editora, 2006, Pp. 77-100.

---. "Poética Popó", en Suplemento Soy, *Página 12*, viernes 1 de febrero de 2013.
https://www.pagina12.com.ar/diario/suplementos/soy/1-2798-2013-02-01.html

Nabokov, Vladimir. *Lolita*, Santiago de Chile, Editorial Sol, 2006.

Osborne, Raquel. «Lo que a mí me gusta es erótico, lo que a ti te gusta es pornográfico", en AAVV. *Actualidad de erotismo y pornografía*, Buenos Aires, Topía Editorial, 2015, pp. 27-38.

Otero, Tomás. "Prólogo. Hay que tomar el goce a la letra", en Luciano Lutereau. *Por amor a Sade. Estética y clínica de la perversión*, Buenos Aires, Ediciones La cebra, 2015.

Otto, Rudolph. *Lo santo*, Madrid, Alianza Editorial, 1966.

Preciado, Paul. *Terror anal y Manifiestos recientes*, Buenos Aires, La Isla de la Luna, 2013.

---. *Pornotopía. Arquitectura y sexualidad en "Palyboy" durante la guerra fría*, Barcelona, Anagrama, 2010

---. *Manifiesto contrasexual*, Barcelona, Anagrama, 2011.

---. "Museo, basura urbana y pornografía", publicado en 12 agosto de 2012 por *lasdisidentes*. https://lasdisidentes.com/2012/08/12/museo-basura-urbana-y-pornografia-por-beatriz-preciado/

---. *Testo Yonqui*, Buenos Aires, Paidós, 2014.

---. "Posporno. Excitación disidente", Entrevista, en *Parole de Queer* Blog., 2014. http://paroledequeer.blogspot.com/2014/01/entrevista-con-beatriz-preciado.html

Puppo, Flavia [Comp.]. *Mercado de deseos. Una introducción a los géneros del sexo*, Buenos Aires, La Marca Editora, 1998.

Quijano, Alonso. "Colonialidad del poder y clasificación social", en *Journal of world-systems* research, Vol. XI, N° 2, verano/otoño, 2000, pp. 342-386.

Rancière, Jacques. *El desacuerdo. Política y filosofía*, Buenos Aires, Nueva Visión, 1996.

---. *Política de la literatura*, Buenos Aires, Libros del Zorzal, 2007.

---. *La palabra muda*, Buenos Aires, Eterna Cadencia Editora, 2009

---. "La imagen pensativa", en *El espectador emancipado*, Buenos Aires, Manantial, 2010.

---. a. *Política de la literatura*, Buenos Aires, Libros del Zorzal, 2011.

---. b. *El malestar de la estética*, Buenos Aires, Capital Intelectual, 2011.

---. *Figuras de la historia*. Buenos Aires, Buenos Aires, Eterna Cadencia, 2012.

---. *Los bordes de la ficción*, Buenos Aires, Edhasa, 2017.

Robert Moraes, Elianne. *O corpo Impossível*, São Paulo, Iluminuras, 2017.

---. *Lecciones de Sade. Ensayos sobre la imaginación libertina*, Cali, Universidad Santiago de Cali, 2019.

---. "O efeito obceno", em *Cadernos Pagu* (20) 2003, pp.121-130.

Rodríguez Montiel, Emiliano. "Nacer a destiempo, Sobre El pudor del pornógrafo la última novela de Alan Pauls", en *Revista Landa*, Volumen 8, N° 2, 2020. Repositorio.ufsc.br, PDF. https://www.academia.edu/43482581/Nacer_a_destiempo_Sobre_El_pudor_del_porn%C3%B3grafo_la_%C3%BAltima_novela_de_Alan_Pauls

Rougemont, Denis de. *L'amour et l'occident*, Paris, Plon, 1984.

Sebeok, T. A. "Fetiche", en *Études Littérarires*, 21 (3), 1989 Pp. 195-209. https://dol.org/10.70202/500880ar

Sennett, Richard. *Carne y piedra. El cuerpo y la ciudad en la civilización occidental*, Madrid, Alianza Editorial, 1997.

Sloterdijk, Peter. *Crítica a la razón cínica*. Madrid, Siruela, 2003.

Sollers, Philippe. «La pornografía", en A Gauvin *EntrePar*, 11/03/2009. http://www.pileface.com/sollers/imprime.php3?id_article=834&var_mode=recalcul

Timmermann, Freddy. "Dolor, identidad y poder. Franz Kafka cartas a Milena", en *Revista chilena de temas sociológicos*, N°8, 2002. Online 2017. http://ediciones.ucsh.cl/ojs/index.php/TSUCSH/article/view/186

Todorov, Tzvetan. *Introducción a la literatura fantástica*, Buenos Aires, Editorial Tiempo Contemporáneo, 1972.

Valenzuela, Luisa. "Páginas eróticas de la literatura argentina", Alicante, Biblioteca Virtual Miguel de Cervantes, 2018. Formato HTLM. http://www.cervantesvirtual.com/obra-visor/paginas-eroticas-de-la-literatura-argentina-934364/html/5f33d4eb-c726-4bc5-a900-04dd2a39e749

Virguetti, Pablo. "Las máscaras de Eros en El pudor del pornógrafo de Alan Pauls", en Raphaël Estève. *Echos d'Alan Pauls*, Presses universitaires de Bordeaux, 2018.

Wojazer, Laura. « La pornographie ? Quelle horreur ! Ou comment pornographie et horreur s'interpénètrent » « Dynamique de l'obscène et logique de la perversion », en *Silène Révue. Littérature et poétiques comparées*, Centre des recherches Université de Paris Ouest-Nanterre-La Défense, 14 de diciembre de 2006. http://www.revue-silene.com/f/index.php?sp=liv&livre_id=51

AGRADECIMIENTOS:

Este ensayo es el resultado de un diálogo amoroso con los textos literarios y la teoría. Su escritura hubiera sido imposible sin mi participación en la cátedra de Teoría Literaria II, Facultad de Filosofía y Letras, UBA y las discusiones sobre el tema con mis compañeros María Cristina Ares, Adriana Imperatore, Carolina Grenoville, Marcelo Gómez y Pablo Debussy y, sobre todo, sin la generosidad de Martín Kohan, sus sugerencias bibliográficas, sus comentarios inteligentes y la revisión minuciosa que hizo de la primera versión del libro. También quiero destacar el valor de los generosos aportes de Eliane Robert Moraes, que compartió conmigo el universo de sus publicaciones sobre erotismo y libertinaje francés, y los trabajos de la psicoanalista Alexandra Kohan sobre el deseo y el amor. Estos valiosos escritos me abrieron el acceso a otras fuentes y a la reflexión.

Quiero subrayar también la importancia del cálido apoyo de María Cristina Ares, mi amiga, mi compañera de aventuras académicas como codirectora del proyecto FILOCyT y de Julieta Sbdar, mi querida doctoranda, que leyó atenta, crítica y afectuosamente la primera versión de esta investigación e hizo sugerencias que abrieron horizontes interpretativos nuevos. Debo dar gracias, también, al querido Vasco Echezarreta por la paciente lectura de algunos tramos del libro y sus indicaciones jocosas, certeras e interesantes. Agradezco también a Gustavo Geirola y Mabel Cepeda por el trabajo y la infinita paciencia.

Por último, cada página de este ensayo es un reconocimiento y un gracias enorme al equipo de graduadxs y estudiantes del proyecto FILOCyT sobre "Régimen escópico, cuerpo, lenguaje y política en la literatura y las artes latinoamericanas contemporáneas" del que fui directora entre 2018-2022. Son ellos: Julián Guidi, Damaso Rabanal Gatica, Julieta Sbdar, Julia Scodelari, Anabella Macri Markov, Romina Wainberg e Iván Gordin.

Otras publicaciones de Erosbooks:

Gladys Ilarregui
El amarillo inaudito. Poemas a Ucrania

Gustavo Geirola
Dedicatoria
Sonetos y antisonetos

Gerardo González
Soave Libertate

Otras publicaciones de Argus-*a*:

Gustavo Geirola
Lacanian Discourses and the Dramaturgies

Gustavo Geirola
Introducción a la praxis teatral.
Creatividad y psicoanálisis

María Cristina Ares
Evita mirada
Modos de ver a Eva Perón:
las figuraciones literarias y visuales de su cuerpo
entre 1992 y 2019

Gustavo Geirola
Los discursos lacanianos y las dramaturgias

Eduardo R. Scarano (compilador)
Racionalidad política de las ciencias y de la tecnología.
Ensayos en homenaje a Ricardo J. Gómez

Virgen Gutiérrez
Con voz de mujer. Entrevistas

Alicia Montes y María Cristina Ares, compiladoras
Régimen escópico y experiencia.
Figuraciones de la mirada y el cuerpo
en la literatura y las artes

Adriana Libonatti y Alicia Serna
De la calle al mundo
Recorridos, imágenes y sentidos en Fuerza Bruta

Laura López Fernández y Luis Mora-Ballesteros (Coords.)
Transgresiones en las letras iberoamericanas:
visiones del lenguaje poético

María Natacha Koss
Mitos y territorios teatrales

Mary Anne Junqueira
A toda vela
El viaje científico de los Estados Unidos:
U.S. Exploring Expedition (1838-1842)

Lyu Xiaoxiao
La fraseología de la alimentación y gastronomía en español.
Léxico y contenido metafórico

Gustavo Geirola
Grotowski soy yo.
Una lectura para la praxis teatral en tiempos de catástrofe

Alicia Montes y María Cristina Ares, comps.
Cuerpo y violencia. De la inermidad a la heterotopía

Gustavo Geirola, comp.
Elocuencia del cuerpo.
Ensayos en homenaje a Isabel Sarli

Lola Proaño Gómez
Poética, Política y Ruptura.
La Revolución Argentina (1966-73): experimento frustrado
De imposición liberal y "normalización" de la economía

Marcelo Donato
El telón de Picasso

Víctor Díaz Esteves y Rodolfo Hlousek Astudillo
*Semblanzas y discursos de agrupaciones culturales
con bases territoriales en La Araucanía*

Sandra Gasparini
*Las horas nocturnas.
Diez lecturas sobre terror, fantástico y ciencia*

Mario A. Rojas, editor
*Joaquín Murrieta de Brígido Caro.
Un drama inédito del legendario bandido*

Alicia Poderti
Casiopea. Vivir en las redes. Ingeniería lingüística y ciber-espacio

Gustavo Geirola
*Sueño Improvisación. Teatro.
Ensayos sobre la praxis teatral*

Jorge Rosas Godoy y Edith Cerda Osses
*Condición posthistórica o Manifestación poliexpresiva.
Una perturbación sensible*

Alicia Montes y María Cristina Ares
*Política y estética de los cuerpos.
Distribución de lo sensible en la literatura y las artes visuales*

Karina Mauro (Compiladora)
*Artes y producción de conocimiento.
Experiencias de integración de las artes en la universidad*

Jorge Poveda
*La parergonalidad en el teatro.
Deconstrucción del arte de la escena
como coeficiente de sus múltiples encuadramientos*

Gustavo Geirola
El espacio regional del mundo de Hugo Foguet

Domingo Adame y Nicolás Núñez
Transteatro: Entre, a través y más allá del Teatro

Yaima Redonet Sánchez
Un día en el solar, expresión de la cubanidad de Alberto Alonso

Gustavo Geirola
Dramaturgia de frontera/Dramaturgias del crimen.
A propósito de los teatristas del norte de México

Virgen Gutiérrez
Mujeres de entre mares. Entrevistas

Ileana Baeza Lope
Sara García: ícono cinematográfico nacional mexicano, abuela y lesbiana

Gustavo Geirola
Teatralidad y experiencia política en América Latina (1957-1977)

Domingo Adame
Más allá de la gesticulación
Ensayos sobre teatro y cultura en México

Alicia Montes y María Cristina Ares (compiladoras)
Cuerpos presentes.
Figuraciones de la muerte, la enfermedad, la anomalía y el sacrificio.

Lola Proaño Gómez y Lorena Verzero / Compiladoras y editoras
Perspectivas políticas de la escena latinoamericana. Diálogos en tiempo presente

Gustavo Geirola
Praxis teatral. Saberes y enseñanza. Reflexiones a partir del teatro argentino reciente

Alicia Montes
De los cuerpos travestis a los cuerpos zombis. La carne como figura de la historia

Lola Proaño - Gustavo Geirola
¡Todo a Pulmón! Entrevistas a diez teatristas argentinos

Germán Pitta Bonilla
La nación y sus narrativas corporales. Fluctuaciones del cuerpo femenino en la novela sentimental uruguaya del siglo XIX (1880-1907)

Robert Simon
To A Nação, with Love: The Politics of Language through Angolan Poetry

Jorge Rosas Godoy
Poliexpresión o la des-integración de las formas en/desde
La nueva novela *de Juan Luis Martínez*

María Elena Elmiger
DUELO: Íntimo. Privado. Público

María Fernández-Lamarque
Espacios posmodernos en la literature latinoamericana contemporánea: Distopías y heterotopíaa

Gabriela Abad
Escena y escenarios en la transferencia

Carlos María Alsina
De Stanislavski a Brecht: las acciones físicas. Teoría y práctica de procedimientos actorales de construcción teatral

Áqis Núcleo de Pesquisas Sobre Processos de Criação Artística Florianópolis
Falas sobre o coletivo. Entrevistas sobre teatro de grupo

Áqis Núcleo de Pesquisas Sobre Processos de Criação Artística Florianópolis
Teatro e experiências do real (Quatro Estudos)

Gustavo Geirola
El oriente deseado. Aproximación lacaniana a Rubén Darío.

Gustavo Geirola
Arte y oficio del director teatral en América Latina
Tomo I: México y Perú

Gustavo Geirola
Arte y oficio del director teatral en América Latina
Tomo II: Argentina, Chile, Paraguay y Uruguay

Gustavo Geirola
Arte y oficio del director teatral en América Latina
Tomo III: Colombia y Venezuela

Gustavo Geirola
Arte y oficio del director teatral en América Latina
Tomo IV: Bolivia, Brasil y Ecuador

Gustavo Geirola
Arte y oficio del director teatral en América Latina
Tomo V: Centroamérica y Estados Unidos

Gustavo Geirola
Arte y oficio del director teatral en América Latina
Tomo VI: Cuba, Puerto Rico y República Dominicana

Gustavo Geirola
Ensayo teatral, actuación y puesta en escena.
Notas introductorias sobre psicoanálisis y praxis teatral

Argus-*a*
Artes y Humanidades / Arts and Humanities
Los Ángeles – Buenos Aires
2023

www.ingramcontent.com/pod-product-compliance
Lightning Source LLC
Chambersburg PA
CBHW032249150426

43195CB00008BA/372